超一流のコンサルが教える

ロジックツリー入門

Kosuke Hada
羽田　康祐
k_bird

PHP
Business Shinsho

JN150338

PHPビジネス新書

はじめに

≫「次々に仮説を生み出す力」を身につけよう

●「考えるのが苦手」という自覚はあるものの、何をどう学んでいいかわからない
●過去にロジックツリーにチャレンジしたものの、うまく使いこなせずに挫折《ざせつ》してしまった
●コンサルティングファームに就職・転職するにあたって、ロジックツリーのスキルを身につけておきたい
●部下や同僚に、ロジックツリーのスキルを身につけさせたい

本書を手に取ったあなたなら、どれかに当てはまるのではないでしょうか？　もしそうなら、本書はあなたの助けになるはずです。

ここで、簡単に自己紹介をさせてください。

本書『ロジックツリー入門』の筆者である羽田（ハダ）は、これまで外資系コンサルティングファームと広告会社の２つの業界でキャリアを積んできました。

現在は広告会社で、クライアント向けに戦略コンサルティング&戦略プランニングの仕事をしています。専門はパーパス設定やブランド戦略です。

外資系コンサルティングファームでは、徹底的に「論理の重要性」を叩《たた》き込まれ、広告会社では、常に「新しい視点」を求められてきました。

筆者のこれまでの実務経験から、**今後ビジネスの世界で生き残っていくためには「視点力と論理力」のどちらか一方に偏《かたよ》ることなく、両方のスキルを高めていく必要がある**と痛感しています。

昨今《さっこん》は、ChatGPTやStable Diffusionなど、生成ＡＩの話題が真っ盛りです。

もしかしたらあなたも、「便利になった」と感じつつも、「将来、自分の仕事はＡＩに奪われるのではないか？」と不安を感じているかもしれません。

その不安は、半分は正しく、半分は間違っています。

生成AIが得意とするのは「過去の傾向（データ）に沿《そ》った答えを生成すること」です。そこには「過去の傾向は、そのまま未来にも続くはず」という前提があります。

確かに「過去の延長線上に〝ある〟未来」をつくる仕事は、過去から未来を予測するのが得意な生成AIにとって代わられるかもしれません。

しかし現在は、「変化（Volatility）」し、「不確実（Uncertainty）」で、「複雑（Complexity）」で、さらに「曖昧《あいまい》さ＝両義性（Ambiguity）」がある、「VUCAの時代」と言われています。

「過去の延長線上に〝ない〟未来」をつくる仕事は、人間ならではの「創造性のある仕事」として、より重要性を増していくでしょう。

だとしたら、「過去の延長線上に〝ない〟未来」をつくるために、あなたが身につけるべきスキルとは何でしょうか？

筆者のこれまでの経験から、それは「次々に仮説を生み出す力」だと断言できます。

どのようなビジネスも、未来に向かってなされます。しかし、「次の仮説」を生み出せなければ「次に何をするべきか？」がわからなくなり、ビジネスの進化はそこで止まってしまいます。

逆に言えば、**次々に仮説を生み出すことができれば、その中から筋のいい仮説を選び、実行に移すことで、ビジネスを前進させ続けることができます。**

様々な仮説の中でも、「過去の延長線上に〝ない〟」創造的な仮説は、人間にしか生み出せません。もしあなたがそれをできるようになれば、生成ＡＩ時代にも困らない、あなたならではの価値ある競争力になるはずです。

しかし、ここで1つの疑問が湧《わ》きます。

「次々に仮説を生み出す力」は、どうやって身につければいいのでしょうか？

「次々に仮説を生み出す力」は次の2つに分解できます（図1）。

図1：視点力と論理力

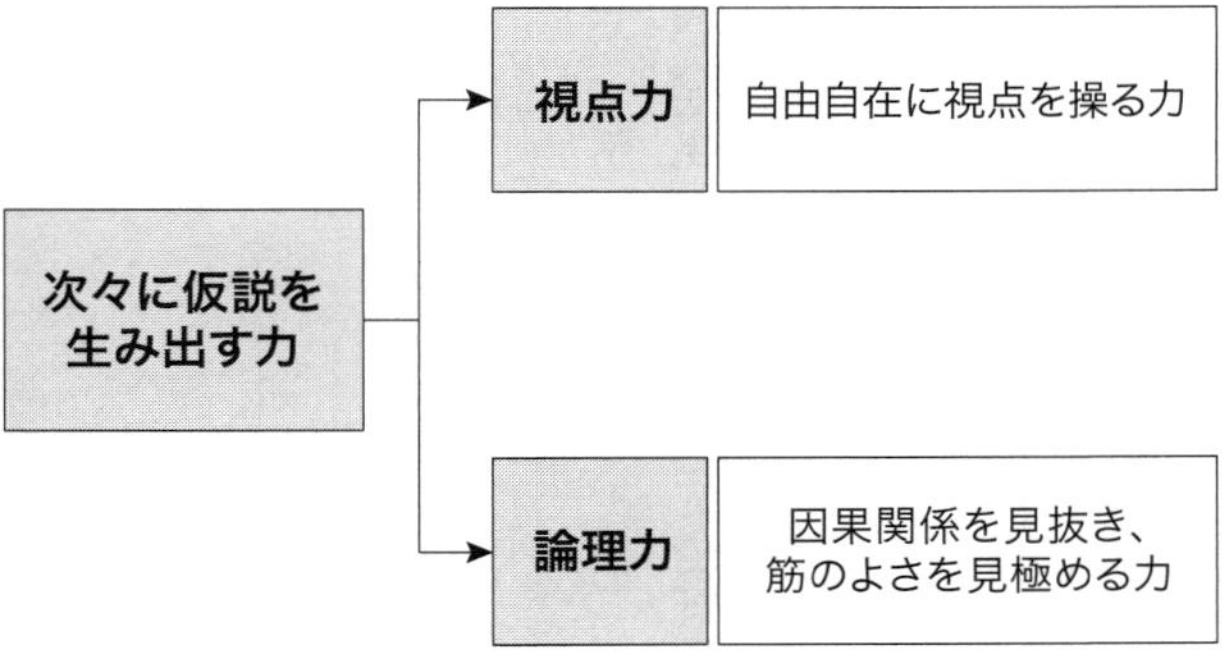

●視点力＝自由自在に視点を操《あやつ》る力
●論理力＝因果関係を見抜き、筋のよさを見極める力

「視点」とは「物事のどの側面を捉《とら》えるか？」という着眼ポイントのことを指します。

人は誰しも、「常識」や「固定観念」など、1つの視点にとらわれがちです。しかし、自由自在に視点を操る**「視点力」を身につければ、物事に対して多様な側面を発見できるようになります。**

もしその中に「過去の延長線上に〝ない〟視点」があったとしたら、それは生成ＡＩには真似《まね》できない「過去の延長線上に〝ない〟仮説」につながっていくはずです。

このことを踏まえると、**「視点力（＝自由自在に視点を操る力）」は、新たな仮説を生み出す際の「起点」**として、極めて重要な能力であることがわかります。

一方で、自由自在に視点を操り、物事の新たな側面を発見できたとしても、ただそれだけでは「様々な可能性が、目の前にあるだけ」です。

その中で**「どの可能性が筋がいいのか？」を見極めるには、目的達成までの構成要素を整理し、因果関係を考え、妥当性を検証する「論理力」**が必要になります。

整理すると、

次々に仮説を生み出す力＝「視点力」＋「論理力」

なのです。

筆者の場合、「視点力」は広告会社で身につけ、「論理力」は外資系コンサルティングファームで身につけたスキルです。

この2つは、一見、真逆のスキルのように思えるかもしれません。

しかし、**真逆に思える「視点力」と「論理力」を同時に身につけ、様々な局面で活用できるフレームワークこそが、本書のテーマである「ロジックツリー」**なのです。

詳しくは本文で説明していきますので、ぜひ楽しみにしていてください。

≫これまでのロジカルシンキング本との違い

もしかしたら、あなたは書店で立ち読みをしながら、「この本は、他のロジカルシンキング本と何が違うの？」と疑問に感じているかもしれません。

本書が他のロジカルシンキング本と異なるのは、次の3点です。

①ロジックツリーに徹底特化

外資系コンサルティングファームにいた経験から、ロジックツリーはコンサルティングの実務で最もよく使うフレームワークだと感じています。

一方で、**ロジックツリーは他のフレームワークと比べて、ケタ違いに使いこなすのが難しいフレームワーク**でもあります。

例えばビジネスフレームワークの1つである「PEST」は、

- P：Politics ― 政治的変化について考える
- E：Economy ― 経済的変化について考える
- S：Society ― 社会的変化について考える
- T：Technology ― 技術的変化について考える

図２：ロジックツリーの難しさ

■一般的なフレームワーク

例：PEST

Politics	政治的変化について考える
Economy	経済的変化について考える
Society	社会的変化について考える
Technology	技術的変化について考える

「○○について考える」という「視点」が提供されている

■ロジックツリー

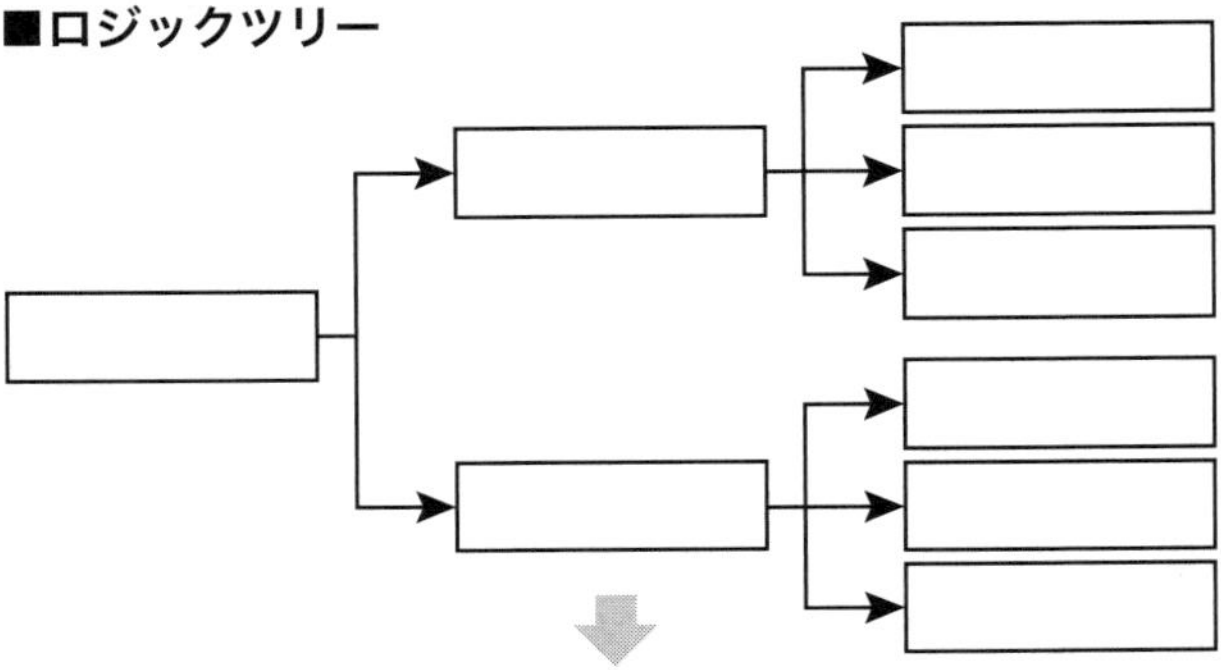

「ツリー状の空欄」があるだけ。
「視点」自体を自分の頭で考えなければならない

と、あらかじめ「○○について考える」という「視点」が提供されています。

しかし、ロジックツリーの場合、目の前にあるのは「ツリー状の空欄」だけ。「何について考えるのか？」という視点自体を、自分の頭の中で生み出さなければいけません（前ページの図2）。

このように、ロジックツリーは難易度《なんいど》の高いフレームワークであるにもかかわらず、多くのロジカルシンキング本やフレームワーク本では「数あるフレームワークの1つ」として片手間《かたてま》に紹介されているだけです。

これでは、豆知識として身についても、実践で使いこなせるようにはなりません。

しかし、本書はロジックツリーに特化した書籍なので、使いこなし方も含めて、徹底解説しています。

②「視点」の重要性を徹底解説

ロジックツリーは、「ロジック」という言葉が含まれていることから、「論理的思考」

の文脈で語られがちです。もしかしたら本書を手に取っているあなたも、

●ロジックツリーはMECE《ミーシー》に分解しなさい
●ロジックツリーは論理構造をチェックしなさい
●ロジックツリーは構造化が重要である

などと書かれた書籍を目にしたことがあるかもしれません。

しかし、ロジックツリーをうまく使いこなす上で最も重要なポイントは、

●そもそも、何に着目して考え始めるべきなのか？
●どのような「視点（切り口）」でツリー状に分解していくべきなのか？

などの「視点」のほうです。

先ほど、「視点」は「新たな仮説を生み出す際の起点になる」とお伝えしましたが「そもそもの起点」を間違えてしまえば、「その先の論理」も間違えてしまいます。

ビジネス界の大御所《おおごしょ》であるピーター・ドラッカーも、

「ビジネスにおける最も重大な過《あやま》ちは、間違った答えを出すことではなく、間違った問題に答えることだ」

と述べています。

本書は、ロジックツリーを使いこなす上で致命的《ちめいてき》に重要な「視点」についても徹底解説しています。

③「頭の使い方」から「トレーニング方法」までをカバー

せっかく本書を手に取っていただいたのに水を差すようですが、ロジックツリーを含めて、**「頭の使い方」は「知識」というよりは「能力」の話**です。書籍を読んだだけでは身につきません。

ロジックツリーは、「知識を入れる」というよりは、「ひたすらトレーニングする」に近く、

●100本ノックをして、ヒットの感覚をつかむ
●何度も逆上《さかあ》がりを失敗して、ある日突然、勘所《かんどころ》をつかんでできるようになる

といった性質のものです。

昨今では「3時間でわかる○○」「3日で身につく××」のような、コスパやタイパを意識した書籍が人気なのは理解しつつ、「ロジックツリー」は書籍を読んだからといって「3日で」「サクッと」できるようになるわけではありません。それなりに時間はかかります。

しかし、こう考えてみてください。

3日で身につく能力は、しょせん3日で真似される能力でしかない、と。

一方で、1年かけて身につけた能力は、簡単には真似されない競争力になります。なぜなら、他の人が今から身につけようとしても、それは1年先になるからです。

つまり、**「身につけるのに時間がかかる」ということは、「いったん身につければ、他の人が短期間では真似できない、圧倒的な競争力になる」ことを意味します。**

知識は、書籍やセミナーにお金を払えば、誰でも「サクッと」手に入ります。しかし、**思考力は、どんなお金持ちでも、お金で買うことはできません。**つまり、プライスレスな価値があるのです。

また、知識は得た時点から古くなって価値が減っていきますが、**思考力は使えば使うほど磨かれ、価値が増していきます。**

つまり、**長期的に見てコスパやタイパがいいのは、「知識を得る」より「思考力を磨く」のほう**で、いったん身につけて習慣化すれば、あなたならではの長期的な競争力になります。

このことを踏まえ、本書は「ロジックツリーの頭の使い方の手順」や「ロジックツリーのトレーニング方法」についても解説しています。「知識」や「勉強」にとどまらず、あなたの長期的な競争力につなげていただければ幸いです。

≫本書の構成

本書は、これまで筆者がコンサルティングファームと広告会社で学んだ「ロジックツリー」について、理論だけでなく「頭の使い方の手順」や「トレーニングの方法」も含めて解説する書籍です。

まず第1章では、ロジックツリーの初学者のために、「ロジックツリーとは何か？」

について、例を交《まじ》えながら解説します。同時に、ロジックツリーと混同されやすい「ピラミッドストラクチャー」にも触れ、ロジックツリーとの違いについても説明します。

さらに、「ロジックツリーをマスターすることで、どんなメリットが得られるの？」と疑問をお持ちの方に向けて、**ロジックツリーを習得することで得られる「7つのメリット」**についても解説していきます。

この章をお読みになれば、「ロジックツリーとは何か？」が理解できるとともに、驚くほど応用範囲が広く、学びがいがあるスキルであることがおわかりいただけると思います。

続いて第2章では、ロジックツリーに必要な2大思考力である「視点力」と「論理力」について解説します。

特に「視点力」は、他のロジカルシンキング本ではほぼ語られていません。しかし、先ほど述べたように、ロジックツリーをマスターする上では致命的に重要な能力です。

もしあなたが「ロジックツリーをうまく使いこなせない」と感じているなら、その原因は間違いなく「視点力」にあります。

とても重要なことなので繰り返しますが、「視点」は新たな仮説を生み出す際の起点になります。もし「起点」の段階で間違ってしまえば、その後の「論理」も間違えてしまうことになり、筋のいい仮説には至りません。

そもそも四則演算ができなければ方程式が解けないように、第2章はロジックツリーをマスターする上で基盤となる重要な章です。ぜひ何度も読み返していただきたいと思います。

第3章では**「ロジックツリーの7つの型」**について解説します。

「柔道」「書道」「華道」など、「道」がつくものには、必ずと言ってよいほど、初学者がマスターしておくべき「基本の型」が存在します。

「基本の型」を、何度も何度も、「体が覚える」レベルまで練習することで、意識せずとも自由自在に操れるようになり、やがて自分なりの応用が利《き》くようになっていきます。

これと同じように、ロジックツリーにも初学者が初めに理解しておくべき「7つの基本型」が存在します。

この章では「ロジックツリー〝道〟」の入り口である「7つの基本型」について、丁《てい》寧《ねい》に紐解《ひもと》きます。

何度も何度も「7つの基本型」を訓練することで、やがて息を吸って吐《は》くように、無意識にロジックツリーを使いこなせるようになるはずです。その領域まで辿《たど》り着けば、あなたのビジネス競争力は飛躍的に向上しているはずです。

第4章では「ロジックツリーの応用技」である**「創造型ロジックツリー」**について解説していきます。

すでにロジックツリーをご存じの方であれば、「ロジックツリーとは右側に枝状に分《ぶん》岐《き》させていくもの」というイメージを持っているのではないでしょうか?

しかし、「ロジックツリーの応用技」では、ロジックツリーの「左側」について考えていきます。その意味するところは、ぜひ本文をご覧ください。

第4章をお読みになれば、あなたは「視点」と「論理」を自由自在に組み合わせながらロジックツリーを描き、これまでとは比べ物にならない「創造的な仮説」を生み出すことができるようになるはずです。

続いて第5章では、**ロジックツリーの「頭の使い方の9ステップ」**について解説していきます。

ここまでお読みになれば「ロジックツリーとは何か？」を理解し「7つの基本型」を覚え、さらに「応用技」についても理解が進んでいるはずです。

だとすれば、後は実践あるのみです。

「頭の使い方の具体的な手順」を理解できれば、繰り返しトレースすることで、あなたの頭の中に「思考回路」が生まれていきます。

何度も繰り返しトレーニングすれば、たとえ目の前にフレームワークがなくても、頭の中だけでスムーズにロジックツリーを描くことができるようになっていくでしょう。

最後の第6章では、ロジックツリーのトレーニング方法について解説します。

先ほどお伝えした通り、ロジックツリーは「勉強」というよりは「トレーニング」です。

「3日で身につくスキル」というわけにはいきませんが、**日常を教材に変えることでトレーニングの密度を高め、習得するまでの時間を短縮する**ことは可能です。

本書を最後までお読みいただき、ロジックツリーを自由自在に操ることができるようになれば、「次々に創造的な仮説を生み出す力」を手に入れることができるようになるでしょう。

その結果、あなたは自分に自信を持てるようになり、次の可能性を切り拓《ひら》いていくことができるようになるはずです。

●はじめに

第1章 ロジックツリーとは何か？

——ロジックツリーがもたらす7つのメリット

第2章 ロジックツリーに必要な2つの力
――「視点力」と「論理力」

CONTENTS

第3章

ロジックツリーの7つの型
——基本型を使い倒す

第4章

ロジックツリーの応用技
——創造型ロジックツリー

CONTENTS

第5章 ロジックツリーの頭の使い方の9ステップ
——頭の中に「思考回路」を実装する

第6章 ロジックツリーのトレーニング方法
――日常を教材に変える

第1章

ロジックツリーとは何か？

——ロジックツリーがもたらす7つのメリット

第1章では、「ロジックツリーとは何か？」について、わかりやすく説明していきます。よく混同されがちな「ピラミッドストラクチャーとの違い」にも触れることで、ロジックツリーの性質を浮き彫《うぼ》りにしていきましょう。

加えて、ロジックツリーがもたらす「7つのメリット」についても説明していきます。

この章をお読みになれば、一通《ひととお》り「ロジックツリーとは何か？」がわかるようになり、「ロジックツリーを通して、どのようなスキルが向上するのか？」が理解できるようになるはずです。

≫ロジックツリーとは何か？

まずは、「ロジックツリーとは何か？」について説明していきます。

ロジックツリーとは、何らかのテーマをツリー状に分解し、問題を生じさせている原因や問題解決策を導き出すフレームワークのことを指します。

図３：ロジックツリーのアウトプット例

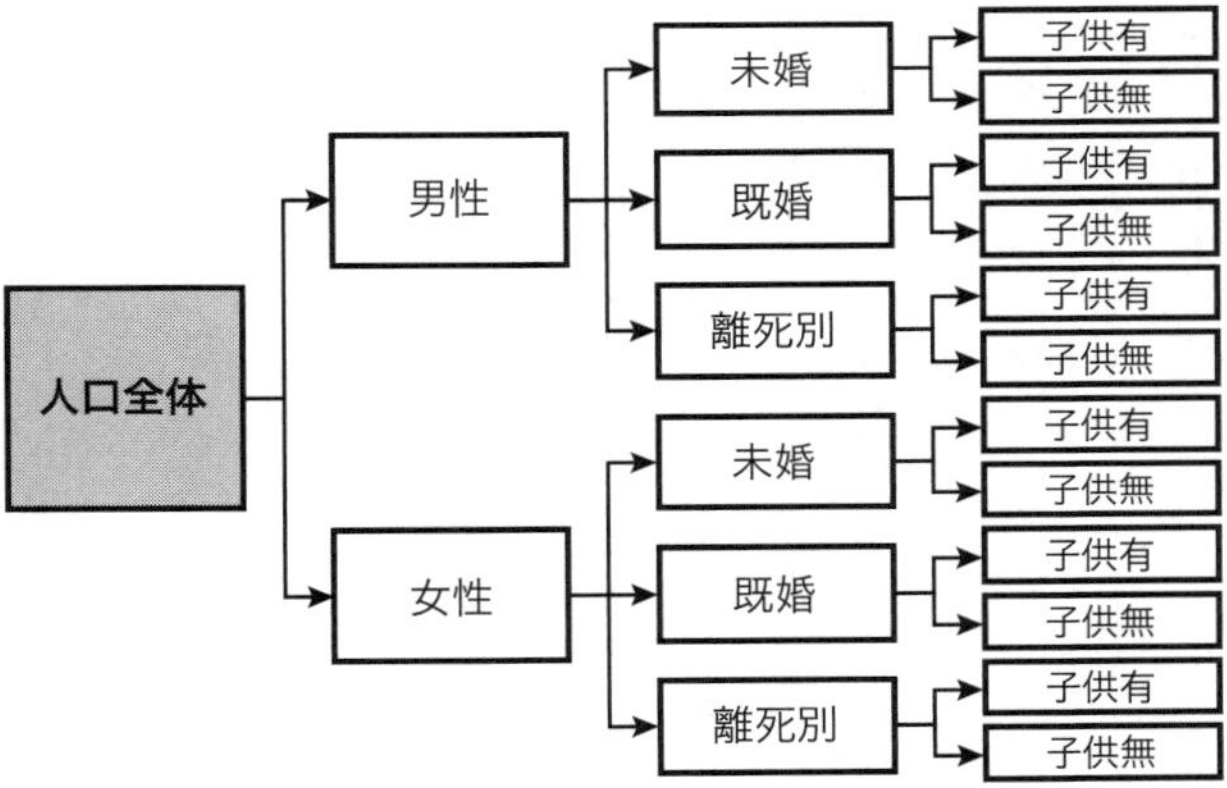

自然に存在する木は、１つの幹《みき》からいくつかの枝に分かれ、さらに小枝に分岐することで、全体として１つの機能を果たしています。

これと同じように、世の中の多くの物事は、多くの要素が絡《から》み合いながら、全体として１つの機能を果たしています。つまり、１つの大きな物事は、多くの小さな物事との関係で成り立っています。

だとすれば、物事を分析したり、問題を解決したりする際には、ツリー状に分解した上で、その分岐点ごとに意味を考えていく手法が有効です。

ロジックツリーのアウトプットは、図３

のように、ツリー状に表現されます。

≫ロジックツリーとピラミッドストラクチャーの違い

ここで、よく混同されやすい「ロジックツリー」と「ピラミッドストラクチャー」の違いについて触れておきましょう。

すでに説明した通り、ロジックツリーは「何らかのテーマをツリー状に分解し、問題を生じさせている原因や問題解決策を導き出すフレームワーク」です。

一方で、**ピラミッドストラクチャーは「主張の正しさを裏付けるために、主張と根拠の構成を組み立てていくフレームワーク」**のことを指します。

ある結論が「論理的に正しい」ことを説明するためには、それを証明する複数の根拠が必要になります。これを図で表現すると、結論を頂点として複数の根拠が下部に配置されることになるため、必然的にピラミッド構造になります。

図4：ピラミッドストラクチャーとは

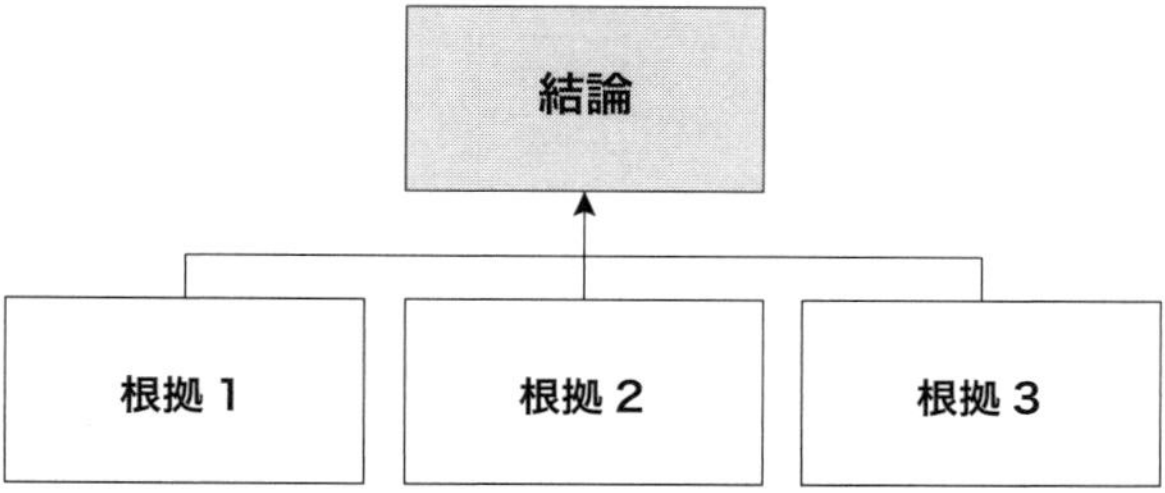

●伝えたい「結論」と「その根拠」をピラミッド状に図式化するフレームワーク
●結論を頂点として、複数の根拠が下部に配置されるため、必然的にピラミッド型の構造になる

これが「ピラミッドストラクチャー」と呼ばれる理由です（図4）。

ロジックツリーは、全体を構成要素に分解し、体系的に理解できるようにブレイクダウンしていきます。よって**「試行錯誤段階」や「検討段階」で使われることが多い**フレームワークです。

一方で、ピラミッドストラクチャーは、すでに何らかの主張があって、その主張の正しさを支える根拠を構成していく手法です。よって**「提案段階」や「説得段階」に用いられることが多い**フレームワークです。

図５：ロジックツリーとピラミッドストラクチャーの違い

ロジックツリー

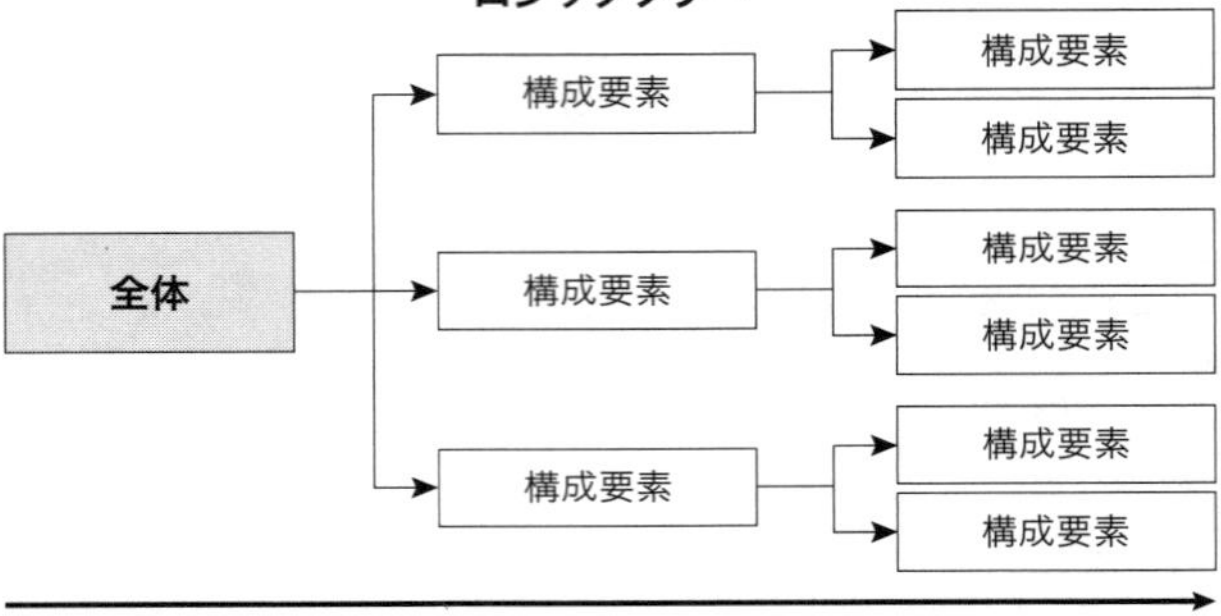

●全体を構成要素に分解
●検討・試行錯誤に使われる
●左右は「全体 → 構成要素」の関係

ピラミッドストラクチャー

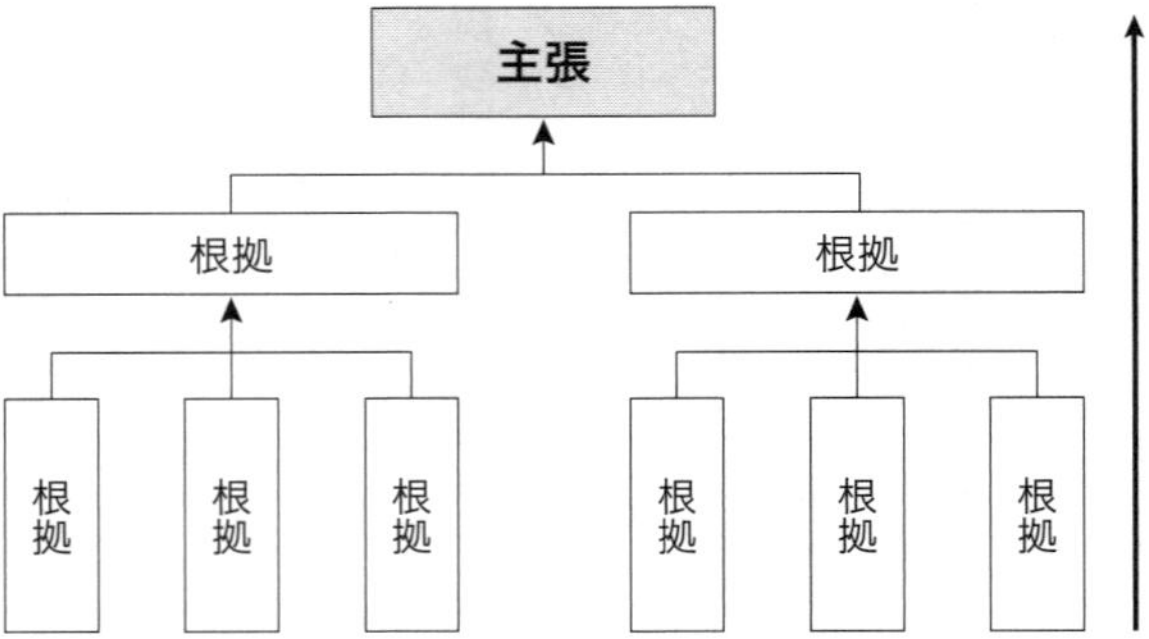

●主張と根拠で構成
●提案・説得に使われる
●上下は「主張 ← 根拠」の関係

また、ロジックツリーの場合、左右につながれた関係は「全体と構成要素の関係」になりますが、ピラミッドストラクチャーの場合は「主張と根拠の関係」になるのが大きな違いです（図5）。

≫ロジックツリーがもたらす7つのメリット

「ロジックツリーとは何か？」が理解できたら、続いては「ロジックツリーがもたらす7つのメリット」について説明していきましょう。

ロジックツリーをマスターすることであなたが得られるメリットは、次の7つです。

①問題発見スキルが向上する
②原因究明スキルが向上する
③問題解決スキルが向上する
④意思決定スキルが向上する

⑤コミュニケーションスキルが向上する
⑥マネジメントスキルが向上する
⑦創造性が向上する

以下、1つひとつ解説していきましょう。

≫ロジックツリーがもたらすメリット①：問題発見スキルが向上する

ロジックツリーがもたらすメリットの1つ目は、「問題発見スキル」が向上することです。

仮に、あなたが勤務する会社で「会社全体の売上が下がっている」という問題

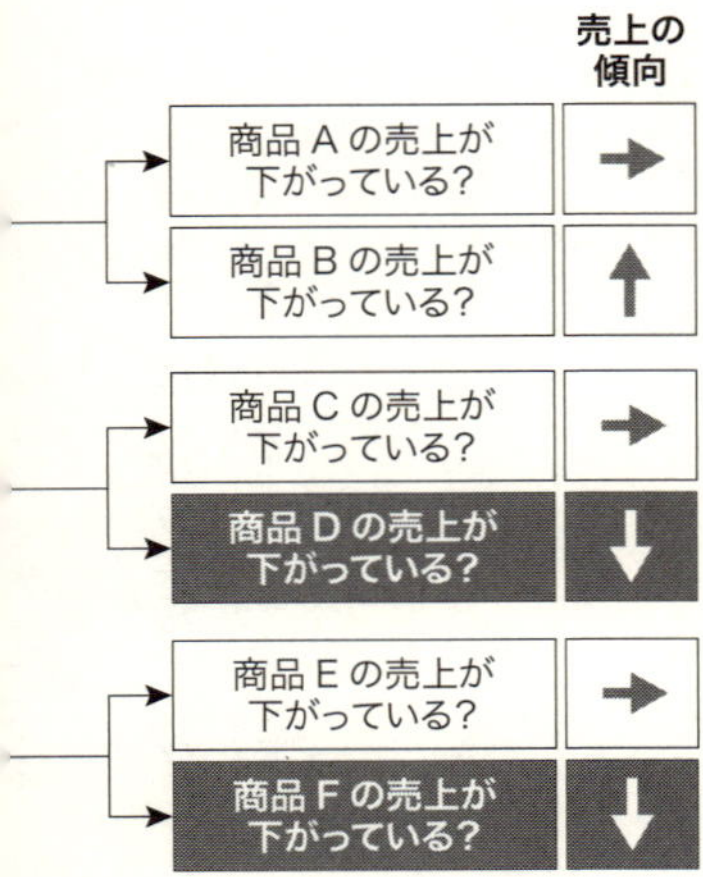

売上の傾向
商品Aの売上が下がっている?
商品Bの売上が下がっている?
商品Cの売上が下がっている?
商品Dの売上が下がっている?
商品Eの売上が下がっている?
商品Fの売上が下がっている?

に直面したとしましょう。あなたの会社には多くの事業部が存在し、扱っている商品も多岐《たき》にわたります。

単に「会社全体の売上」といっても、様々な事業部や商品が存在した上で、「全体の売上」が成り立っています。そのため、ただ全体の売上を漠然《ばくぜん》と眺《なが》めているだけでは、有益な示唆《しさ》は得られにくいものです。

しかし、図6のロジックツリーをご覧ください。

このように、ロジックツリーで「事業

図6：ロジックツリーで問題の発生個所を特定する

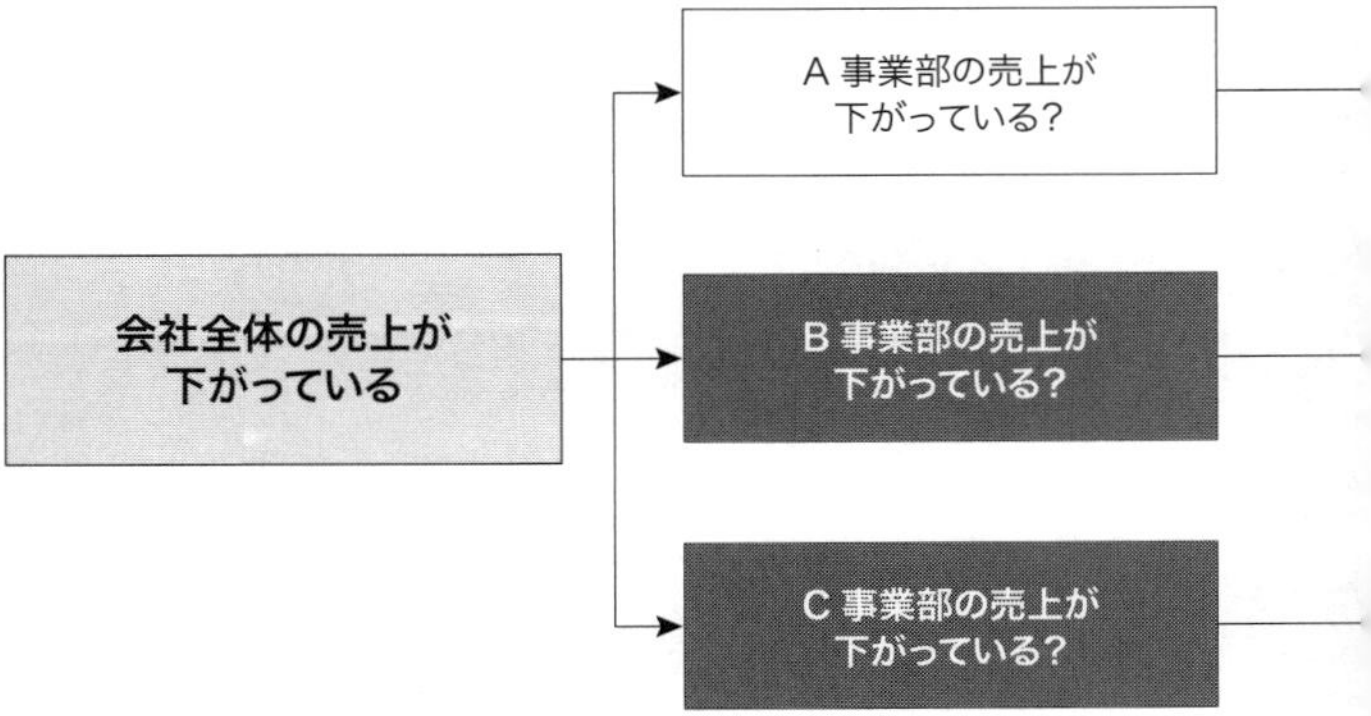

部別」「商品別」に分解していくと、

●B事業部の商品Dの売上が下がっている
●C事業部の商品Fの売上が下がっている
●その他は「横ばい」か「売上増」

と明確に把握でき、売上減少の発生個所《かしょ》は「B事業部の商品D」と「C事業部の商品F」であることがわかります。

このように、**ただ漠然と全体を捉えても解決の糸口が見出しづらい問題も、ロジックツリーで枝に分解していくことで、問題の発生個所を特定することができます。**

これが、ロジックツリーがもたらす1つ

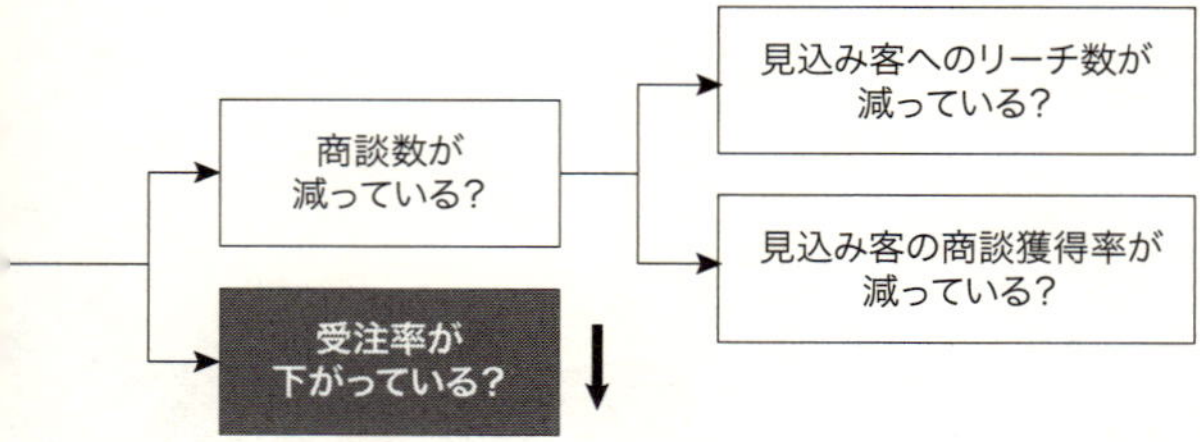

目のメリットです。

≫ロジックツリーがもたらすメリット②：原因究明スキルが向上する

ロジックツリーがもたらすメリットの2つ目は、「原因究明スキル」が向上することです。

先ほどの例では、ロジックツリーを使って、「B事業部の商品D」と「C事業部の商品F」が売上減少の問題発生個所であることが発見できました。

このことを踏まえて、「B事業部の商品D」の売上が下がっている原因を、ロジッ

図7：ロジックツリーで問題の発生原因を特定する

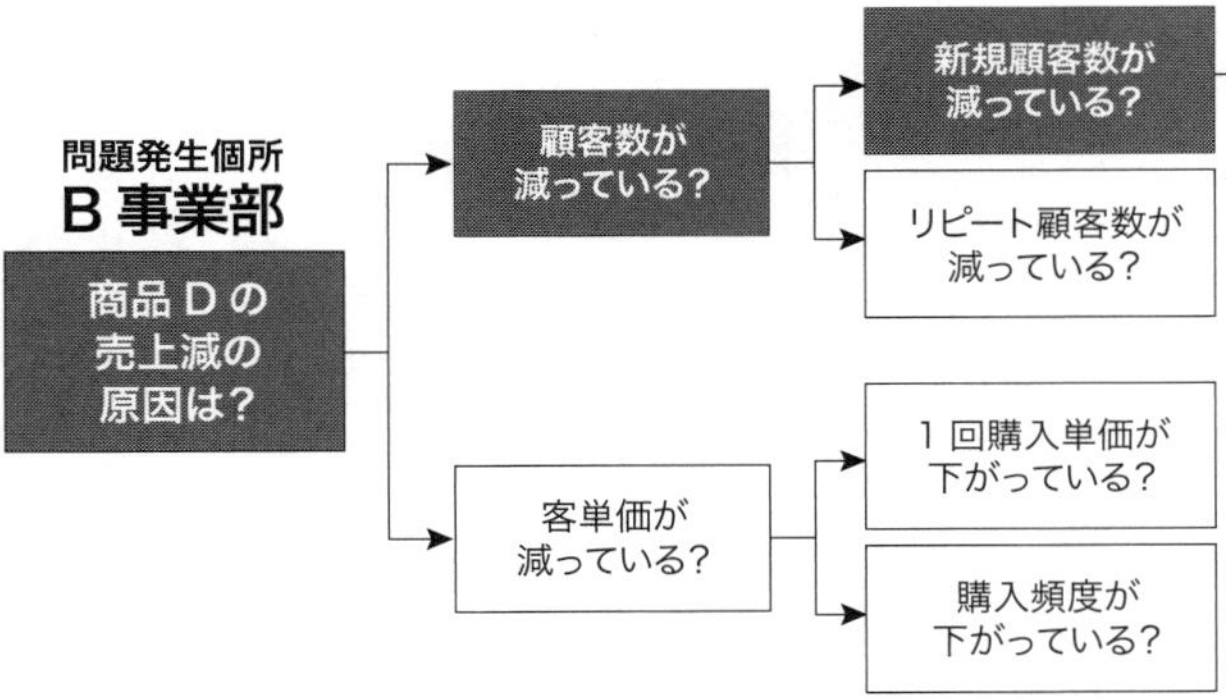

クツリーで明らかにしていきましょう。前ページの図7をご覧ください。
このロジックツリーの論理は、次の通りです。図7と照らし合わせてみてください。

- ●「商品D」の売上は、大きく分けて「顧客数×客単価」に分解できる
- ●「顧客数」は「新規顧客数」と「リピート顧客数」に分解できる
- ●「新規顧客数」は「商談数×受注率」に分解できる
- ●過去の売上推移を分析したところ、「受注率」が大きく下がっていることがわかった
- ●よって、B事業部の商品Dの売上が減少している原因は、「受注率が下がっていること」である
- ●これが、会社全体の売上減少に影響している

このように、**ロジックツリーは、要素分解や因数分解を重ねながら分析していくことで、問題の原因を突き止めることを可能にします。**

これが、ロジックツリーがもたらす2つ目のメリットです。

≫ロジックツリーがもたらすメリット③：問題解決スキルが向上する

ロジックツリーがもたらすメリットの3つ目は、「問題解決スキル」が向上することです。

例えば、先ほどのB事業部の商品Dの売上が低迷している問題では、その原因が「受注率が下がっていること」であることが明らかになりました。この問題を解決するためには、B事業部の商品Dの「受注率」を向上させる必要があります。

図8は、B事業部の商品Dの「受注率」

図8：ロジックツリーで問題解決策を洗い出す

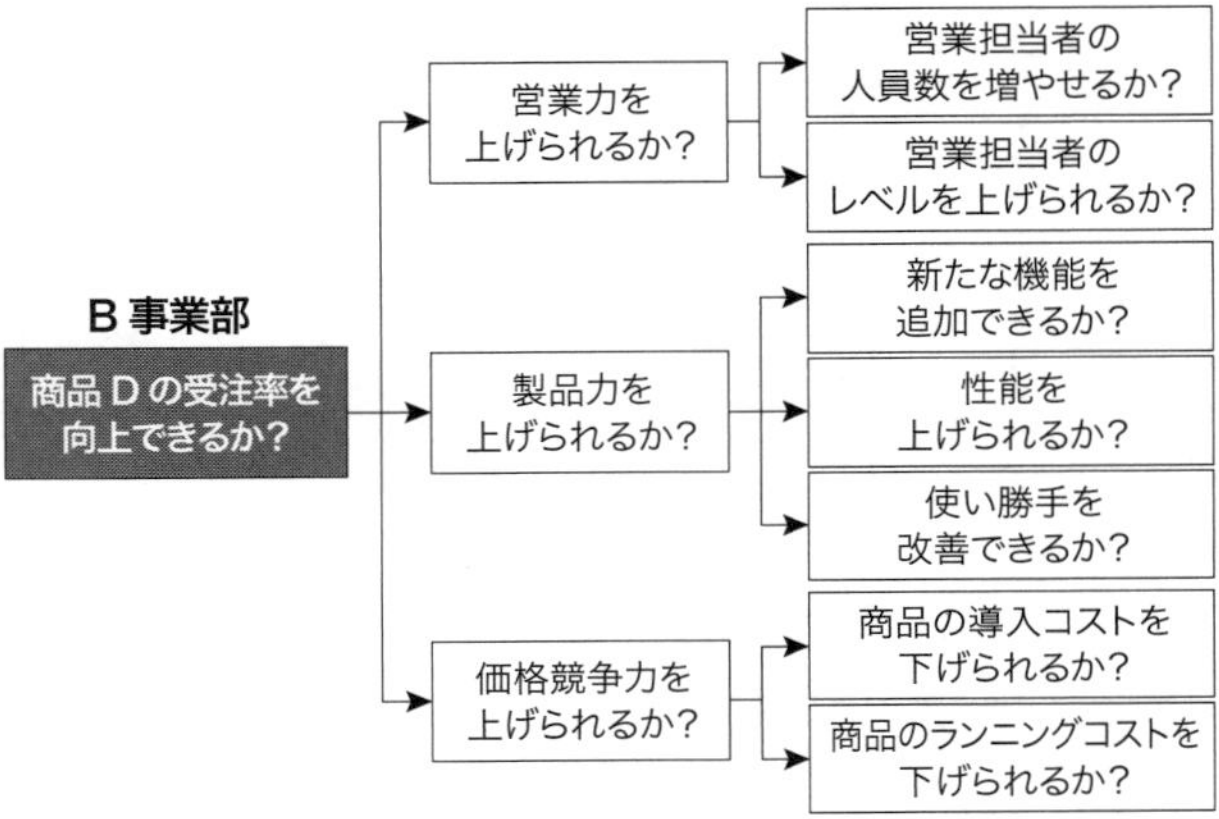

を向上させるためのロジックツリーです。
ここでは、「商品Dの受注率を向上できるか？」という課題に対して、

●営業力の側面
●製品力の側面
●価格競争力の側面

という視点で分解して、想定される解決策を洗い出しています。

このように、**ロジックツリーは、解決すべき課題に対して要素を分解しながら考えていくことで、より具体性のある問題解決アクションへつなげていくことを可能にします。**

≫ロジックツリーがもたらすメリット④：意思決定スキルが向上する

ロジックツリーがもたらすメリットの4つ目は、「意思決定スキル」が向上すること

です。

先ほどのB事業部の商品Dの売上が低迷している問題では、ロジックツリーを使って、受注率を上げるための問題解決策を洗い出しました。

しかし、予算や人員に限りがある以上、費用対効果は重要です。今回の例の場合、洗い出された問題解決策に対して「費用対効果の評価軸」を次の通りに設定しました。

●効果の高さ
●問題解決策の導入スピード
●投入する費用の少なさ

次見開きの図9のロジックツリーを見ると、○が多いのは、

●営業担当者のレベルを上げる
●商品の導入コストを下げる（値引きする）
●商品のランニングコストを下げる（値引きする）

の3つであり、この3つが有望なアクションと言えそうです。
しかし、「導入コスト」や「ランニングコスト」などの価格は、一度下げてしまえば、今後の値上げが難しくなります。
また、値下げをした場合、それ以上に顧客数が増えなければ、全体的な収益が下がってしまいます。よって、筋のいい問題解決策とは言えません。

今回の例の場合、今すぐ低コストで取り組むことができ、かつ、一定の効果が見込めそうな「営業担当者のレベルを上げる」が、優先順位の高い問題解決策となりそうです。

このように、**ロジックツリーは一覧性が高いため、様々な問題解決策を横並びで比**

効果の高さ	解決策の導入スピード	費用の少なさ
○	×	×
○	○	○
○	×	×
○	×	×
○	×	×
○	○	×
○	○	×

較しながら評価しやすく、意思決定の質を上げられるのがメリットです。

≫ロジックツリーがもたらすメリット⑤：コミュニケーションスキルが向上する

ロジックツリーがもたらすメリットの5つ目は、「コミュニケーションスキル」が向上することです。

もし、あなたが頭の中で自由自在にロジックツリーを描けるようになれば、相手との会話の中で、

●論点：何についての話なのか？

図9：ロジックツリーで筋のいい問題解決策を選ぶ

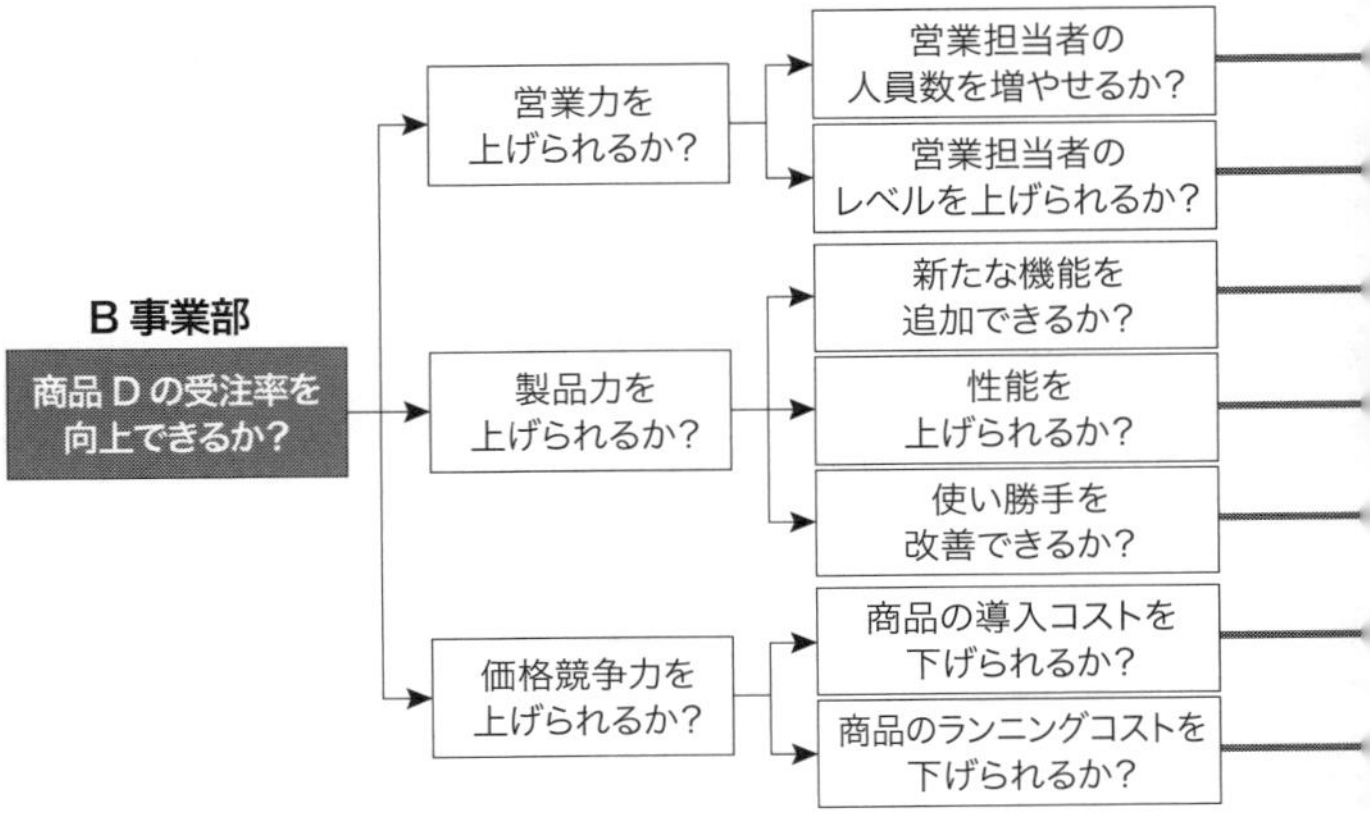

●次元：どの次元の話なのか？

についてのチューニングがしやすくなります。

もし、相手とあなたの間で論点がずれてしまえば「そもそも何について議論をしているのか？」がかみ合わなくなるため、コミュニケーションが難しくなります。

しかし、もしあなたがロジックツリーのスキルを身につけることができれば、「相手が想定している全体像は何で、今回はどの部分について議論しようとしているのか？」という論点を正確に捉えることができるようになります。

一方で、たとえ相手と論点を揃《そろ》えることができたとしても、相手が「長期的な戦略レベルの話をしているのか？」それとも「足元の現場レベルの話をしているのか？」という「次元」を把握できなければ、やはり議論はかみ合わなくなってしまいます。

しかし、こちらも、ロジックツリーのスキルを身につけることができれば、話の次元を正確に捉えて議論することができるようになります。

図10：ロジックツリーで論点と次元を揃える

■話の「論点」を揃える

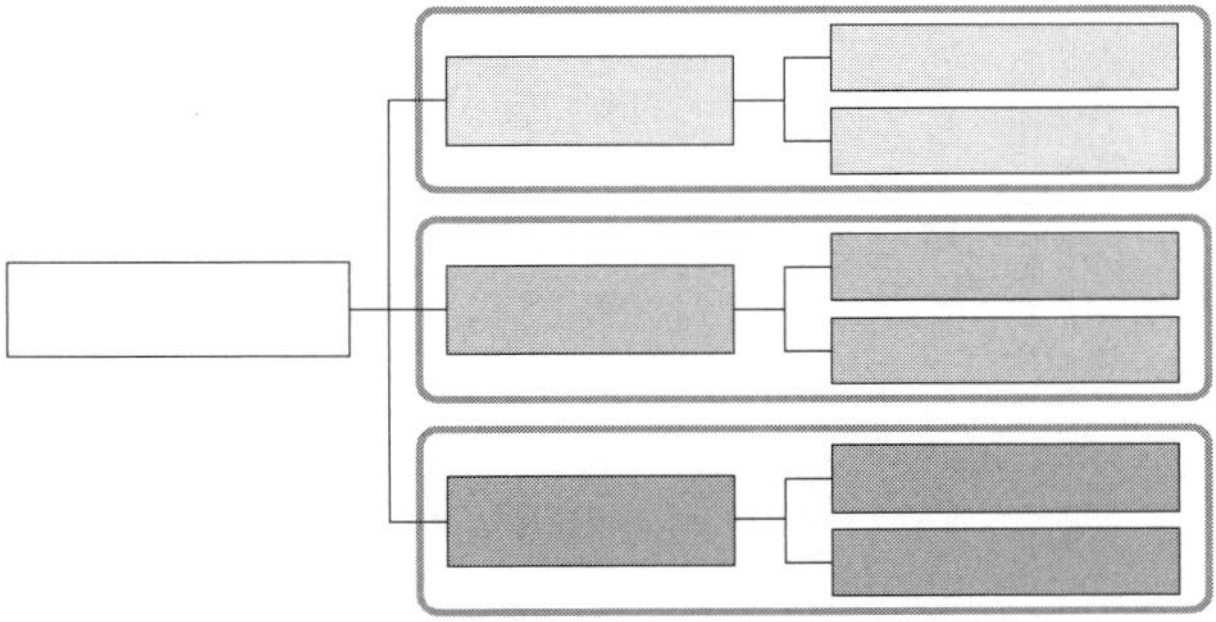

「何についての話なのか？」→話の論点を揃える

■話の「次元」を揃える

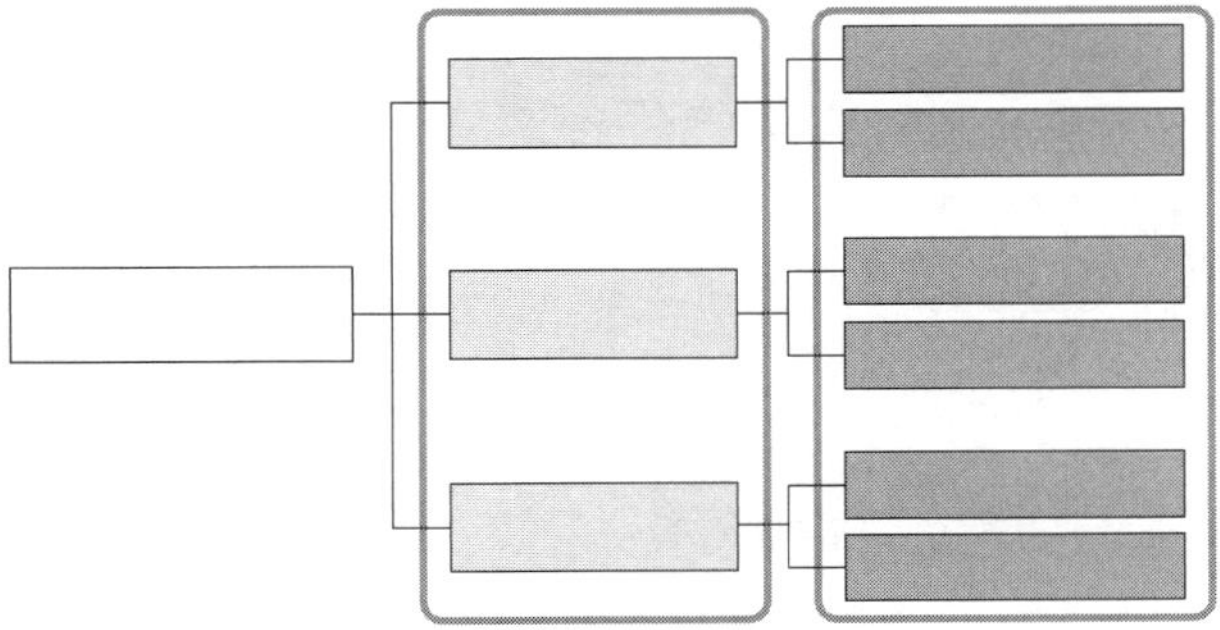

「戦略レベルの話？ 現場レベルの話？」
→話の次元を揃える

その結果、相手が「何について」「どの次元の」議論をしているのか？　が正確に把握できるようになるので、コミュニケーションスキルが格段に上がっていきます（前ページ図10）。

≫ロジックツリーがもたらすメリット⑥：マネジメントスキルが向上する

ロジックツリーがもたらすメリットの6つ目は、「マネジメントスキル」が向上することです。

ロジックツリーは、そこに数値をおけばKPIツリーに変わります。

先ほどのB事業部の商品Dの売上が低迷している問題では、「受注率を5％

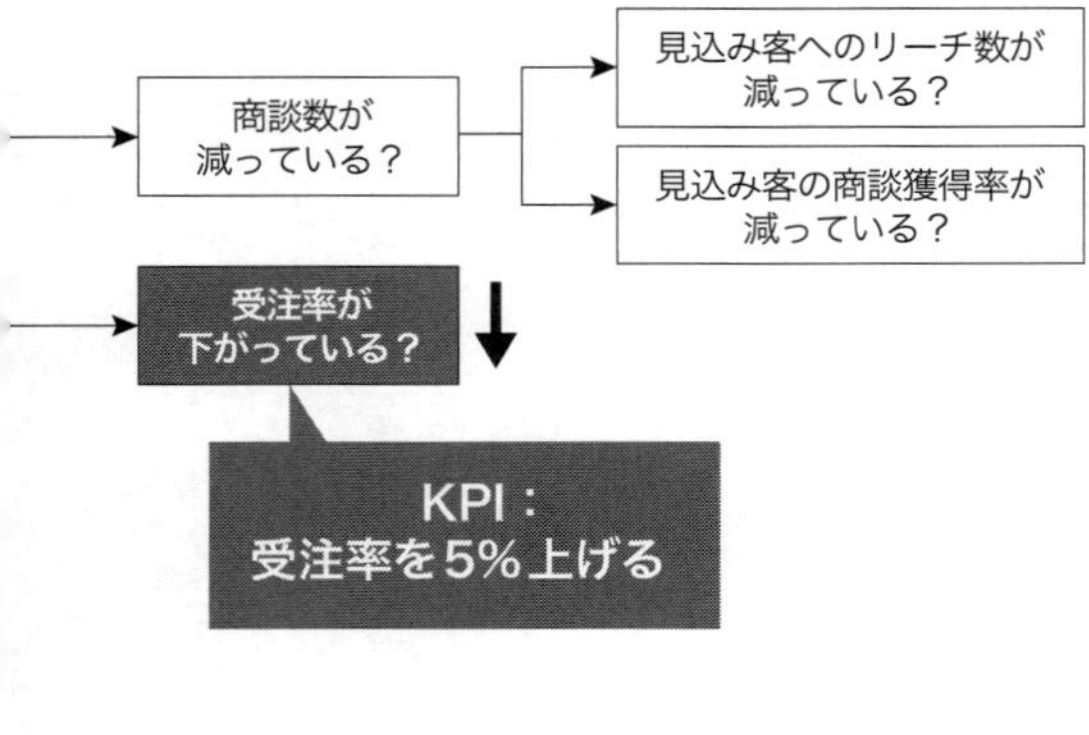

上げる」などの数値を置けば、それがKPI目標となり、チームを同じ方向に向かわせることができます（図11）。

また、**ロジックツリーは、1つひとつの要素がどのようなメカニズムで連鎖していくのかが一目《ひとめ》でわかるようにできています。**つまり、自分たちの努力がどのように全体につながっているのか？というストーリーがわかりやすくなるのです。

例えば、ロジックツリーを使った説明では、

図11：ロジックツリーでチームの方向性を揃える

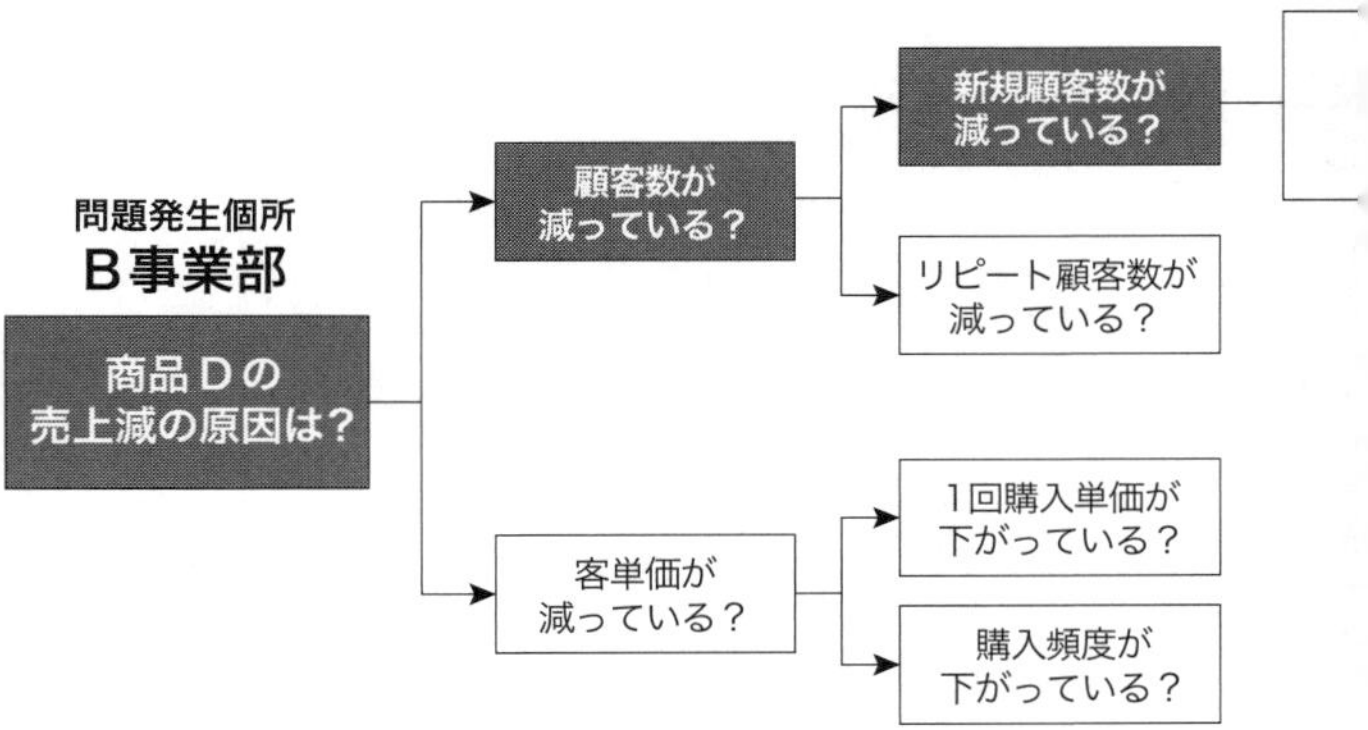

●営業担当者が持参する提案書の質を上げることで
●受注率を5％向上させることができれば
●商品Dの新規顧客数が増え
●会社全体の売上減という問題は解決する

というように、**「ロジックツリーの上にストーリーを乗せて」アクションの重要性を説明することができる**ようになります。

人は、「数値の羅列《られつ》」より、その背景にあるストーリーのほうが直感的に理解しやすく、共通認識を持ちやすいものです。

	競争力比較
自社商品	**○**
競合商品 A	△
競合商品 B	○
自社商品	△
競合商品 A	○
競合商品 B	△
自社商品	**○**
競合商品 A	△
競合商品 B	△
自社商品	△
競合商品 A	○
競合商品 B	△

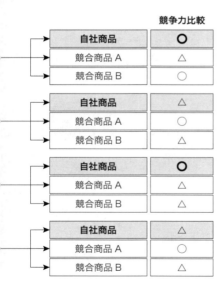

このように、ロジックツリーを通してチームの方向性を揃えることができれば、より実効性の高いマネジメントが可能になります。

≫ロジックツリーがもたらすメリット⑦：創造性が向上する

ロジックツリーがもたらすメリットの7つ目は、「創造性」が向上することです。

「ロジック」ツリーなのに創造

図12：打開策の決め手が見つからない

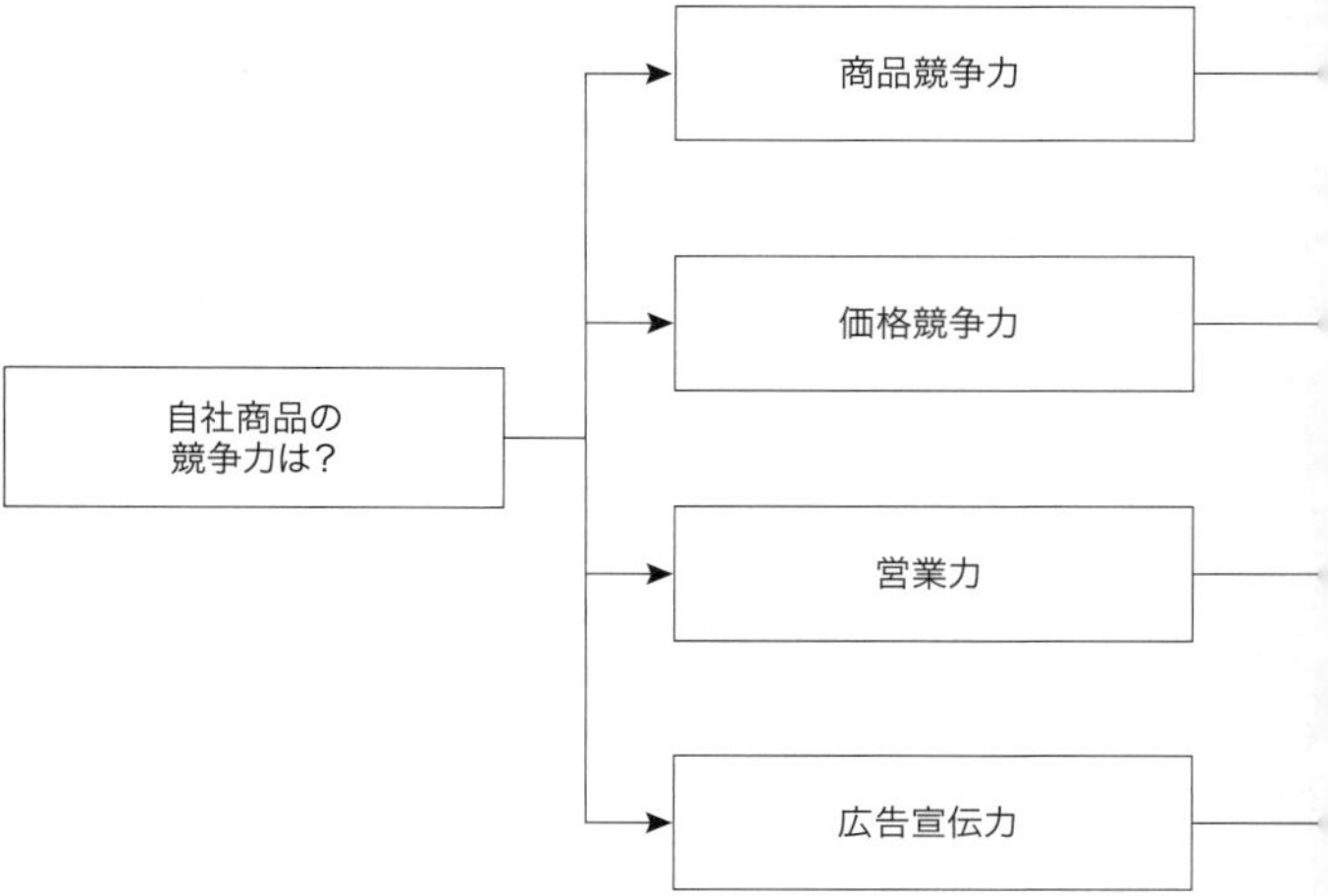

性？　と不思議に思われるかもしれませんが、こちらは第4章で徹底解説する「ロジックツリーの応用技」です。

例えば、あなたが納豆メーカーのマーケティング担当者だったとしましょう。

日本の人口は減少していることから、これからは「競合する納豆商品からのシェア獲得」が至上《しじょう》命題になってくるかもしれません。

そう考えたあなたは、競合の納豆メーカーの商品を洗い出して比較することで打開策《だかいさく》を検討してみました。しかし、なかなか決め手が見つかりません（前ページの図12）。

さて、どうするべきでしょうか？

ロジックツリーは「右側に分岐させていくもの」というイメージがありますが、今回は**「ロジックツリーの左側」**に着目してみましょう。

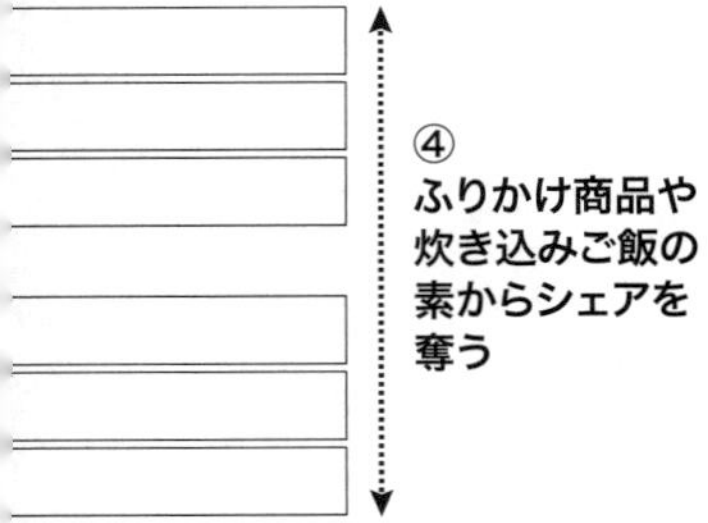

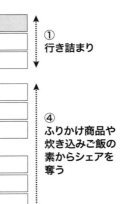

あなたはこれまで、「納豆業界」の中で競合商品をリストアップし、ロジックツリーを右側に分岐させながら検討していました。

しかし、行《い》き詰《づ》まってしまったので、本書の「はじめに」でも触れた「視点」に着目してみます。

「納豆」は、「視点」を変えれば「白いご飯に混ぜるもの」です。

すると、「白いご飯に混ぜるもの」は「納豆」だけでなく、「ふりかけ」や「炊《た》き込みご飯」「卵かけご飯」などが存在することに気がつけるはずです。

これをロジックツリーで表すと図13の

図 13：視点を意識しながら左側に遡る

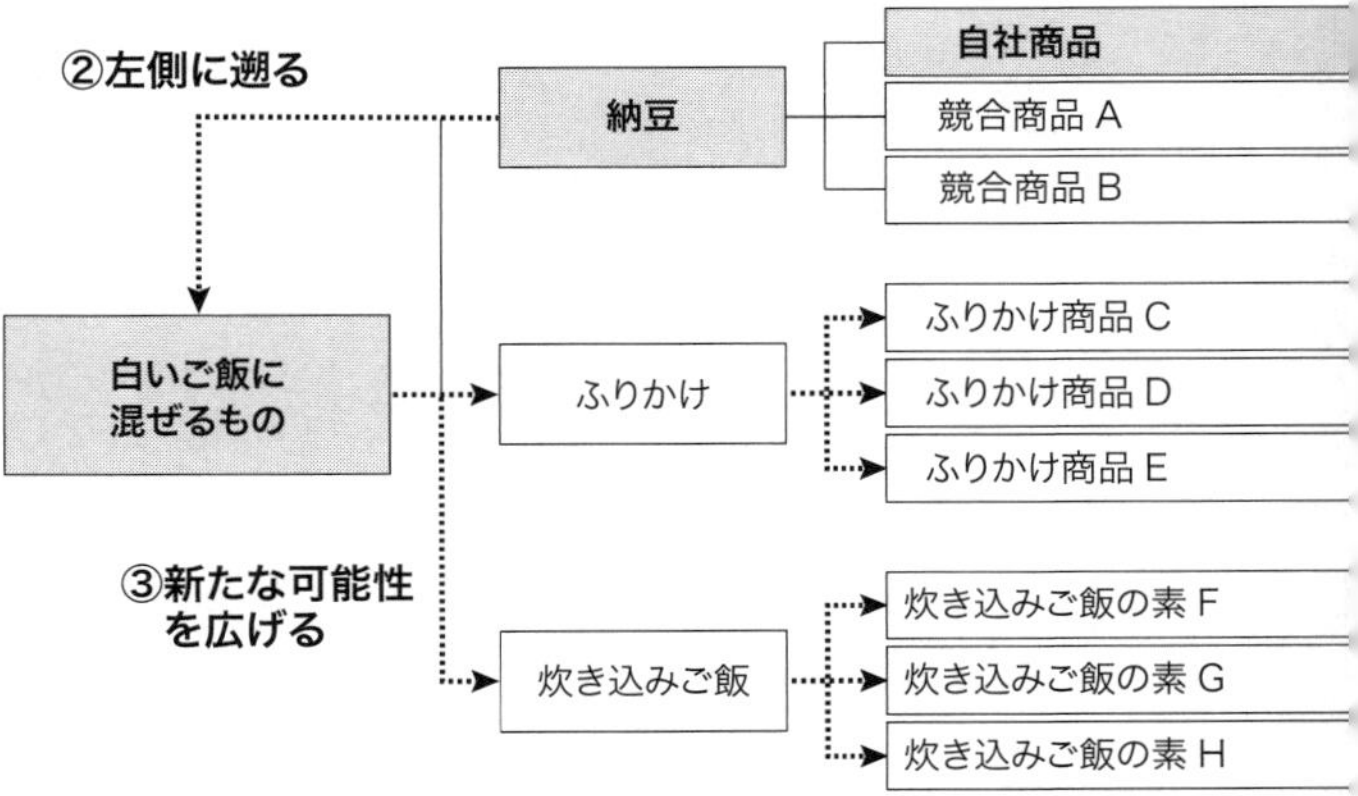

通りです。ロジックツリーが「左側に遡《さかのぼ》った」ことがおわかりいただけるでしょうか？

残念ながら、「競合の納豆商品からシェアを奪う」という考えは行き詰まりましたが、もしかしたら、商品開発や販売促進を工夫することで、「ふりかけ商品」や「炊き込みご飯の素《もと》」からシェアを奪うことができるかもしれません。

これは、ロジックツリーを左側に遡ることで「可能性が広がった」ことを意味しています。

さらにもう1つ、新たな視点を加えてみましょう。

「納豆」は、視点を変えれば、「主食に混ぜるもの」です。

「主食に混ぜるもの」は、例えば次のものが思い浮かびます。

●パン：バター・マーガリン・ジャム・卵・ハム・レタス etc.

●パスタ：パスタソース・様々な具材 etc.

このように考えれば、納豆は「白いご飯に混ぜるもの」という概念を超えて、「パンに乗せて食べるもの」「パスタに混ぜて食べるもの」など、様々な可能性が広がっていきます。

もしかしたら、競合の納豆商品からシェアを奪うより「パンに乗せて食べていただく」「パスタに混ぜて食べていただく」ための新たな納豆商品を開発したほうが、売上が上がるかもしれません（次見開きの図14）。

このように、**ロジックツリーは、視点を変えながら左側に遡っていくことで、あなたの創造性を高めてくれるツールにもなりえる**のです。

このようなロジックツリーの「応用技」については、第4章で詳しく解説するので、もう少々お待ちください。

さて、ここまでロジックツリーがもたらす7つのメリットについて解説してきました。

いかにロジックツリーが様々なスキルに直結しているか、ご理解いただけたのではないでしょうか？

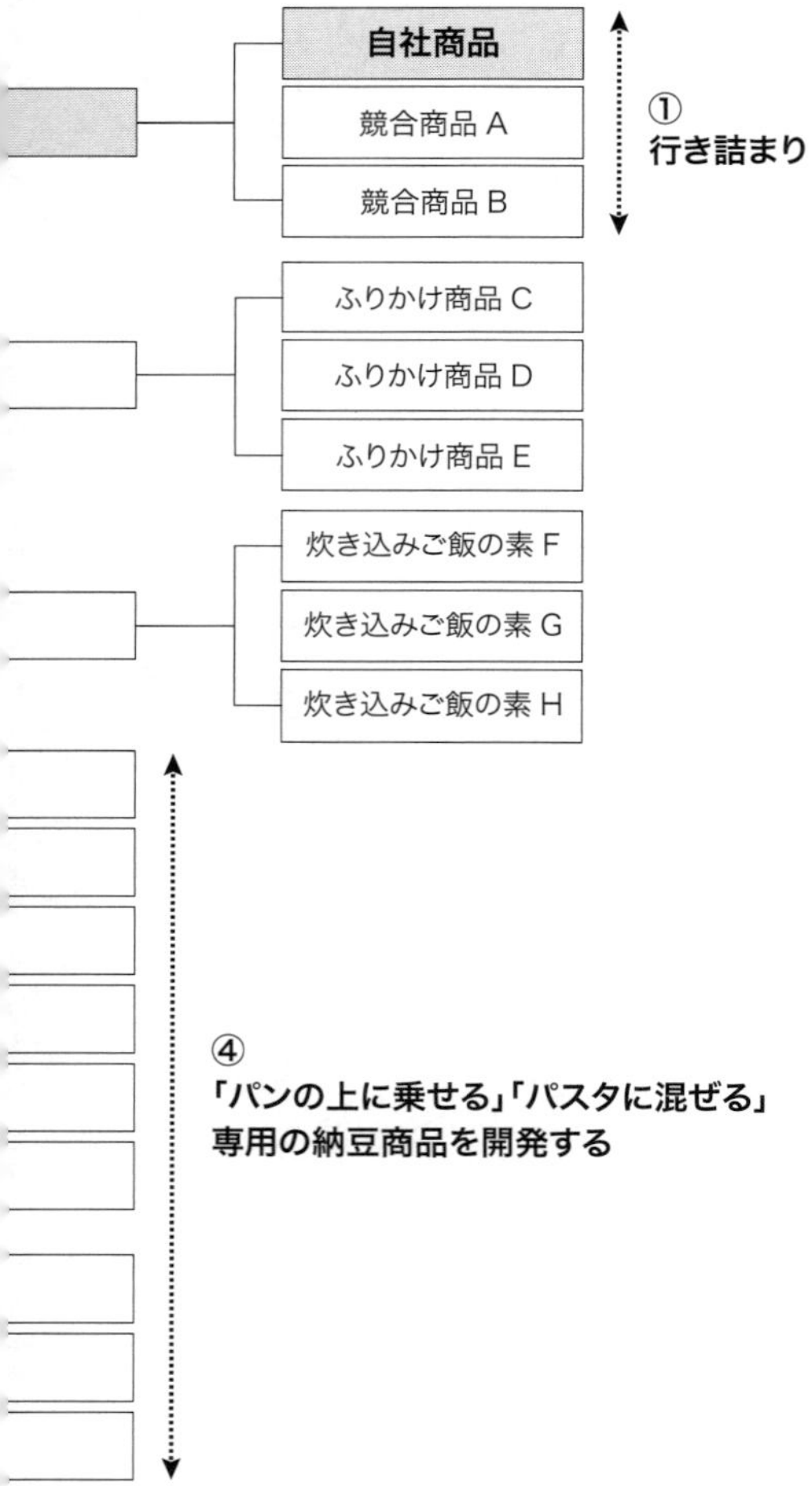

図 14：さらに左側に遡る

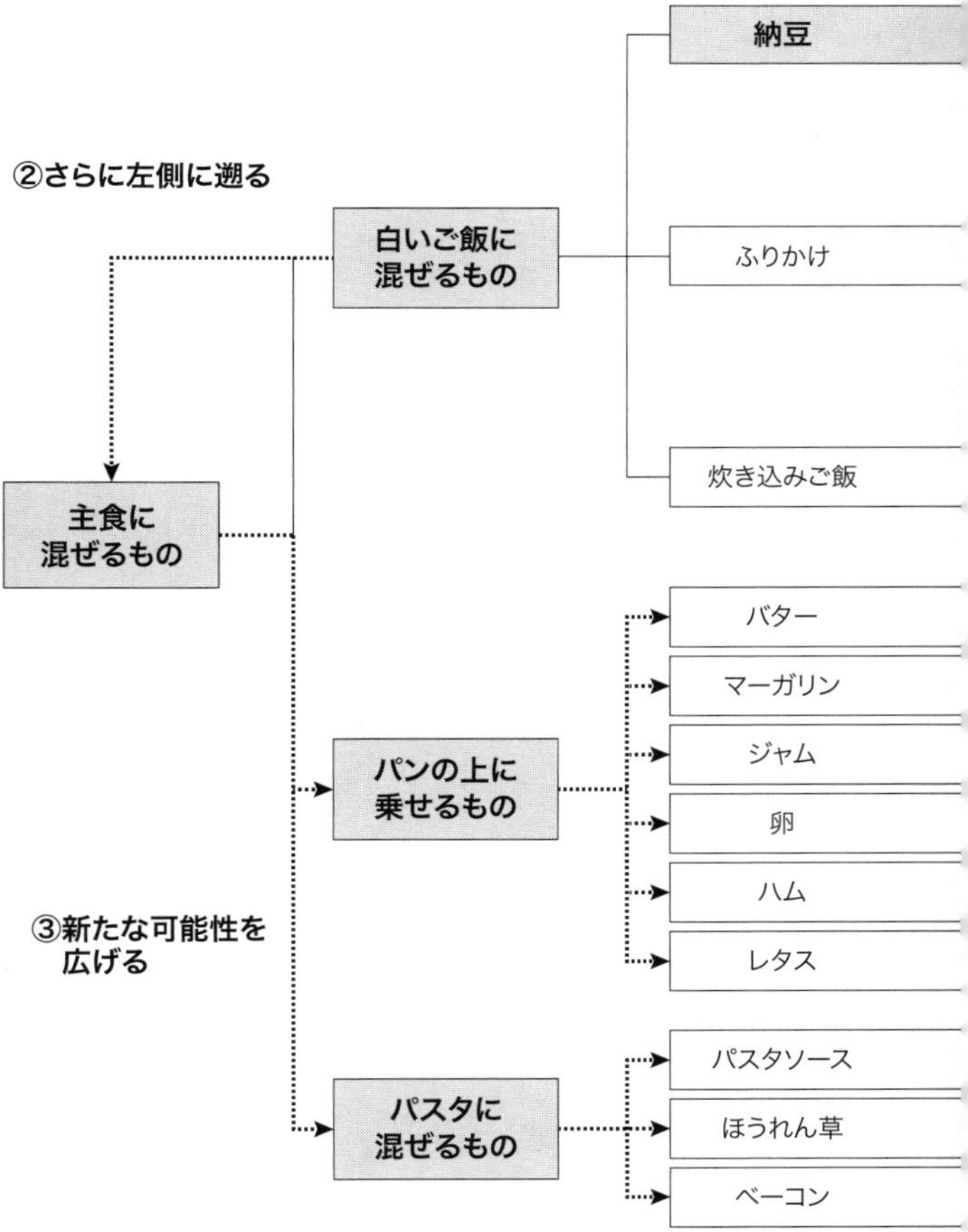

続いての第2章では、ロジックツリーを自由自在に使いこなせるようになる上で必要不可欠な2つの力、「視点力」と「論理力」について解説していきましょう。

第2章

ロジックツリーに必要な2つの力

——「視点力」と「論理力」

第2章では、ロジックツリーに必要な2つの力である「視点力」と「論理力」について解説していきます。

≫「考える力」は、たった2つだけ

ここで突然質問ですが、あなたは「考える」について考えたことがあるでしょうか？

何やら禅問答《ぜんもんどう》みたいになってしまいましたが、「考える」という頭の中の作業は、突き詰めれば次の2つしかありません。

①そもそも「何について考えるべきか？」を考える
②それについて「どう考えるべきか？」を考える

この2つには、次の方程式が成り立ちます。

■「何について考えるべきか？」の答え＋「どう考えるべきか？」の答え＝あなたなりの仮説

この方程式を、もう少し詳しく紐解いていきましょう。

≫そもそも「何について考えるべきか？」＝視点力

「何について考えるべきか？」を考える力は、別の言い方をすれば、「そもそも、どこに視点を置いて考えるべきか？」を考える「視点力」とも言い換えられます。

もし、あなたが上司から「売上を上げる方法を考えろ」と頼まれたとします。この時の視点（＝何について考えるべきか？）は「売上」です。当然、あなたは「売上を上げる方法について」考えることになるでしょう。

つまり、**「視点」が、あなたが物事を考える上での「起点」**になっていることがわかります。

もし仮に、上司から「売上を上げる方法を考えろ」ではなく「何かを考えろ」とだけ言われたら、あなたは思考の起点を作れません。結果、何を考えていいかわからず、途《と》方《ほう》に暮れてしまうでしょう。

このように、**人は誰しも、何らかの「視点」を置かない限り、思考の起点を作れません。**つまり、「視点」がない限り、「何について考えるべきか？」を明確にできず、物事を考えるスタートラインにすら立てないのです。

さらに話を続けましょう。

上司から「売上を上げる方法を考えろ」と頼まれたあなたは、「売上の向上」という「思考の起点」を手に入れました。
次に、あなたは「どのような視点で」考えを進めていくでしょうか？

例えば、「売上の向上」のために、

●「顧客数」を増やす

ことを考えるかもしれません。この「顧客数」も視点の1つです。また、

●「購入1回当たりの客単価」を上げる

ことを考えるかもしれません。「客単価」も視点の1つでしょう。あるいは、

●「購入頻度」を増やす

ことを考えてもいいでしょう。「購入頻度」も1つの視点になりえます。

これを、ロジックツリーに当てはめると、次ページの図15のようになります。

図15の四角い枠《わく》の中にある「売上の向上」「顧客数の増加」「購入1回当たりの客単価

図15：売上向上の視点

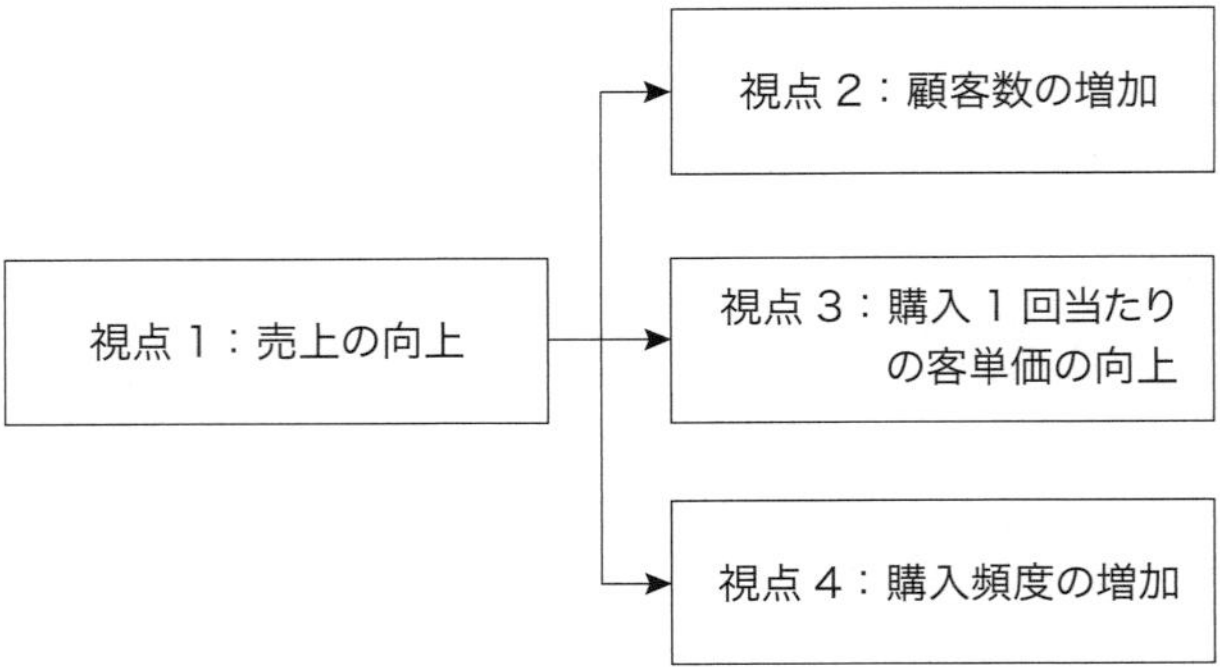

の向上」「購入頻度の増加」はすべて、「何について考えるべきか？」という、思考の行き先を決める「視点」です。

さらに話を続けていきましょう。

今度は上司から「利益を上げる方法を考えろ」と頼まれたとします。あなたが置くべき思考の起点は「売上」から「利益」に変わりました。つまり、「何を考えるべきか？」が変わったのです。

さて、あなたは「どのような視点で」考えを進めていくべきでしょうか？

先ほどの「売上の向上」の例では、あなたは売上を上げるために「顧客数の増加」「購入1回当たりの客単価の向上」「購入頻度の増加」の3つの「視点」を置き、考えました。しかし、今回のお題は「利益の向上」です。

利益を向上させるためには、「売上を上げる」か「コストを下げる」のどちらかになります。ここで、鋭《するど》いあなたならお気づきだと思いますが、「コストの削減」という新しい「視点」が登場してきました。

そして、コストを削減するには、

- 「材料費」を下げる
- 「人件費」を下げる
- 「外注費」を下げる
- 「経費」を下げる

図16：利益向上の視点

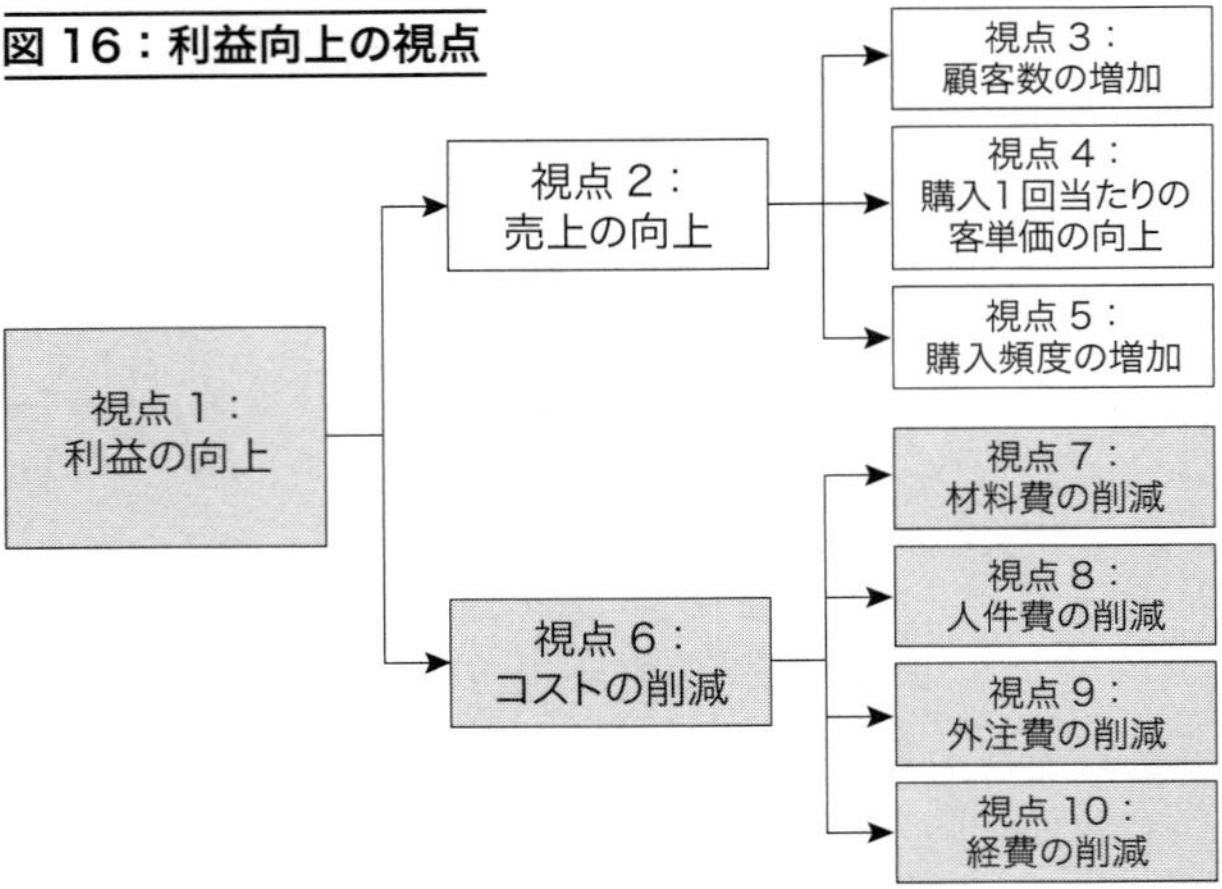

などが考えられるはずです。

この「材料費」「人件費」「外注費」「経費」も「視点」です。この視点を思いつくことができて初めて、あなたは個々のコストの削減について、具体的に考えられるようになります（図16）。

重要なことなので繰り返しますが、人は誰しも、「視点」を通してしか物事を考えることができません。そして、「視点」は「何について考えるべきか？」という「考える方向」を致命的に決定づけてしまいます。

そして、**「ロジックツリー」は「考える」ためのフレームワークですから、「視点力」**

が備わらない限り、ロジックツリーを描くスタートラインにすら立てず、適切な分岐を描くことはできないのです。

≫それについて「どう考えるべきか？」＝論理力

先ほど、「考える」という頭の中の作業は、

①そもそも「何について考えるべきか？」を考える
②それについて「どう考えるべきか？」を考える

の2つしかない、という話をしました。そして、

■「何について考えるべきか？」の答え＋「どう考えるべきか？」の答え
＝あなたなりの仮説

図17：包含関係

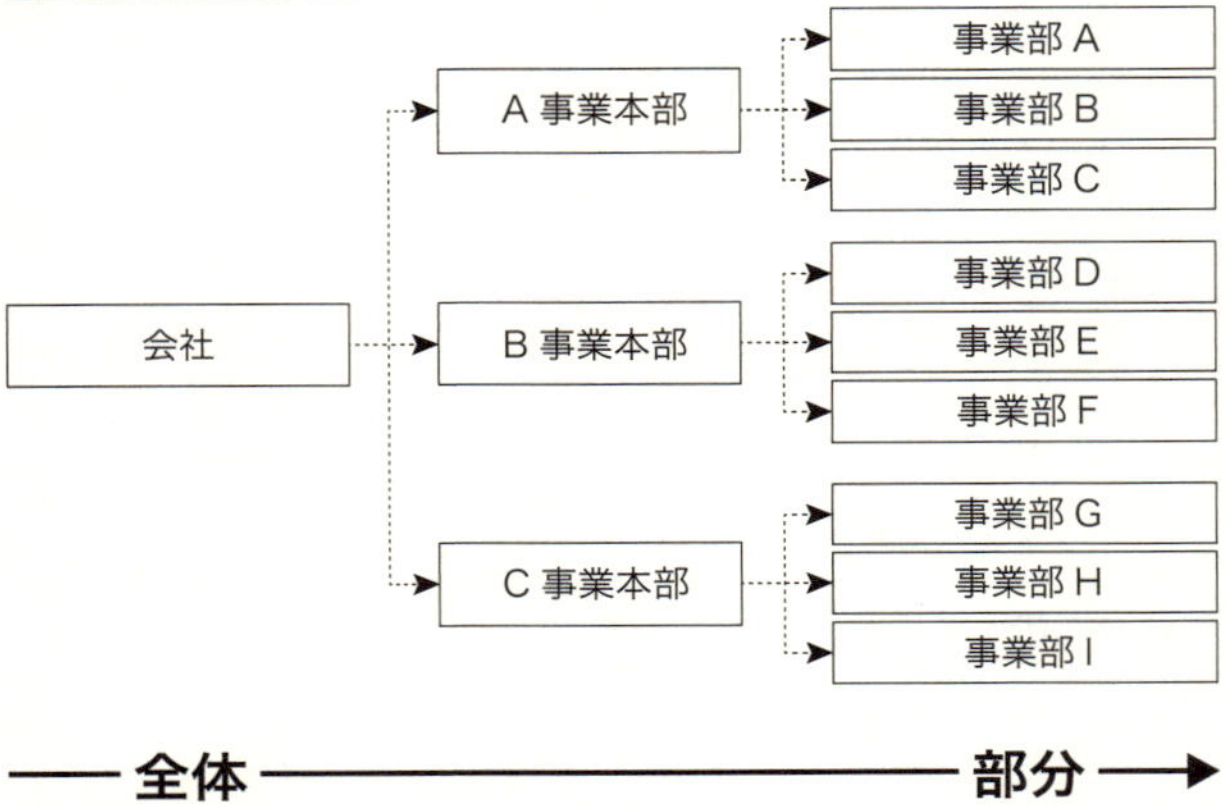

という方程式の話にも触れたと思います。

ここまでは、「何について考えるべきか？」、つまり「視点力」の話をしてきました。

しかし、「視点」は、ただそれだけでは「思いつき」と変わりません。その**「思いつき」を意味あるものに変え、自分の思考を発展させていくために必要になるのが、それについて、「どう考えるべきか？」を考える「論理力」**です。

本書で言う「論理力」とは（7ページとは別の言い方をすれば）、**「見えない関係を見極め、その妥当性を検証する力」**を

図 18：因果関係

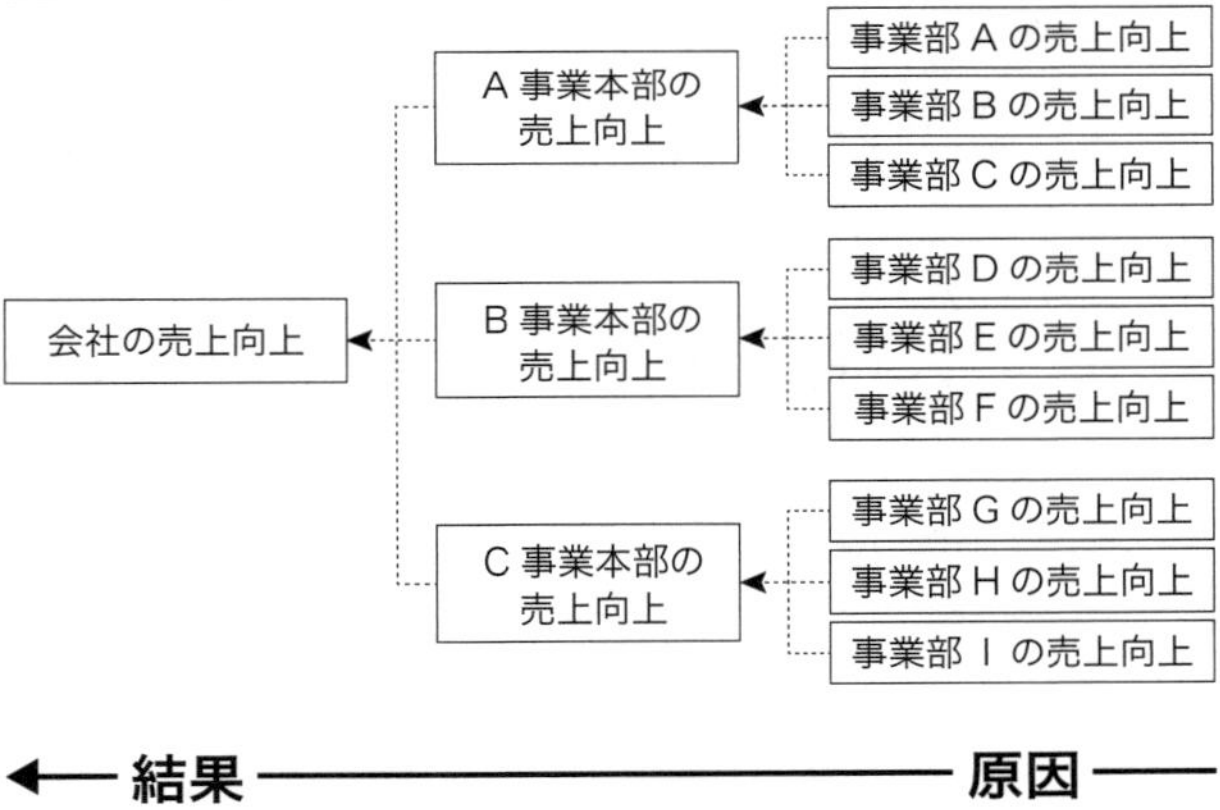

指します。

世の中には、目には見えないものの、確かに存在しているものがあります。その代表的なものが「関係」です。

例えば、あなたの会社には数多くの「事業部」があると思います。これは「会社＝全体」で「事業部＝部分」です。つまり「全体と部分」の「包含《ほうがん》関係」があることがわかります（図17）。

そして、「全体↓部分」の包含関係であることから、「部分：事業部の売上が上がれば↓全体：会社の売上が上がる」

という関係にあることもわかります。こちらは「因果関係」です（図18）。

「会社の売上」や「事業部の売上」は、目に見える数字として個別に理解できます。しかし、

●「会社」と「事業部」は、全体→部分の包含関係にある

●「事業部の売上が上がれば」→「会社の売上が上がる」という因果関係にある

という「関係」は目に見えないことから、自分の頭で考えて、その関係性を見極め、妥当性を検証していくしかありません。これが「論理力」です。

先ほどの「売上の向上」の例では、売上を上げるための「視点」として「顧客数の増加」「購入1回当たりの客単価の向上」「購入頻度の増加」という3つの視点で考えました。これらの視点は、

●「売上」と「顧客数」「購入1回当たりの客単価」「購入頻度」の関係は、全体→部分

の包含関係にある

●「顧客数・購入1回当たりの客単価・購入頻度のどれかが増えれば」↓「売上が上がる」という関係は「ああなれば↓こうなる」という因果関係にある

ということがわかります。つまり、別の言い方をすれば、

●「顧客数の増加」「購入1回当たりの客単価の向上」「購入頻度の増加」というそれぞれの視点は、単なる思いつきではなく、売上向上に対して意味がある「視点」だ

ということでもあります。

このように、「何について考えるべきか?」を考える段階でたくさんの「視点」を挙げる「視点力」だけでなく、「その視点は意味があるのか?」「さらに掘り下げる価値がある視点なのか?」を評価し、選ぶためには、「包含関係」や「因果関係」など、「見えない関係を見極め、その関係が妥当かどうかを評価する力」である「論理力」が必要に

なってきます。

ここまでお読みになって、適切なロジックツリーを描くためには「視点力（＝そもそも何について考えるべきか？）」と「論理力（＝それについてどう考えるべきか？）」が重要であることがご理解いただけたと思います。

この2つの力を自由自在に操ることができるようになれば、物事に対して多様な側面を発見し（＝視点力）、筋のよさを見極め（＝論理力）、「次々に仮説を生み出す力」を身につけることができるようになるのです。

≫「ロジックツリー」×「視点力」で可能性を拓く

物事には様々な側面があるにもかかわらず、多くの人はそのことに自覚的になれず、「1つの側面から見た視点」にとらわれがちです。

例えば、図19の写真をご覧ください。

図19

　この写真を見て、あなたは「あ、コップだ」という印象を持ったと思います。もし、あなたがこの商品のマーケティング担当者だったとしたら、「このコップを売るには何が必要か？」という「視点」でロジックツリーを描くことになるでしょう。

　一方で、次ページの図20の写真をご覧ください。

「ガラスでできた円柱形の立体物」は、花を生《い》ければ、「コップ」ではなく「花《か》瓶《びん》」にもなりえます。そのことに気づけたら、「これを花瓶として売るには？」という別の「視点」でロジックツリーを

図20

描くことも可能でしょう。

さらに、図21の写真をご覧ください。

「ガラスでできた円柱形の立体物」は、イラストを描けば、「インテリア雑貨」にもなりえます。だとしたら、「これをインテリア雑貨として売るには？」という別の視点でロジックツリーを描けるようにもなります。

これらは、別の言い方をすれば、「ガラスでできた円柱形の立体物」に対する**「可能性を広げた」**と言い換えることができます。

図21

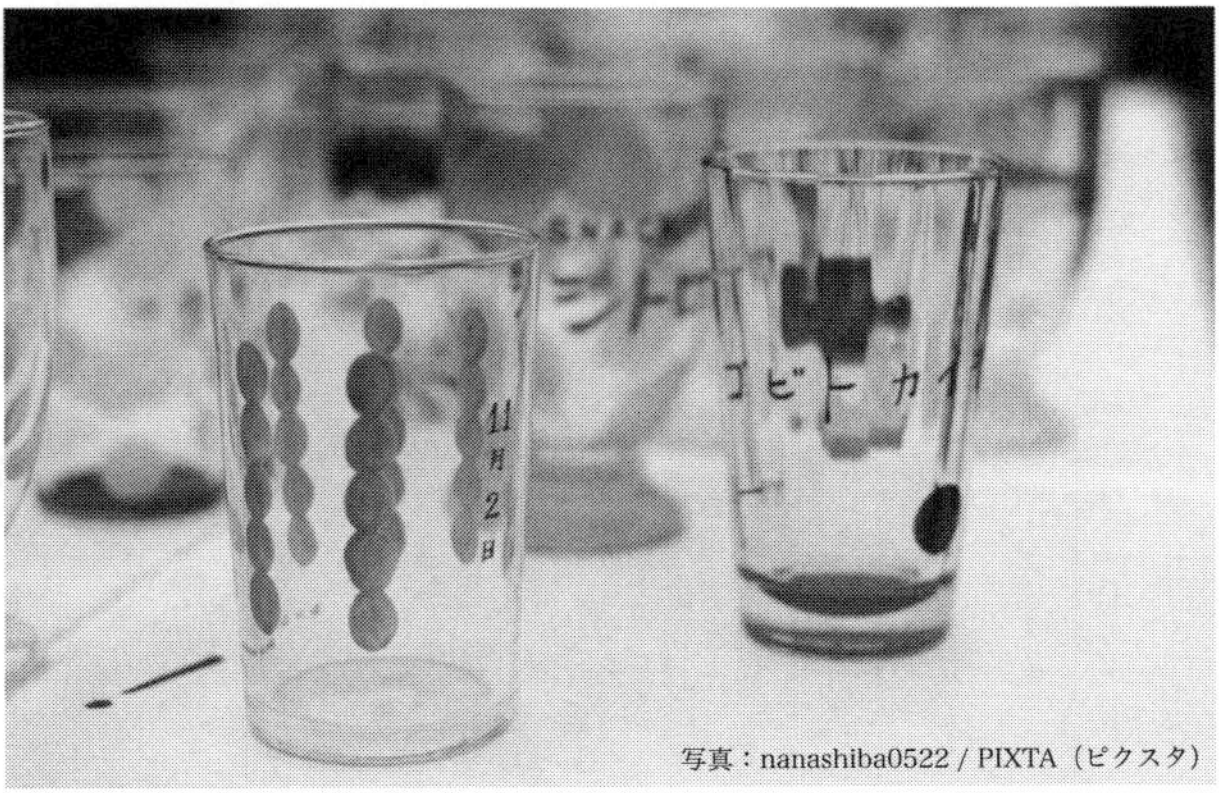

写真：nanashiba0522 / PIXTA（ピクスタ）

人は誰しも、「視点」を通してしか物事を考えることができません。そして、**思考の行き先は「視点」が決めてしまいます。**

どのような思考プロセスも、

①視点：まずは視点を置き、
②論理：その視点を起点に「ああなれば
→こうなるだろう」と考え、
③仮説：自分なりの仮説を出す

というステップを辿ります。多くのロジカルシンキングの書籍では、ロジック

ツリーのポイントとして、

①ロジックツリーを左から右へ分解していく際の「論理の筋道」が正しいかどうか？

②ロジックツリーの縦方向に「モレ」や「ダブリ」がないかどうか？

という2つが語られることが多いと思います（図22）。

しかし、ロジックツリーの「起点」を置く「視点力」がなければ、「そもそも、何について考えればいいのかがわからない」という状態に陥《おちい》ります。その結果、

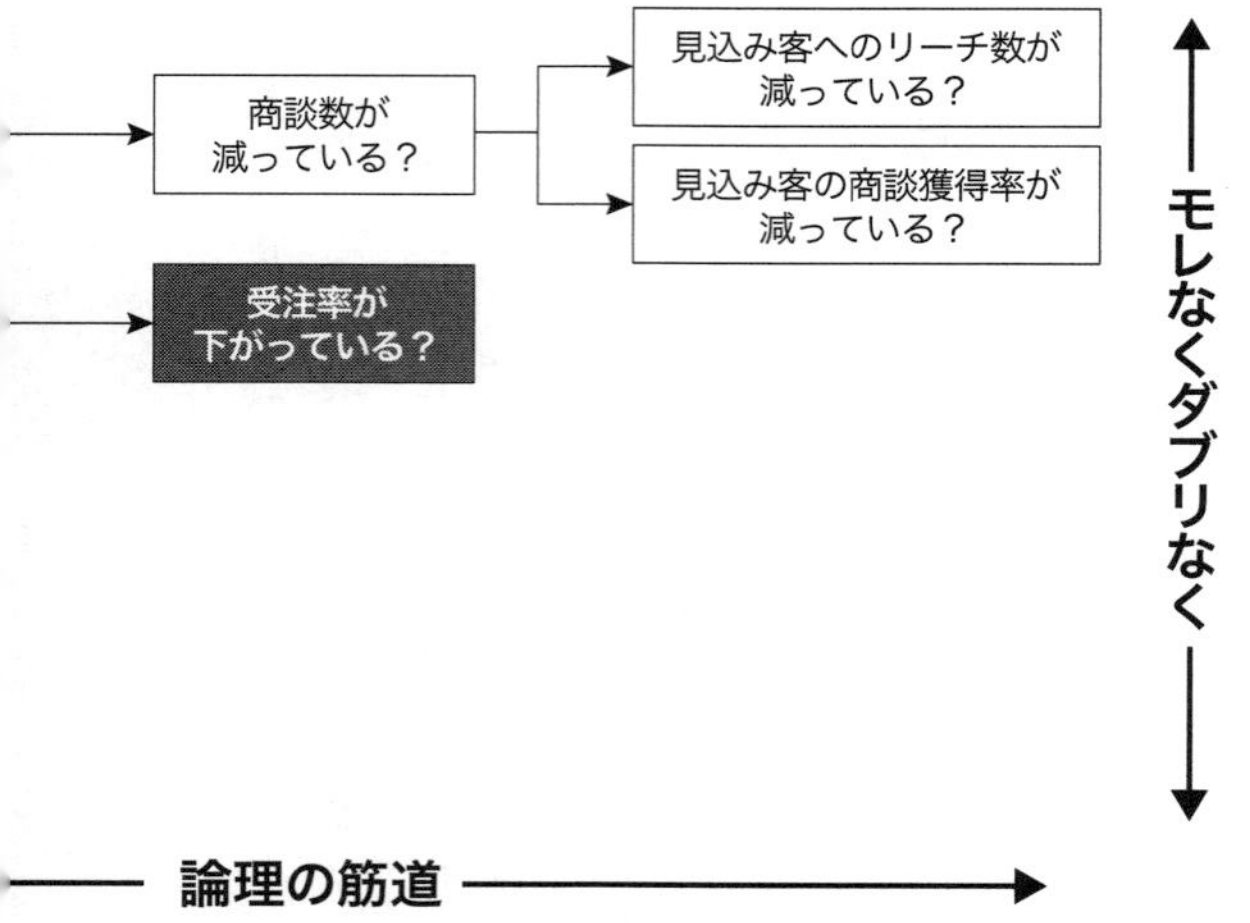

「論理の筋道」や「モレやダブリのチェック」以前の段階で行き詰まってしまうことになるのです。

このことを踏まえれば、ロジックツリーを使いこなす上で真に重要なのは、「論理の筋道」でも「モレ・ダブリ」でもなく、その前段階にある「視点」であることがご理解いただけると思います。

さらに、1つしか「視点」を持てなければ、出せる仮説も1つになってしまい、その仮説の筋が悪ければ、そこで行き詰まってしまいます。これでは、次々に仮説を生み出すことはできません。

図22：「論理の筋道」と「モレ・ダブリ」

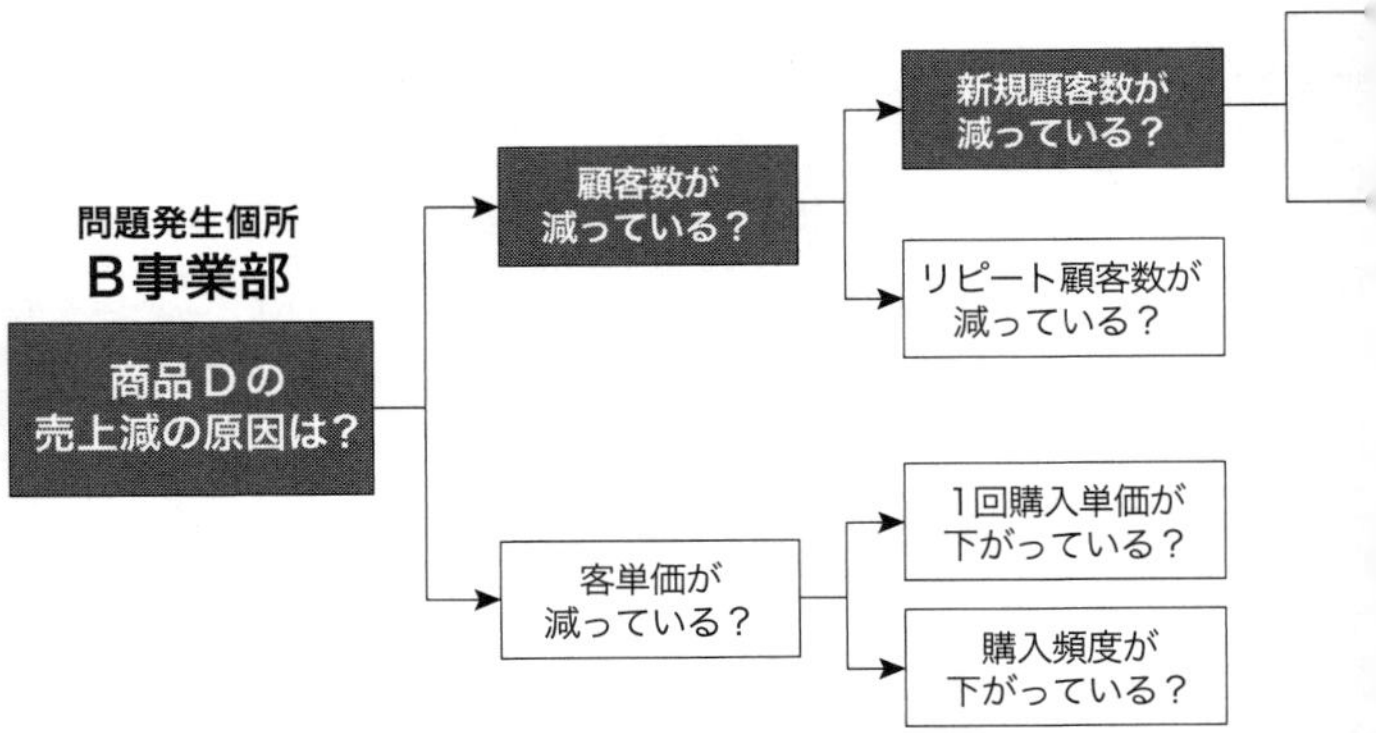

誤解を恐れずに言えば、**あなたが描くロジックツリーの価値は「あなたの視点の多さ（＝視点力）」や「あなたの視点の置きどころ」に支配されている**とも言えます。

もし、あなたが「視点力」を身につけることができれば、先ほどの「コップ→花瓶→インテリア雑貨」のように、1つの物事を多様な側面で捉え直し、別の可能性を探りながら、ロジックツリーを描けるようになります。

ここまでをお読みになれば、ロジックツリーを描く際には、いかに「視点（＝何を考えるべきか？）の置きどころ」が大切かをご理解いただけたと思います。

これらを踏まえて、さらに「視点力の重要性」を深掘りしていきましょう。

≫優れたイシューを設定する

あなたは「イシュー」という言葉をご存じでしょうか？

もともとは外資系コンサルティング業界から出てきた言葉で、「白黒つけるべき重要な問題」を意味する言葉です。

物事を考える上で最も重要なことは、「問題を正しく解くこと」以上に、「白黒つけるべき重要な問題を見極めること」です。

なぜなら、白黒つけるべき問題そのものを間違えてしまえば、問題を正しく解けたとしても、その答えは重要でないものになってしまうからです。

コンサルティングファームでは、プロジェクトが始まる際には、ロジックツリーの種類の1つである「イシューツリー」を使って、徹底的に「白黒つけるべき問題は何か？」を見極めていきます。

その際に重要になるのが、「視点力」です。

先ほど「売上の向上」の話をしました。その際に設定した「視点」は、「顧客数」「購入1回当たりの客単価」「購入頻度」の3つです。これらをイシュー(白黒つけるべき問題)にすると、

●イシュー①：顧客数を増やせるか？
●イシュー②：購入1回当たりの客単価を上げられるか？
●イシュー③：購入頻度を増やせるか？

となります。

しかし、「視点」を変えることで、異なる側面からイシューを設定することも可能です。

例えば、次の通りです。

●イシュー④：市場規模を拡大できるか？
●イシュー⑤：市場シェアを拡大できるか？

売上は「顧客数 × 購入1回当たりの客単価 × 購入頻度」という視点でロジックツリーに分解できますが、「市場規模 × 市場シェア」という視点でも分解できます。

むしろ、後者の視点でロジックツリーに分解したほうが、より大局的・戦略的なインパクトをもたらすアウトプットが導き出せるかもしれません（図23）。

図23：視点力でイシューの切り口を変える

■顧客数×購入1回当たりの客単価×購入頻度

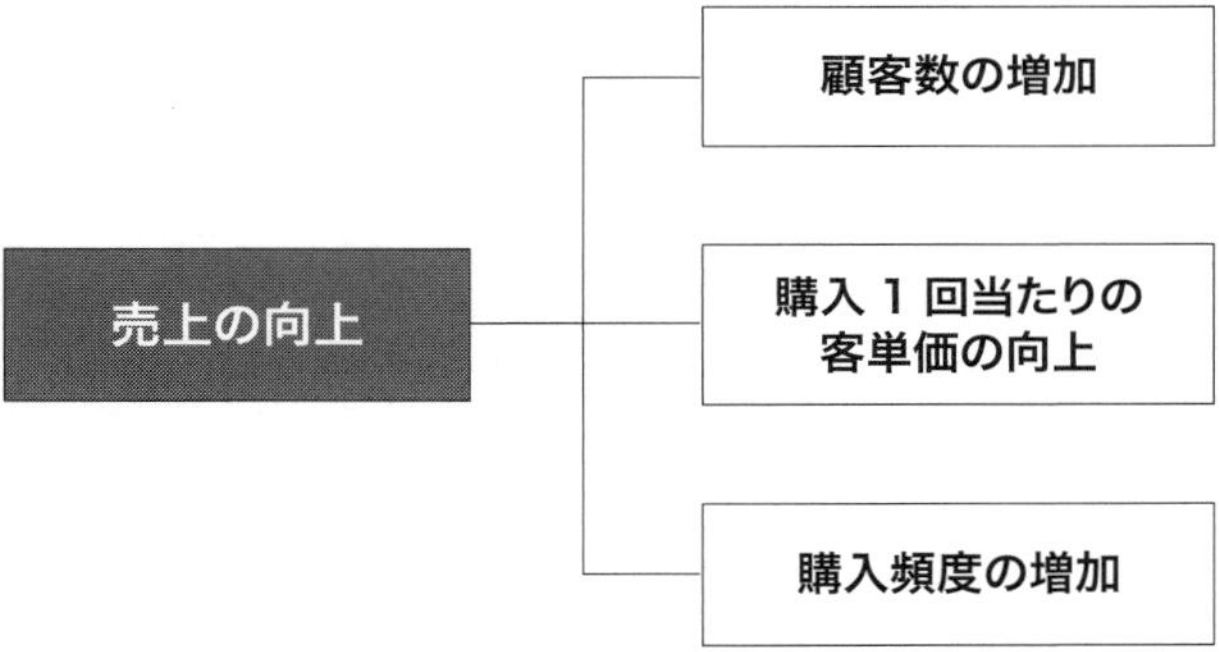

自社側から見た「現場戦術視点」

■市場規模×市場シェア

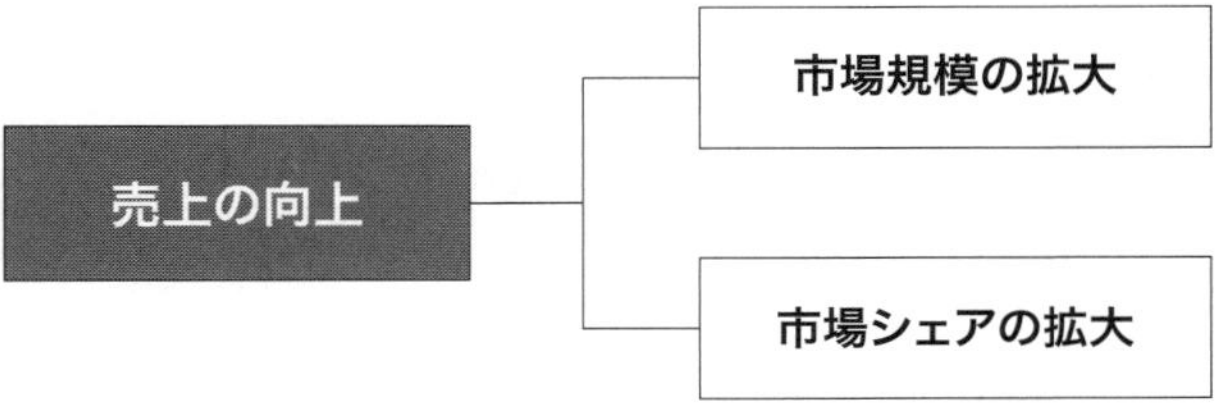

市場側から見た「戦略視点」

このように、自由自在に視点を変える「視点力」を身につければ、様々なイシューを導き出し、その中から筋のよいイシューを選び取り、ロジックツリー（＝イシューツリー）へと展開できるようになります。

≫別の可能性を切り拓く

「視点」を自由自在に操ることができるようになれば、物事の新たな側面に気づき、「別の選択肢」「別の可能性」を拓けるようになります。

例えば、「売上低迷の原因」を突き止めるためにロジックツリーで分析したところ、図24のような結果になったとしましょう。

確かに、ロジックツリーの「論理の筋

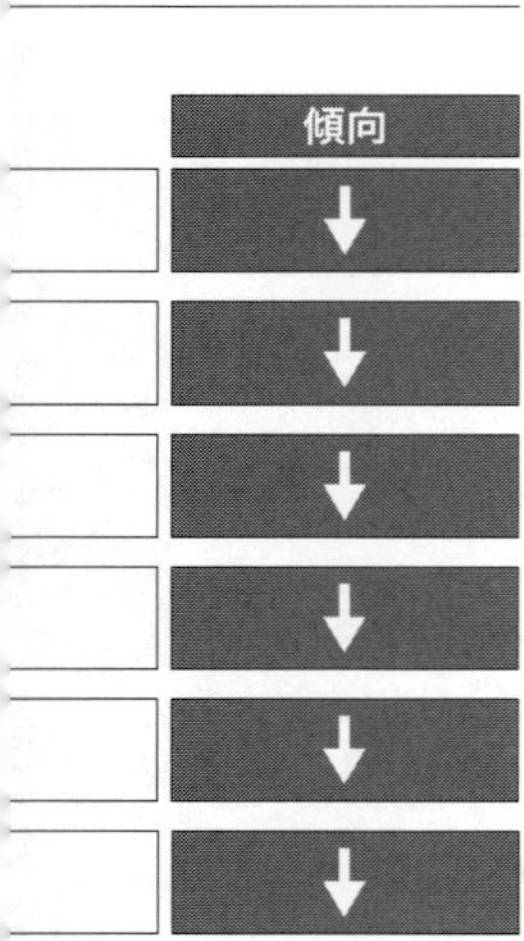

道（＝左から右方向）」は正しく、「モレ・ダブリ（＝縦方向）」もありません。ロジックツリーとしては、しっかり成立しています。

しかし、ロジックツリーを描いた、そもそもの目的は、「売上低迷の原因を突き止める」ことですから、このロジックツリーでは売上低迷の根本原因がわからず、役に立たないことは明らかです。

このように、**「ロジックツリーとしては成立しているものの、役に立たない」のは、ロジックツリーを分岐させていくときの「視点」が悪いから**です。

図24：役に立たないロジックツリーの例

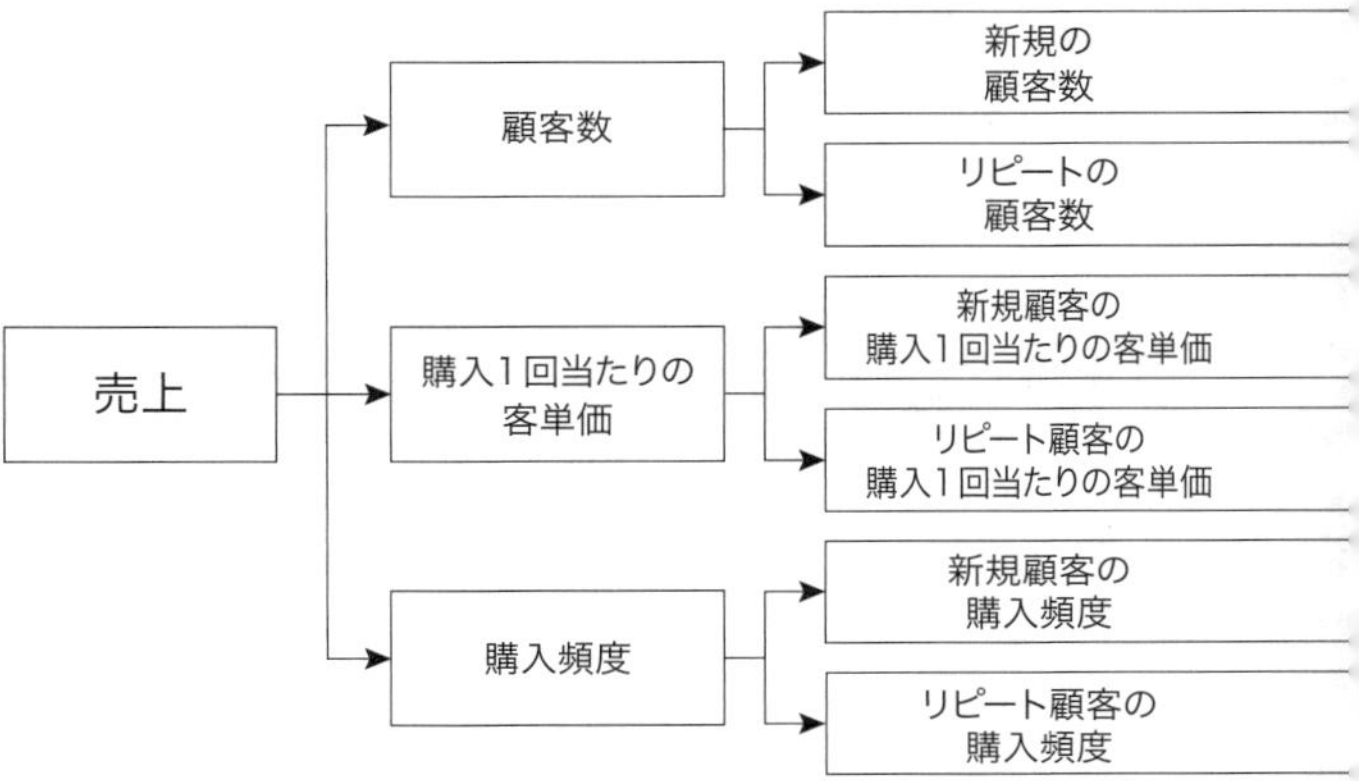

では、次の図25のロジックツリーをご覧ください。

こちらのロジックツリーでは「売上」を、

●A事業部の売上
●B事業部の売上
●C事業部の売上

という「事業部別の視点」で分岐させています。さらに、それぞれの事業部の売上を、

●商品aの売上
●商品bの売上
●商品cの売上

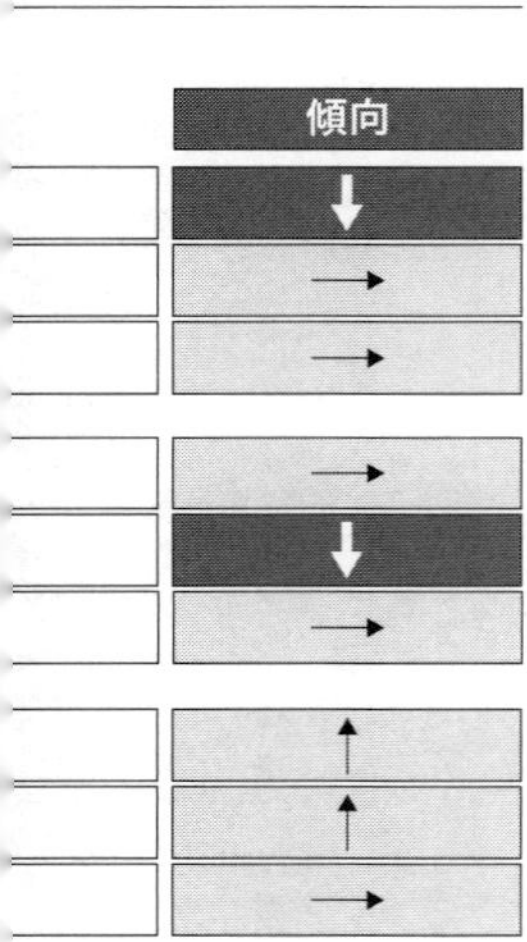

……

と、「商品別の視点」で分解しています。

このように「事業部別」「商品別」という視点でロジックツリーを分岐させていくと、「売上低迷の原因は、A事業部の商品aと、B事業部の商品eだ」ということがわかります。

先ほどのロジックツリーとの違いは、ロジックツリーを分岐する際の「視点を変えた」ことです。「論理の筋道を変えた」ことや「モレ・ダブリをなくした」ことではありません。

図25：意味があるロジックツリーの例

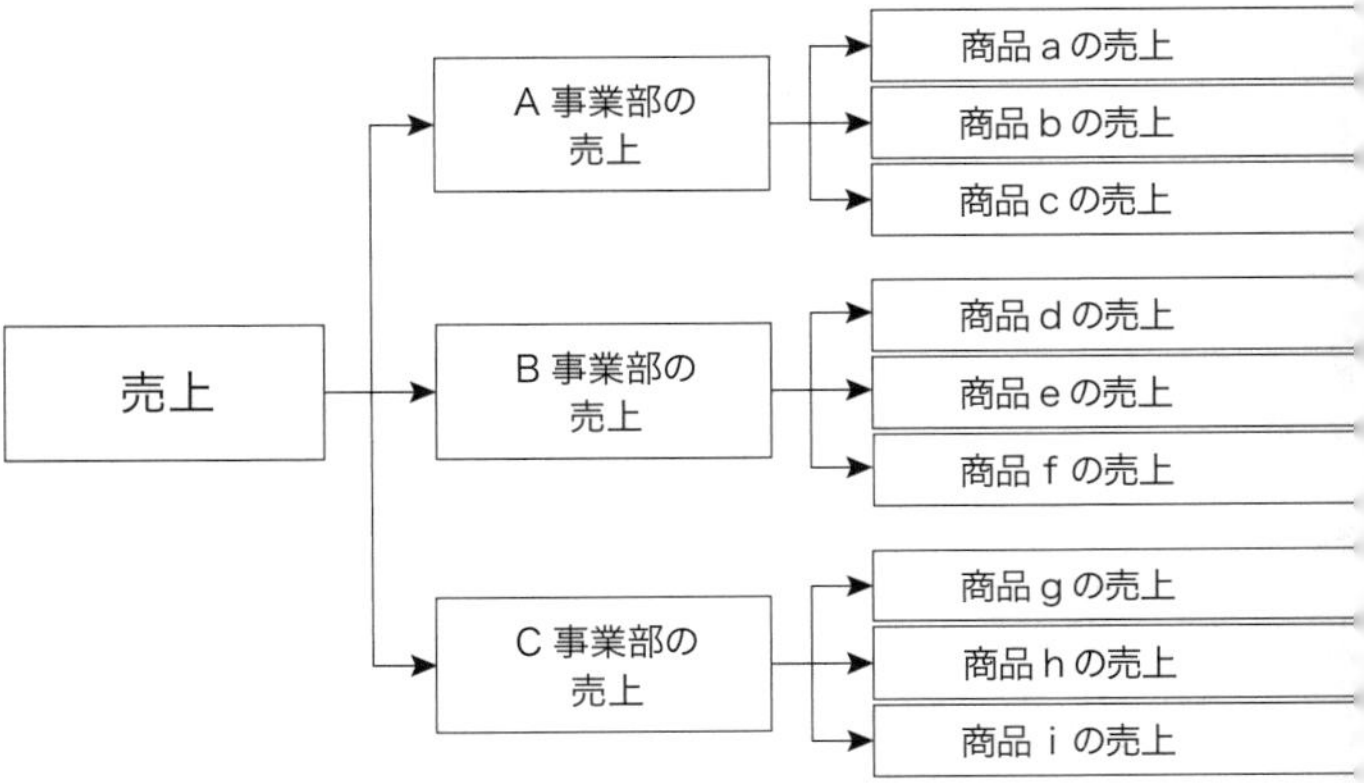

このように、**視点力を磨き、多くの視点を持てるようになれば、物事の多様な側面に気づけるようになり、次々と「別の選択肢」「別の可能性」を拓くことができるようになります。**

≫行き詰まりを突破する

「視点力」は、時に行き詰まった状態を突破してくれます。

例えば、古いオフィスビルのオーナーの悩みの話です。

そのビルオーナーは、テナントとして入っている企業からの「エレベーターの待ち時間が長い」というクレームに悩まされていました。

あなたはこの問題を解決するために、どのようなロジックツリーを描くでしょうか？

例えば、図26のようなロジックツリーが考えられると思います。

「ビルオーナーの視点」で考えると、エレベーターの待ち時間を短くするには、「エレベーターの数を増やす」か「ＡＩなどの制御技術でエレベーターの待ち時間を最小化す

図26：エレベーターのクレームを減らすには？①

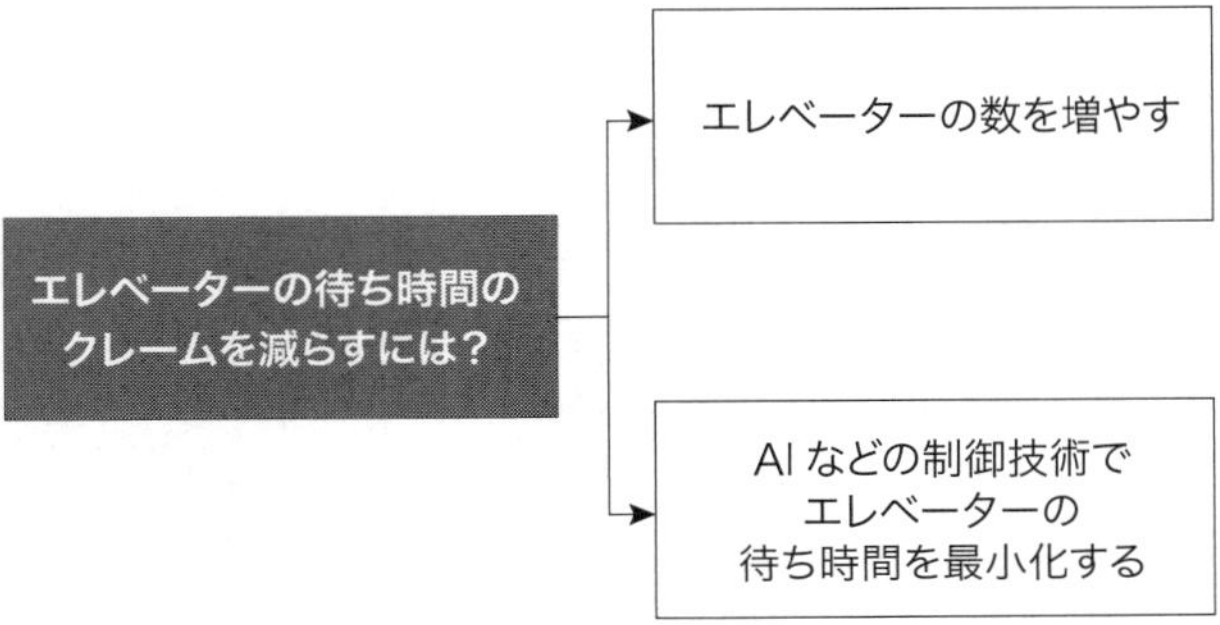

る」のどちらかになりそうです。

しかし、この解決策は大きな設備投資を伴《ともな》うため、実現は難しいかもしれません。完全に行き詰まった状態です。

では、「視点力」を発揮して、新たに「エレベーターのユーザーの視点」で考えてみると、どうでしょうか？

「エレベーターのユーザーの視点」に立つと、「エレベーターの待ち時間が長い」というクレームは、「エレベーターの待ち時間＝無駄な時間」と感じるからであって、エレベーターの待ち時間を有意義な時間に変えることができれば、大きな

図27：エレベーターのクレームを減らすには？②

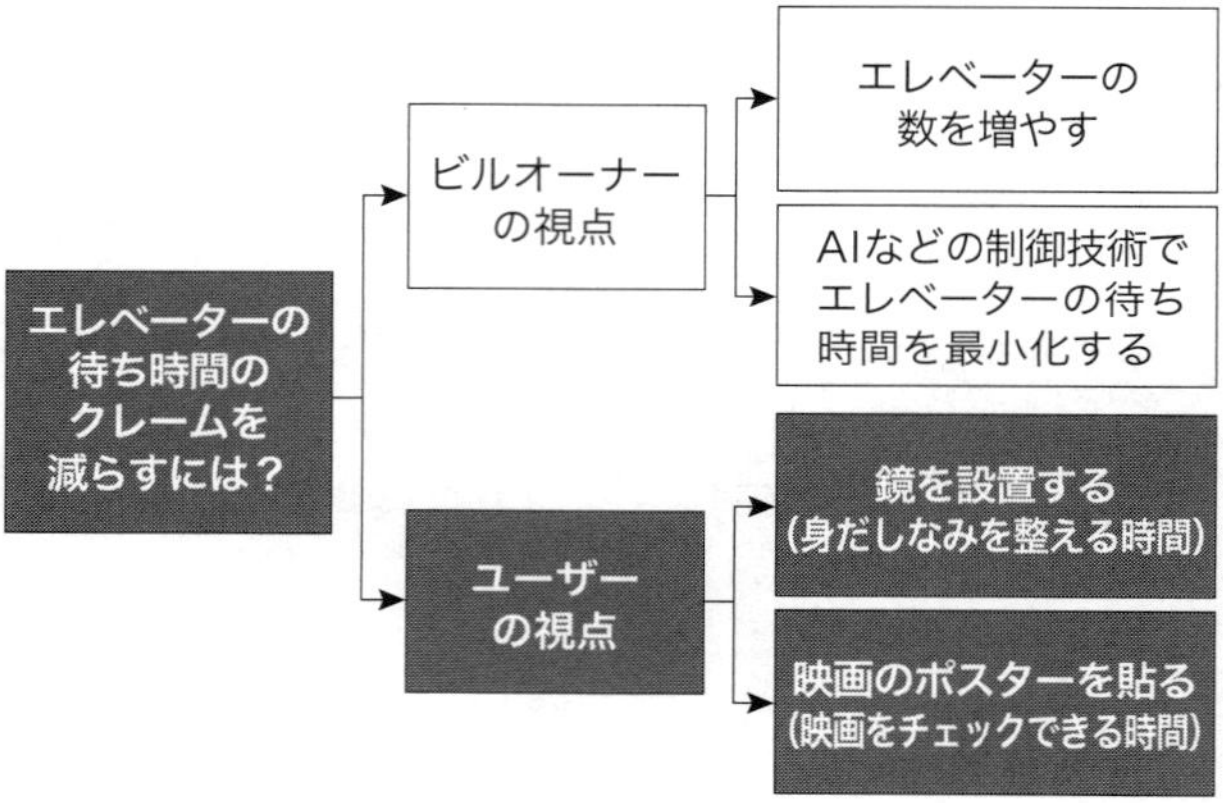

設備投資をせずにクレームを解消できるかもしれません。

これをロジックツリーに表すと図27のようになります。

例えば、エレベーターの横に鏡を置けば、エレベーターの待ち時間は「身だしなみを整える有意義な時間」に変えられるかもしれません。あるいは、その時々に公開されている映画のポスターを貼っておけば、「今週末に行きたい映画をチェックできる有意義な時間」に変えることもできそうです。

このように、**視点を自由自在に操る「視点力」を身につけることができれば、新たな視点を持ち込んで行き詰まった状態を突破し、これまでとは異なるロジックツリーで問題解決策を導き出すことが可能になります。**

≫新たな概念を生み出す

「視点力」と「ロジックツリー」を掛け合わせることができれば、あなたはこれまでとは異なる新たな「概念（＝コンセプト）」を生み出すことができるようになります。いわば0↓1思考です。

ロジックツリーは「全体」から「部分」へと分岐させていくフレームワークですが、その起点となる**「全体」に新しい視点を持ち込むことができれば、新しいコンセプトを生み出すことが可能**です。

ここではわかりやすく、「モノを片づける」という身近な行為について考えてみましょう。

「モノを片づける」という行為には、大きく分けて「本来あるべき場所に置く（棚やラックなどに）」と「本来あるべき場所にしまう（引き出しなどに）」の2つがあります。

ここで、「視点」を抜き出してみると、

●置く

●しまう

の2つの視点があることがわかります。

これをもう少し掘り下げていくと、「モノを片づける」という行為には「本来あるべき場所に戻す」という大前提の概念（＝全体）があって、その手段（＝部分）として、「置く」「しまう」の2つがあることがわかります。つまり、先ほど触れた包含関係です（図28）。

この「本来あるべき場所に戻す」という大前提の概念（＝全体）を覆《くつがえ》し、新たな視点を持ち込んでみたら、どうなるでしょうか？

図28：モノを片づける×ロジックツリー①

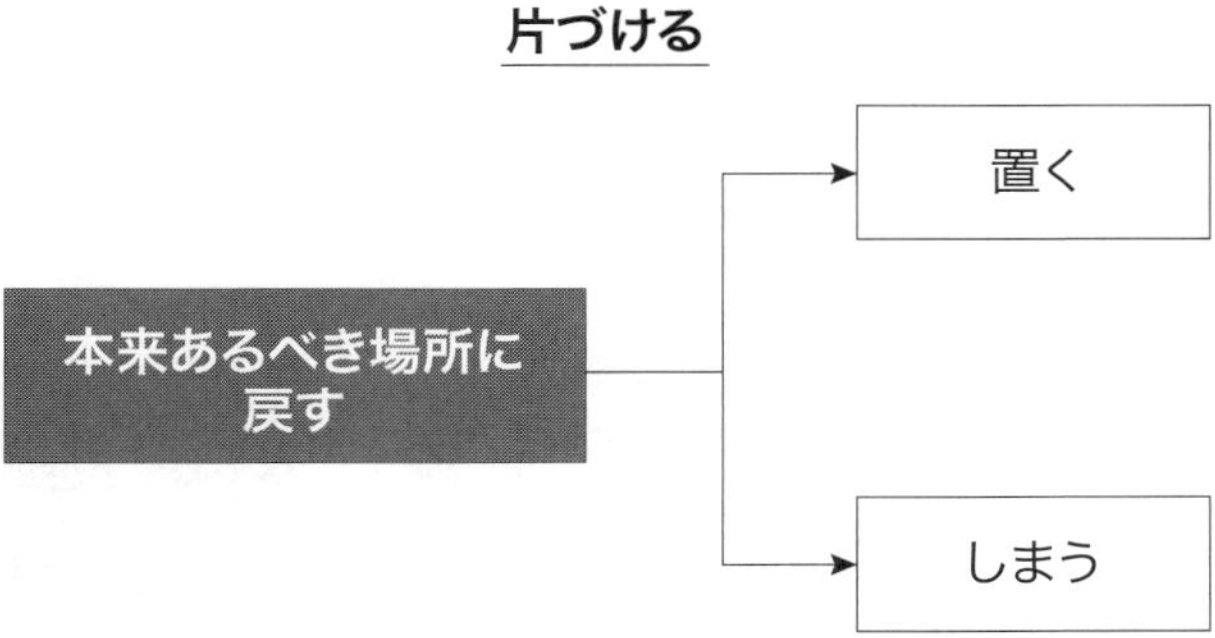

例えば、「片づける＝本来あるべき場所に戻す」の真逆を考えると、「片づける＝これまでにない、新たな片づけ場所を発見する」という視点になります。

この視点で家の中を見渡してみると、実はあまり役に立っていない「新たな場所」が発見できそうです。例えば、「リビングの壁」「寝室の壁」「廊下《ろうか》の壁」などの「壁」です。

だとすれば、片づけたいものを「本来あるべき場所に置く・しまう」のもいいけれど、「新たな片づけ場所」として「自分が手に取りやすい場所に貼る・ぶら下げる」のも便利かもしれません。

図29：モノを片づける×ロジックツリー②

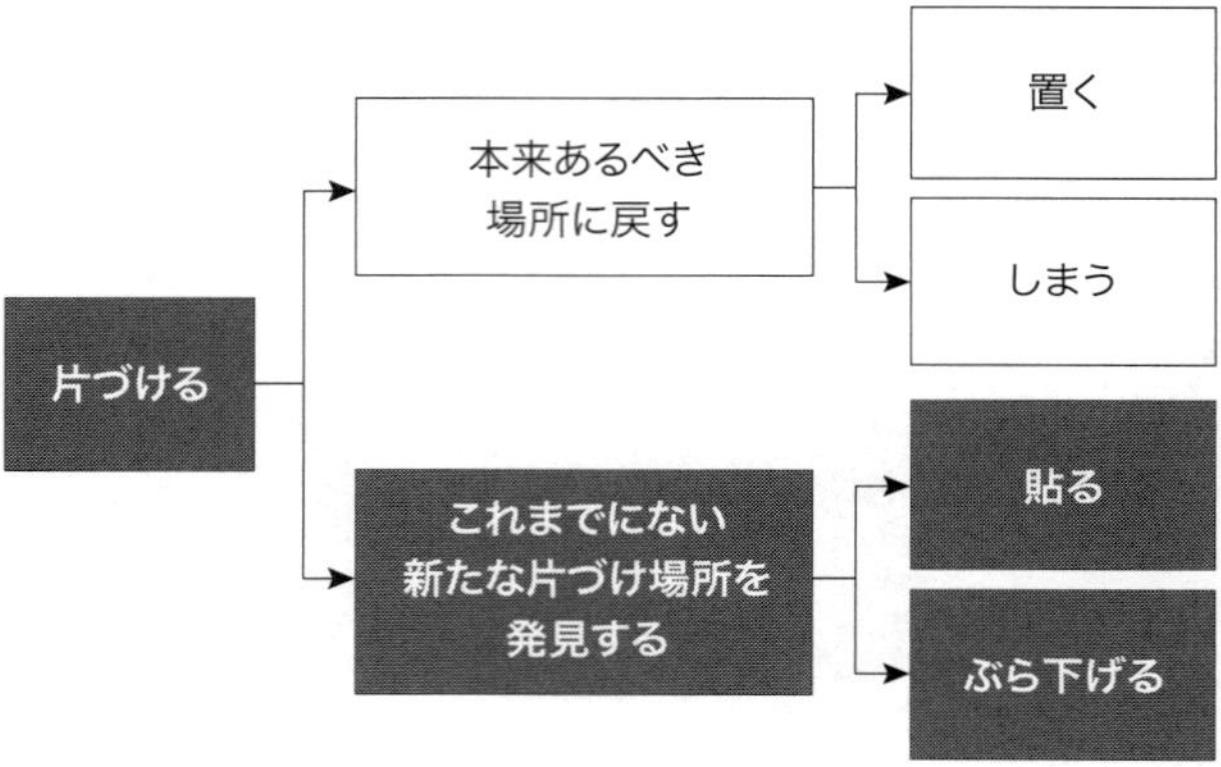

これをロジックツリーで表すと、上の図29の通りとなります。

このように、ロジックツリーの一番左側に置いている前提（＝全体）を疑い、新しい視点を持ち込むことができれば、新たな概念（＝コンセプト）を生み出すことが可能になります。

一方で、**ロジックツリーの「全体」から「部分」へと分岐させていく「切り口」に新しい視点を持ち込むことでも、新しいコンセプトを生み出すことができます。**

図 30：家電製品のロジックツリー①

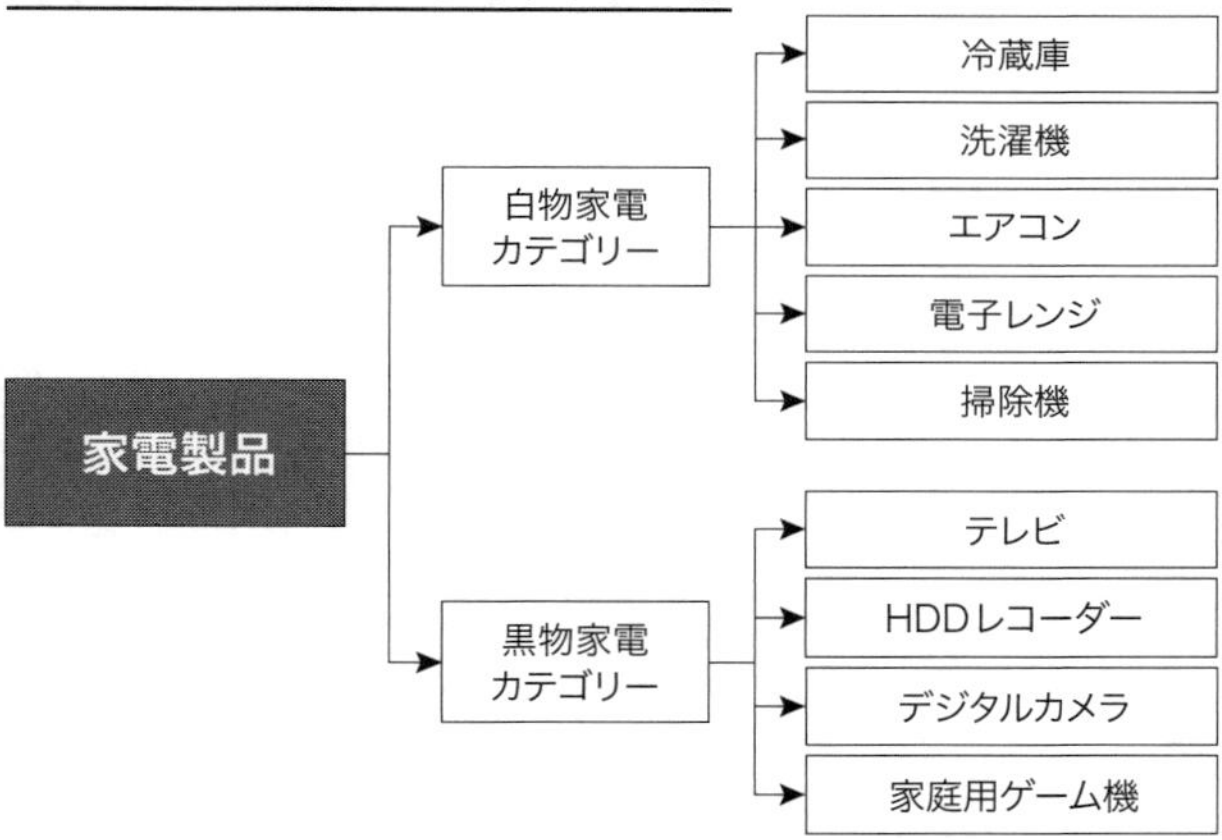

ここで、突然ですが、あなたに質問です。家電製品と聞いて、あなたは何を思い浮かべるでしょうか？

テレビ、ＨＤＤレコーダー、洗濯機、冷蔵庫、電子レンジ、掃除機……。パッと思い浮かぶのは、これらではないでしょうか？

これをロジックツリーに表すと、図30の通りになります。

このロジックツリーは、家電製品（＝全体）を「カテゴリー別」という切り口で分岐させた上で、個々の製品に分岐させているのがおわかりいただけると思います。

この「カテゴリー別」という切り口に、全く別の新しい切り口を持ち込んでみると、どうなるでしょうか?

例えば、「行為別」という新しい切り口を持ち込んでみたのが、次見開きの図31のロジックツリーです。

すると、全く別の景色が見えてくることがわかります。


例えば、「テレビを見て、録画して、再生して楽しむ」という「行為」には、「HDDレコーダー一体型テレビ」が対応していることがわかります。

「食器を洗って乾かす」という行為には、「食器乾燥機一体型食洗機」が対応しています。


一方で、「料理」という行為には「冷やして保存する」「解凍・温めをする」という行為がありますが、「冷やして保存する」は冷蔵庫が担《にな》い、「解凍する」「温める」は電子レンジが担っています。

生活者から見れば2つの家電製品を買うことになり、場所も取ってしまうでしょう。

だとしたら、「電子レンジ一体型の冷蔵庫」というコンセプトの家電製品は造れないでしょうか？

このように、「家電製品」という全体の定義は同じでも、ロジックツリーで分岐させていく際の「切り口」に新しい視点を持ち込むことができれば、新しい概念（＝コンセプト）を生み出すことが可能になります。

別の言い方をすれば、**視点の多さや視点を自由自在に操る力は、誰もが当たり前だと思っている「分岐の切り口」に新しい視点を持ち込み、これまでになかった0→1を生み出すことを可能にする**のです。

≫学びの量を決定づける

ここまで見てきた通り、物事には必ず多様な側面があることから、「視点力」を身につけ、「視点」を自由自在に操ることができれば、様々な発見をもたらしてくれることをご理解いただけたと思います。

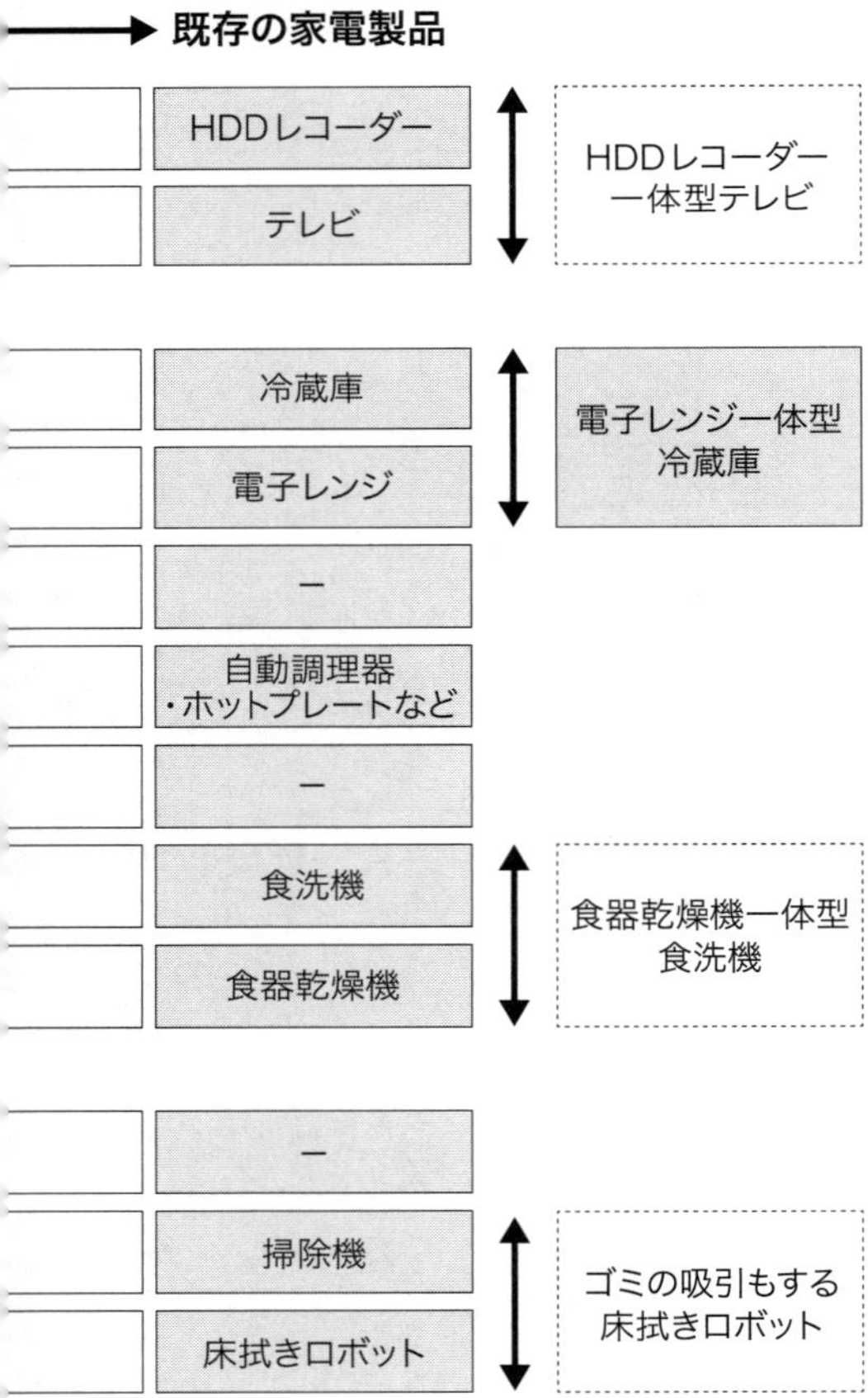

図 31：家電製品のロジックツリー②

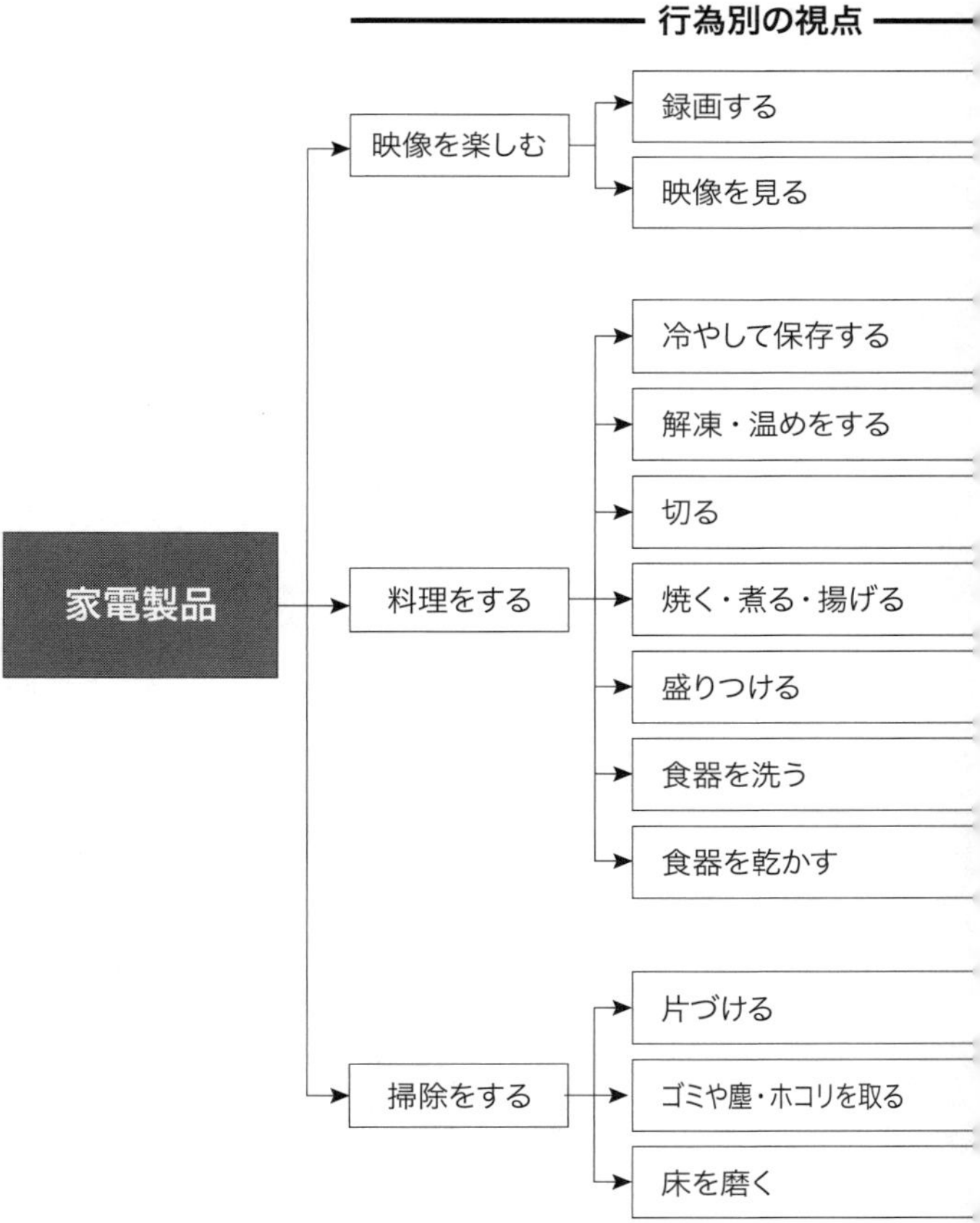

逆に、「視点力」が乏《とぼ》しければ、物事の多様な側面に気づくことができず、1つの側面だけを見て理解したつもりになってしまい、あなたの世界を狭《せば》めてしまうでしょう。

その結果、あなたが描くロジックツリーは画一《かくいつ》的になり、たとえ行き詰まっても別の可能性に思いが至らなくなってしまいます。

「視点力」は「あなたが見ている世界の広さ」を致命的に決定づけてしまいます。

逆に言えば、**「視点力」を身につければ、たとえ同じ状況を眺めていたとしても、そこから得られる「気づきの量」が格段に増えるため、あなたの学びと成長は加速していきます。**

あなたが多くの視点を持ち、自由自在に操ることができるようになれば、ロジックツリーに応用できるだけでなく、様々な物事の見通しをクリアにし、解像度を高められるのです。

≫「ロジックツリー」×「論理力」で筋のいい仮説を導き出す

「視点力」の重要性について理解できたら、続いては、ロジックツリーのもう1つの側面である「論理力」について解説していきましょう。

「考える」とは、突き詰めれば次の2つしかない、と説明しました。

①そもそも「何について考えるべきか？」を考える
②それについて「どう考えるべきか？」を考える

この2つには、次の方程式が成り立つこともお伝えしたと思います。

■「何について考えるべきか？」の答え＋「どう考えるべきか？」の答え
＝あなたなりの仮説

この方程式の前半「何について考えるべきか？」は「視点力」の領域ですが、後半の「どう考えるべきか？」は「論理力」の領域です。

いったん「視点」を置いた後、筋のいい仮説に結びつけていくためには、「物事の関係を整理」しながら、「矛盾《むじゅん》のない話の筋道」を描く必要があります。そこで重要になってくるのが、「論理力」なのです。

では、「論理力」とは、いったい何でしょうか？

インターネット上で紹介されている定義には、次のようなものがあります。

●筋道だった合理的な思考様式やその方法論のこと
●物事を結論と根拠に分け、その論理的なつながりを捉えながら物事を理解する思考法
●筋道を立てて矛盾・破綻《はたん》がないように論理的に考え、結論を出す思考法
●物事を論理的に筋道立てて捉え、矛盾なく考える思考方法
●物事を体系的に整理し、筋道を立てて矛盾や飛躍のないように考える思考法

これらの定義は間違いではありませんが、少々わかりづらいのが難点です。

そこで本書では、ロジックツリーの基本書らしく、「論理力」をロジックツリーで整

図32：「論理力」のロジックツリー

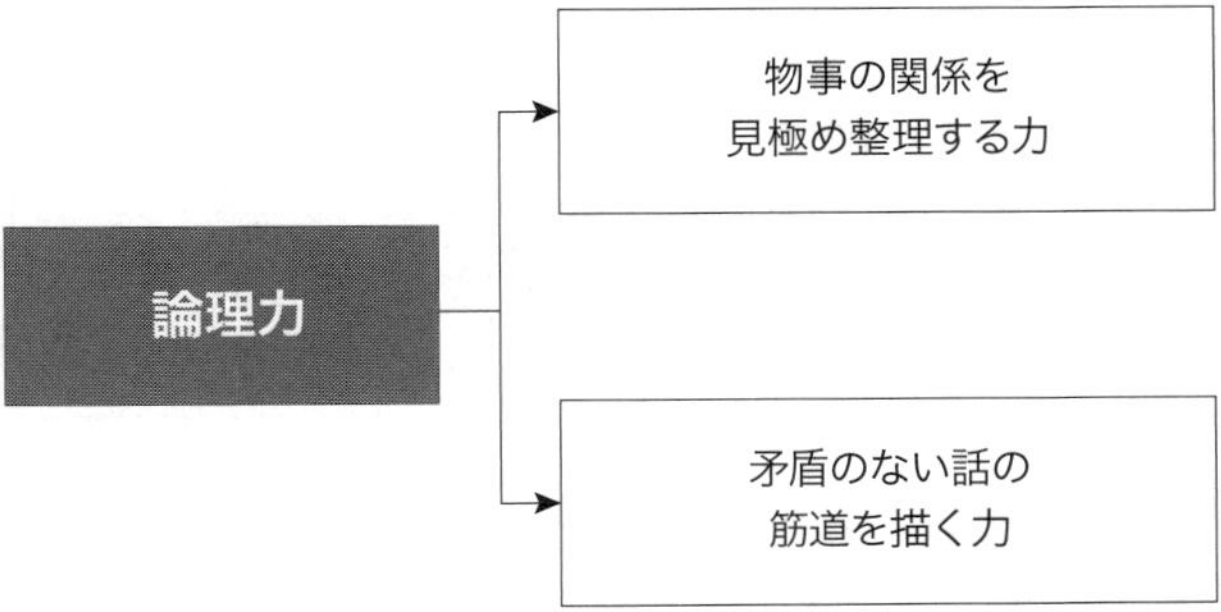
論理力
物事の関係を
見極め整理する力
矛盾のない話の
筋道を描く力

理してみました。それが上の図32です。

論理力は、大きく分けて、「物事の関係を見極め整理する力」と「矛盾のない話の筋道を描く力」の2つで成り立っています。

ここで、再度、ロジックツリーの型を見てみましょう。次ページの図33をご覧ください。

「物事の関係を見極め整理する力」は、図33で言えば、**「四角い枠同士の関係を整理する力」**を指します。

一方で、**「矛盾のない話の筋道を描く力」**

図33：ロジックツリーの型

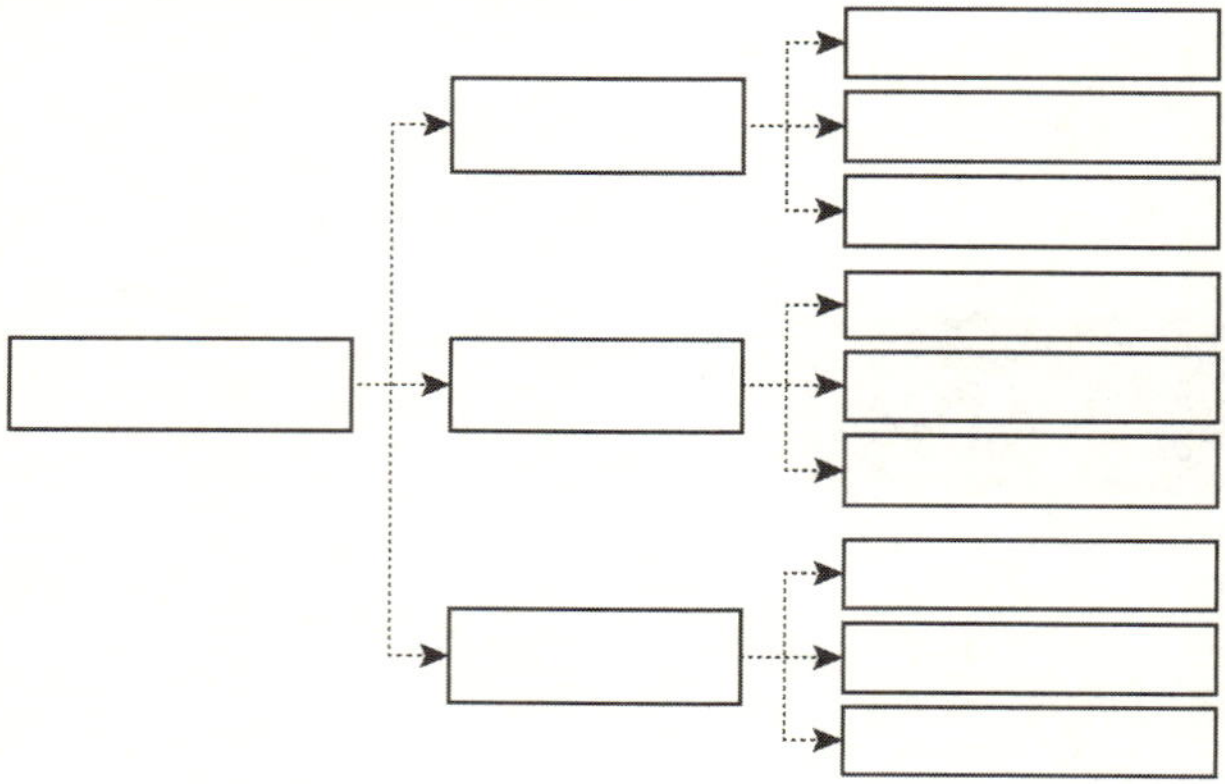

は「点線の矢印を描いていく力」です。

この2つは、ロジックツリーに限らず、「論理」を考えるときに極めて重要ですから、もう少し深掘りしていきましょう。

≫物事の関係を見極め整理する力

ビジネスの課題は様々な要素が複雑に絡み合っていて、ただ漠然と全体を捉えるだけでは役立つ示唆を得られないことがほとんどです。

玉石混淆《ぎょくせきこんこう》にも思えるビジネスの課題を正しく理解するには、それらを全体として捉えるだけでは不十分で、**「構成要**

素に分解して丁寧に整理」し、さらに、「それぞれの関係性がどうなっているのか?」を見抜く必要があります。

誤解を恐れずに言えば、ビジネスの課題は「構成要素」と「その関係性」で成り立っています。それらの実態を、分岐構造を使って整理し、解明していくのが、ロジックツリーです。

それでは、「物事の関係を見極め整理する力」に含まれる「関係」とは、いったい何を指すのでしょうか?

世の中には様々な「関係」が存在しますが、コンサルティングファームの現場で最も頻繁《ひんぱん》に扱うのが、前にも触れた「包含関係」と「因果関係」です。

優《すぐ》れたコンサルタントは、何か問題に直面したときには、まるで息を吸って吐くように、頭の中で「包含関係」と「因果関係」を整理する習慣が身についています。

それでは、「包含関係」「因果関係」は、なぜ重要なのでしょうか？

≫「包含関係」とは何か？

まずは、「包含関係」について説明していきましょう。

包含関係とは、「包む」「含む」という文字の通り、**「全体と構成要素の関係」**を指します。

ヒト・モノ・カネなど、ビジネスに使える資源は無限にあるわけではなく、常に限りがあります。人員が足りない、予算が足りない、時間が足りない、などは日常茶飯事《さはんじ》ではないでしょうか？

何か問題が生じたときに、漫然と「全体」を眺めたまま、限りある資源を総花《そうばな》的に使ってしまっては、すべてが中途半端になってしまい、投じた資源に対する効果は限定的です。

一方で、全体を構成要素に分解していき、問題の発生個所（＝部分）を特定した後、そこに集中的に対処すれば、限られた人員・予算・時間で問題を解決することができます。結果、少ない資源で効果を最大化できるので、費用対効果が高まります。

このように、コンサルティングファームの現場では、クライアントの問題に直面したとき、まずは全体を構成要素に分解し「問題の発生個所（What）」を突き止めようとします。

別の言い方をすれば、**ロジックツリーを使って全体から構成要素へと分解し、「どの部分に問題があるのか？」を明らかにする**のです。

このときによく使うのが、「包含関係」に基づいたロジックツリーです。

包含関係に基づいたロジックツリーの描き方には、大きく分けて2つの方法があります。コンサルティングファームでは**「足し算分解」「掛け算分解」**と呼ばれているものです。

まずは、「足し算分解のロジックツリー」について解説していきましょう。

第1章で「会社全体の売上が下がっている」という問題を考えました（次見開きの図

6再掲)。

このときに、ロジックツリーで「事業部別」「商品別」に構成要素に分解していくことで、

●B事業部の商品Dの売上が落ちている
●C事業部の商品Fの売上が落ちている
●その他は「横ばい」か「売上増」

という事実をつかみ、売上減少の発生個所は「B事業部の商品D」と「C事業部の商品F」であることがわかりました。

このときの方法が、まさに「足し算分解」です。

「会社の売上」は「A事業部の売上」+

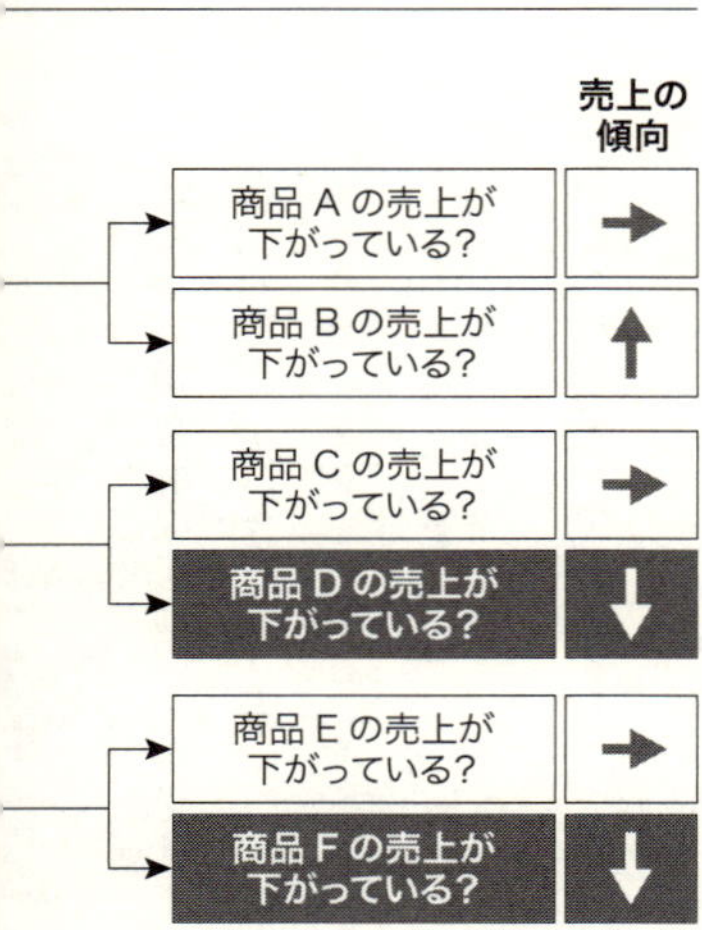

売上の傾向
商品Aの売上が下がっている?
商品Bの売上が下がっている?
商品Cの売上が下がっている?
商品Dの売上が下がっている?
商品Eの売上が下がっている?
商品Fの売上が下がっている?

「B事業部の売上」＋「C事業部の売上」という「足し算」で成り立っていることがわかります。

また、「A事業部の売上」は「商品Aの売上」＋「商品Bの売上」という足し算で成り立っていることも、おわかりいただけると思います。

「全体」＝「部分A」＋「部分B」＋「部分C」のように、**構成要素の足し算が全体とイコールになるように分解していく方法を「足し算分解」と言います。**

ここで、ぜひ思い出してほしいのが「視点力」です。

「会社全体の売上が下がっている」とい

図６：ロジックツリーで問題の発生個所を特定する

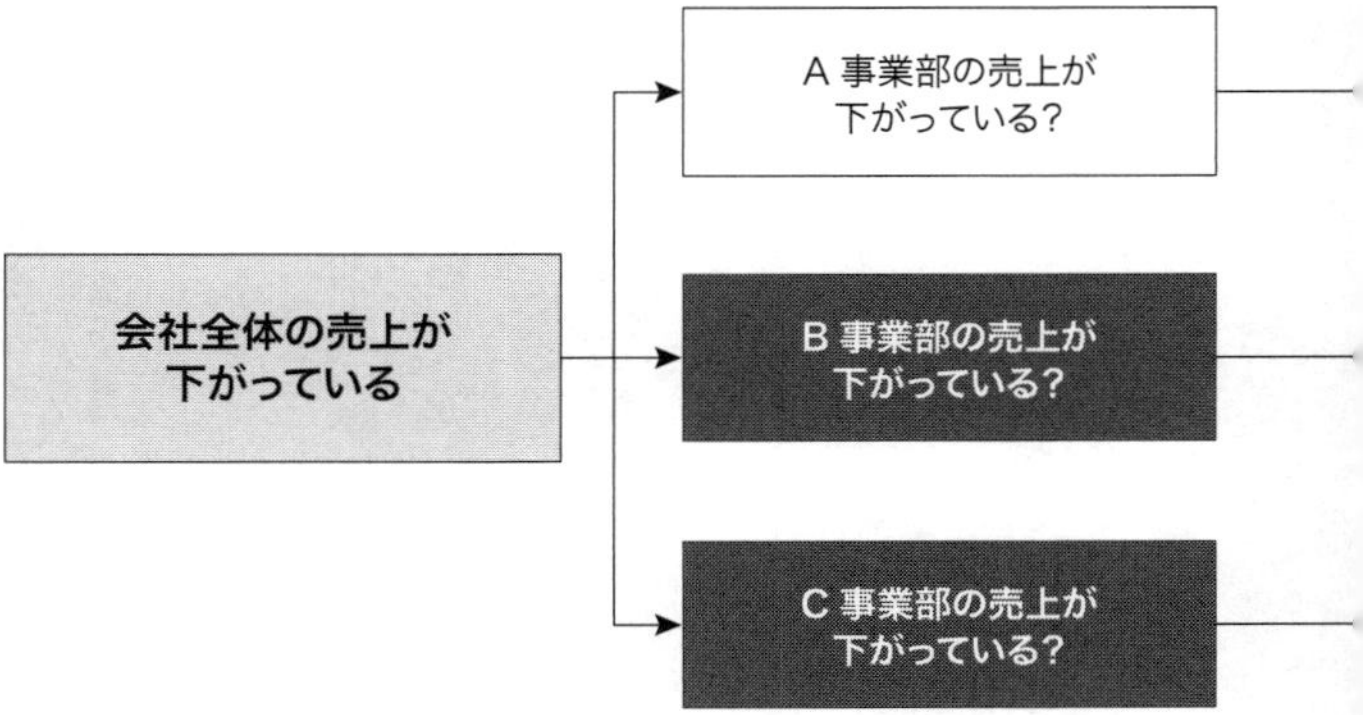

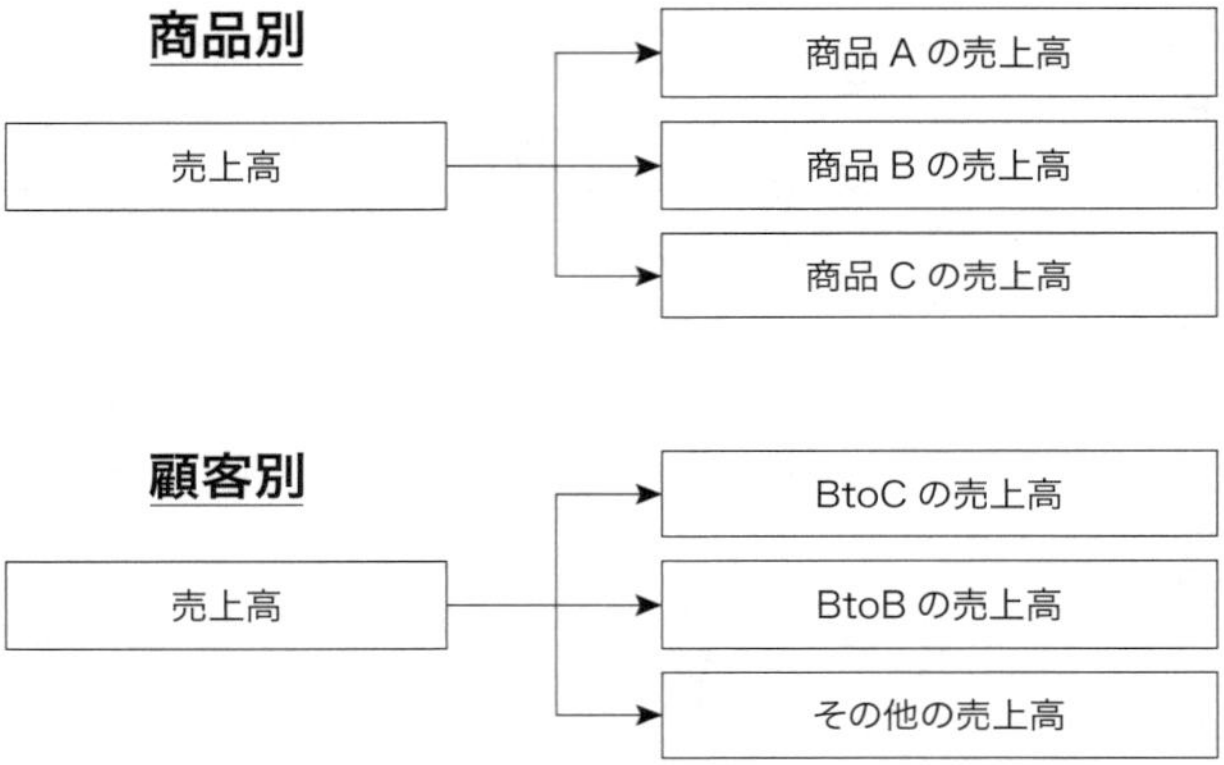

う問題は、別の視点（＝切り口）で分解していくことも可能です。例えば、図34をご覧ください。

図34を見ると、**「足し算分解」の切り口は無数に存在する**ことがわかります。

例えば、「組織別」の切り口では、

●売上高＝A事業部の売上高＋B事業部の売上高＋C事業部の売上高

という「足し算分解」であることがわかります。

また、「商品別」に次のように分解す

図 34：様々なロジックツリーの切り口

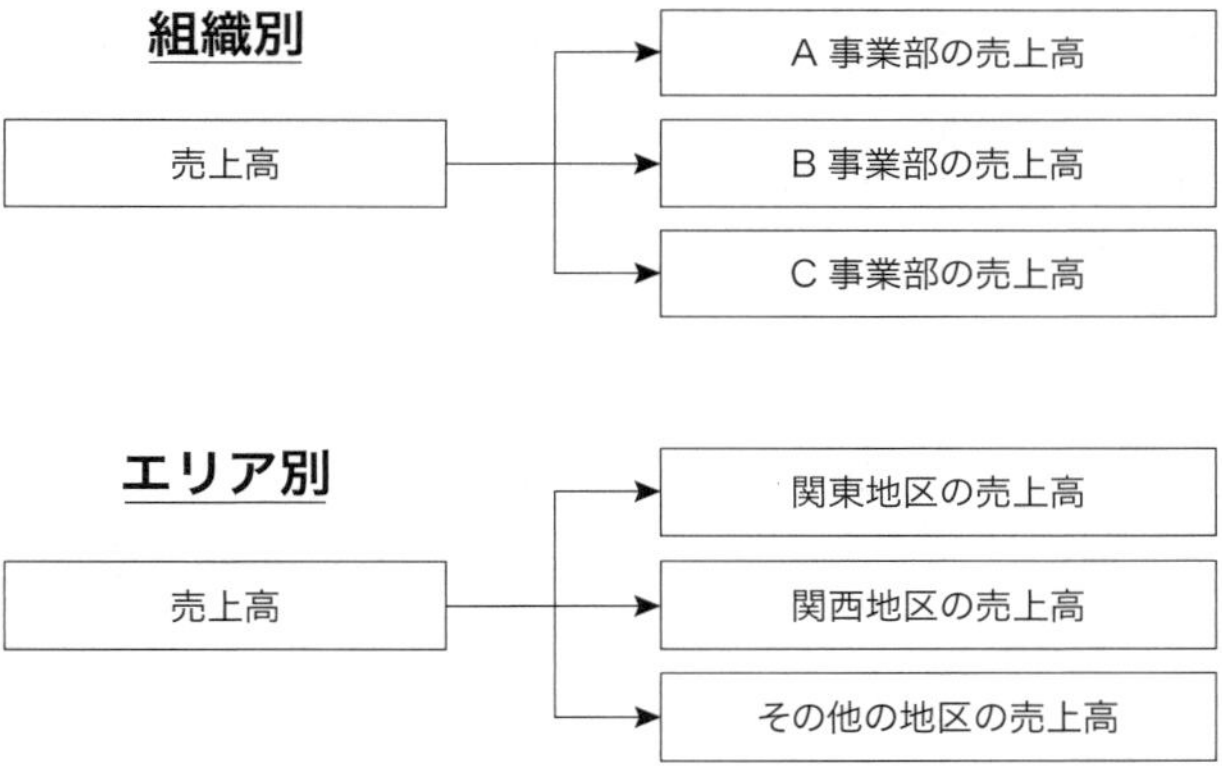

ることも可能です。

●売上高＝商品Aの売上高＋商品Bの売上高＋商品Cの売上高

あるいは、「エリア別」という切り口で、

●売上高＝関東地区の売上高＋関西地区の売上高＋その他の地区の売上高

のように足し算分解することもできますし、

●売上高＝BtoCの売上高＋BtoBの売上高＋その他の売上高

というように、「顧客別」で分解することも可能です。

このように、「足し算分解」をする際の視点（＝切り口）は数多く存在することがおわかりいただけると思います。

いったんロジックツリーを描いてみて、問題の発生個所を特定できなければ、分解の視点を変え、ロジックツリーを再構成してみる……。

ロジックツリーというと、何か「絶対的な正解」が得られるかのような印象があるかもしれませんが、その**実態は「試行錯誤」の連続**です。全体を構成要素に分解していく視点が無数にある以上、絶対的な正解はありません。

そこで重要になってくるのが、「視点」を自由自在に操る「視点力」です。

「視点力」を身につけることができれば、構成要素に分解する際の「別の切り口（＝視点)」に気づき、「別の選択肢」「別の可能性」が拓けるようになるのです。

続いて、「掛け算分解」についても説明していきましょう。

「売上」は、因数分解の要領で構成要素に分解していくことも可能です。

例えば、次のような要領です。

●全社売上高＝顧客数×購入1回当たりの平均客単価×平均購入頻度

この式を見ると、「売上」は「顧客数×購入1回当たりの平均客単価×平均購入頻度」という、構成要素の「掛け算」で成り立っていることがわかります。

さらに、「顧客数」「購入1回当たりの平均客単価」は、それぞれ次のように掛け算分解できます。

図35：ロジックツリー×掛け算分解

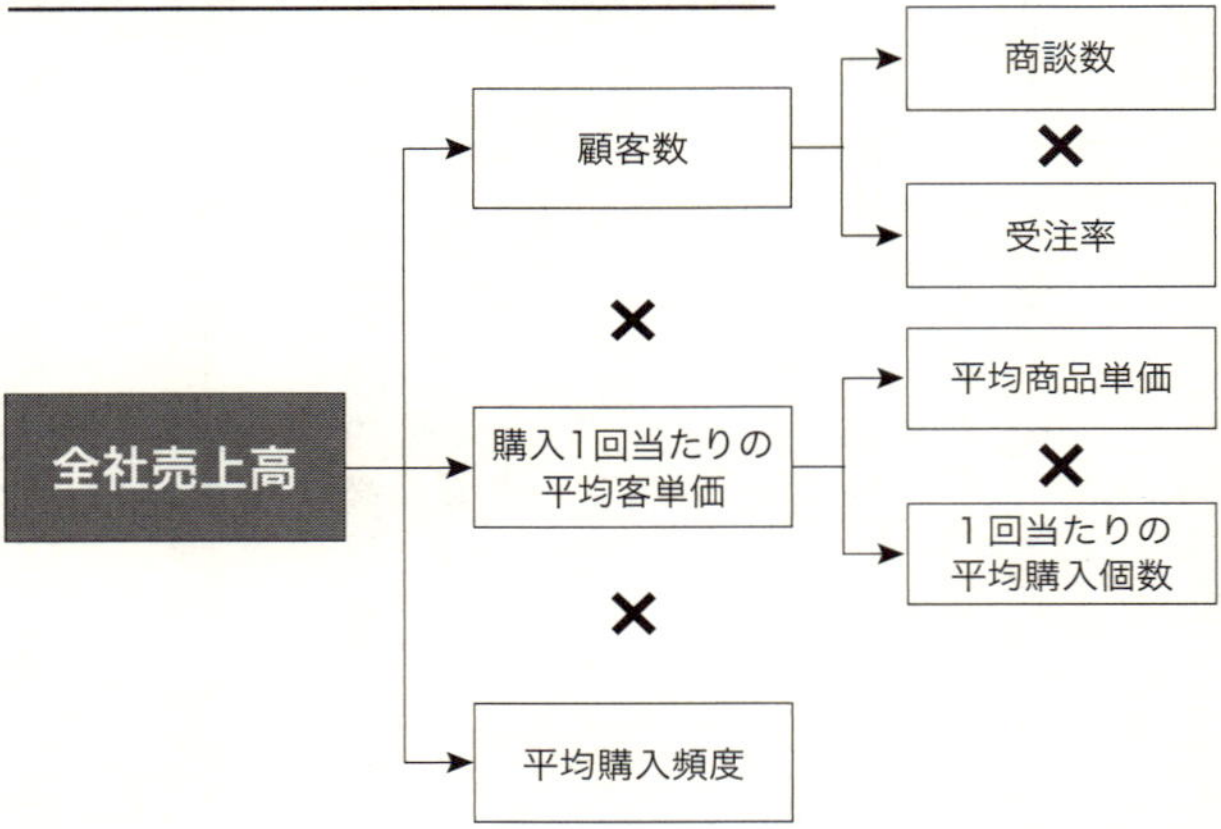

●顧客数＝商談数×受注率
●購入1回当たりの平均客単価＝平均商品単価×1回当たりの平均購入個数

これをロジックツリーに表すと、図35の通りになります。

「足し算分解」は、「全社売上高＝A事業部の売上高＋B事業部の売上高＋C事業部の売上高」のように、**「量の視点」**で構成要素に分解していきました。なので、個々の構成要素は同じ性質（＝売上）を持ち、単純に足し上げれば「全体」になります。

一方で、「掛け算分解」は、「全社売上高＝顧客数×購入1回当たりの平均客単価×平均購入頻度」のように、**「質の視点」**で構成要素に分解していきます。なので、個々の構成要素は異なる性質（＝顧客数・客単価・購入頻度）を持ち、構成要素の掛け算が全体になります（次ページの図36）。

この「個々の構成要素の性質が異なる」という点を利用して、**問題の発生原因（Why）を明らかにするときに使われるのが、掛け算分解**です。

例えば、「全社売上が下がっている」という問題の発生個所が「B事業部の売上の低下」だったとしましょう。ここまでは「足し算分解」です。

続いてやるべきことは、「なぜ、B事業部の売上は低下したのか？」という「問題発生原因の特定」です。

ここで、「B事業部の売上高＝B事業部の顧客数×B事業部の購入1回当たりの平均客単価×B事業部の平均購入頻度」という掛け算分解を行えば、「何が原因でB事業部の売上が低下したのか？」が明らかにできます。

図36：足し算分解と掛け算分解の違い

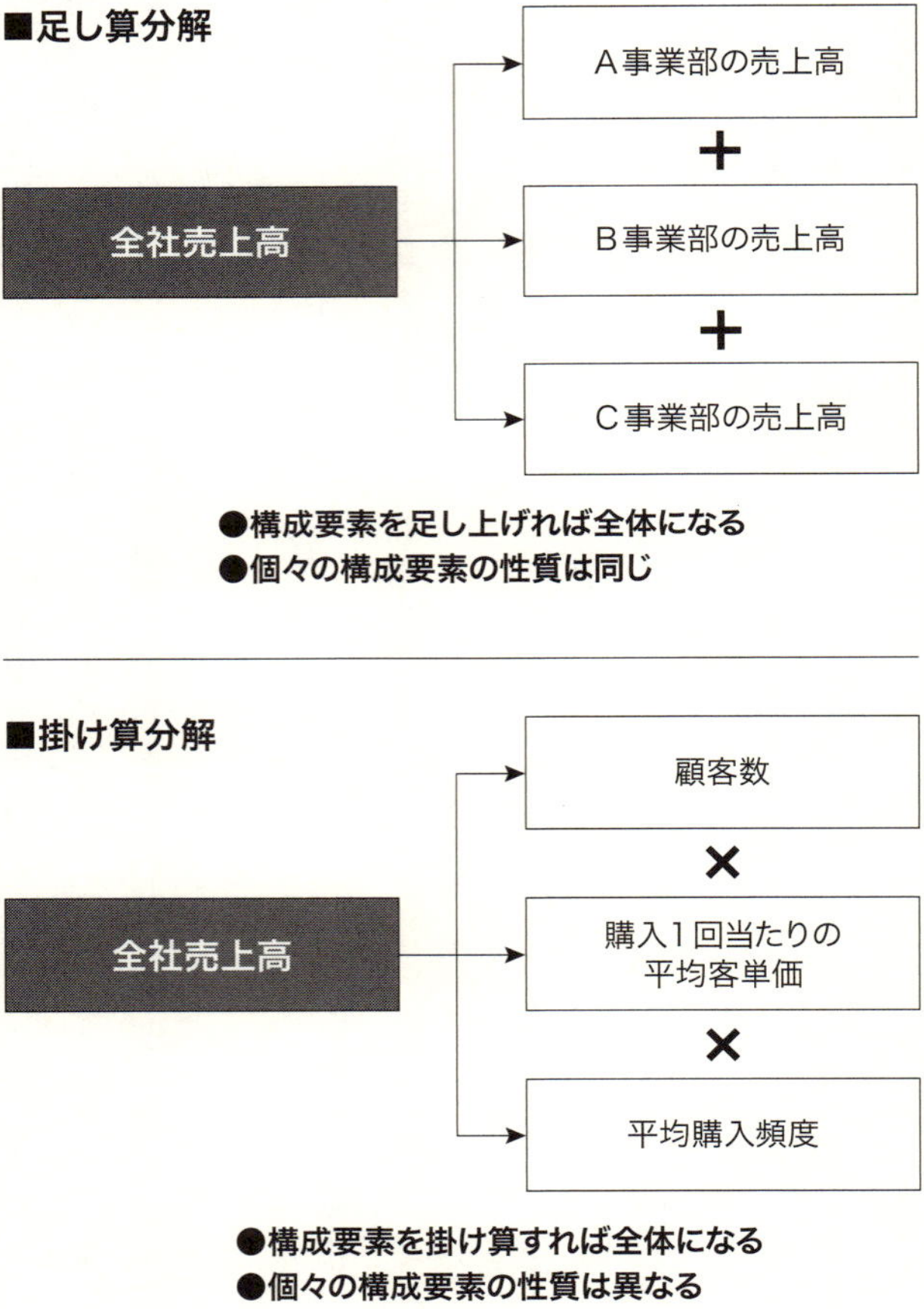

もし仮に、Ｂ事業部の売上低下の原因が「顧客数の減少」だとしたら、さらに、

●Ｂ事業部の顧客数＝見込み客へのリーチ数×商談獲得率×受注率

に掛け算分解すれば、「見込み客へのリーチ数が減ったから」「商談獲得率が下がったから」「受注率が下がったから」など、さらに掘り下げて根本原因を突き止めることができるようになるでしょう。

「足し算分解」と同様に、**「掛け算分解」にも数多くの「分解の視点（＝切り口）」が存在します。**掛け算分解をマスターする際も「視点力」が重要であることを付け加えておきます。

≫「因果関係」とは何か？

ここまでは、「物事の関係を見極め整理する力」の1つとして、「包含関係」について、足し算分解と掛け算分解を題材に説明してきました。

ここからは、もう1つの「関係」である「因果関係」について説明していきましょう。

因果関係とは、「因果」という文字の通り、**「原因と結果のつながりの関係」**のことを指します。いわば、「こういうときは（原因）↓こうなる（結果）」という法則のような関係です。

ここまでお読みになったあなたなら、「包含関係」の説明のくだりでも、

●A事業部、B事業部、C事業部のいずれかの売上が上がれば↓全社の売上は上がる
●顧客数、購入1回当たりの平均客単価、平均購入頻度のいずれかが上がれば↓売上は上がる

などの因果関係が存在していたことに気づいたのではないでしょうか？

もし、あなたが**様々な因果関係を見極め、頭の中にストックしておけば、「予測」と「原**

因究明」の両面で役立ちます。

どのようなビジネスアクションも成果に向けて行われます。そうである以上、「そのビジネスアクションは（原因）→成果につながるのか？（結果）」という「予測の確からしさ」は極めて重要です。その**「予測の確からしさ」を裏づけるのが、原因と結果の間にある「因果関係」**です。

また、ビジネスで生じる問題は、その根本原因を取り除かない限り、根治《こんち》には至りません。その際に、「こうなったのは（結果）→ああだからだ（原因）」という**逆方向の因果関係を想定できれば、「問題の原因究明」に当たりをつけることができます。**

しかし、この「因果関係」は、「視点」と並んで、ロジックツリーを描く際の難しさになっています。そのことを理解するために、次の○○について考えてみてください。

●会議を長引かせているのは（結果）→○○だからだ（原因）

●○○を改善すれば（原因）→会議は短くできる（結果）

筆者の場合、次のような因果関係を想定してみました。

〈因果関係1〉
●会議を長引かせているのは（結果）
→参加メンバーのリテラシーに差があるからだ（原因）
●事前に参加メンバーのリテラシーを揃えておけば（原因）→会議は短くできる（結果）

仮に、その会議が「財務」に関する会議だったとしましょう。
財務に詳しい参加メンバーがいる一方で、財務の知識が全くない参加メンバーもいれば、財務に詳しい側のメンバーは財務知識を教えることから始めなければならず、会議は長引いてしまうでしょう。

あるいは、次のような因果関係も成り立ちます。

〈因果関係2〉

●会議を長引かせているのは（結果）

↓参加メンバーの現状認識が異なるからだ（原因）

●事前に参加メンバーの現状認識を揃えておけば（原因）↓会議は短くできる（結果）

例えば、ある参加メンバーは、現状に対して「うまくいっている」という認識を持っている一方で、別のメンバーは現状に対して「うまくいっていない」という認識を持っていたとしたら、会議は長引いてしまうはずです。

なぜなら、「うまくいっている」と思っている側は「これまでの方法を一層《いっそう》拡大させるには？」という文脈の発言が多くなり、「うまくいっていない」と思っている側は「うまくいっていない原因は何か？」という文脈の発言が多くなるからです。その結果、論点すらかみ合わない状態になり、議論は平行線を辿ってしまうでしょう。

その他にも、次のような因果関係が挙げられるでしょう。

〈因果関係3〉

●会議を長引かせているのは（結果）

↓事前に会議のゴールを設定していないからだ（原因）

〈因果関係4〉

●会議を長引かせているのは（結果）

↓事前にアジェンダを設定していないからだ（原因）

〈因果関係5〉

●会議を長引かせているのは（結果）↓事前に決め方を決めていないからだ（原因）

〈因果関係6〉

●会議を長引かせているのは（結果）↓参加メンバーが多すぎるからだ（原因）

〈因果関係7〉

●会議を長引かせているのは（結果）↓時間を区切っていないからだ（原因）

これらの中には、あなたが想定できた因果関係もあれば、想定できなかった因果関係もあったのではないでしょうか？

あなたが想定できなかった因果関係については、そもそも「あなたの頭の中にない」のですから、ロジックツリーに反映することができません。つまり、その時点で「検討モレ」という問題が起きてしまいます。

そして、「検討モレ」の部分に真の原因があった場合、それに気づけなかったあなたは、的外《まとはず》れの対策を取ることになってしまうでしょう。その結果、「労多くして功少なし」という状態を引き起こしてしまうことにもなりかねません。

本書の「はじめに」でもお伝えした通り、ロジックツリーは、書籍を読んだからといって「3日で」「サクッと」使いこなせるようになるわけではありません。特に、**「視点」と「因果関係」は、知識と経験則のストックがモノを言います。**

ビジネスの世界で起きている様々な現象には、必ずどこかに「過去の原因」が存在します。そして、必ず何らかの「未来の結果」につながっています。

重要なことは、常に「なぜその現象が生じたのか？（原因）」「その現象は、どんな結果につながるのか？（結果）」を考える習慣を持ち、そこから見抜いた因果関係を頭の中にストックしておくことです。

頭の中に多くの「因果関係のストック」があれば、ロジックツリーを描く際に応用することが可能になり、筋のいい仮説を導き出せるようになります。

これについては、第6章で「日々のトレーニング方法」を解説していますので、もう少々お待ちください。

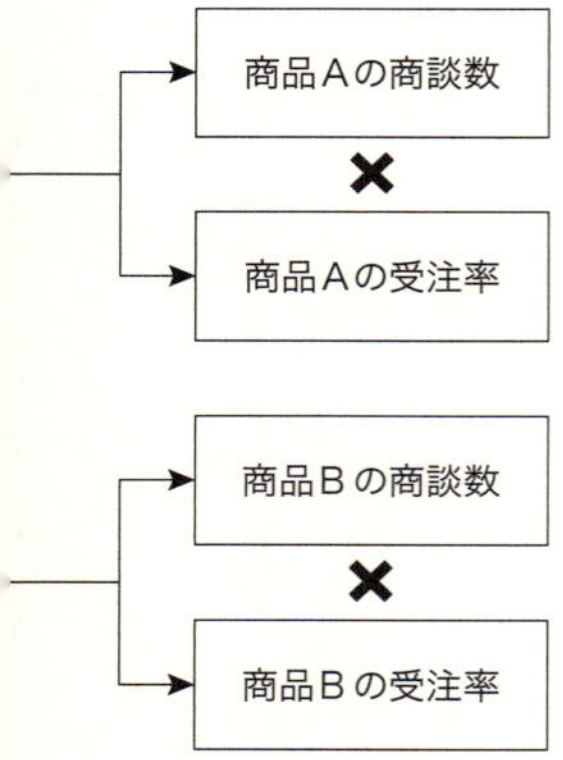

「構造化」とは何か？

続いては「包含関係」と「因果関係」

の合わせ技である「構造化」について説明していきましょう。

構造化とは、**全体を「構成要素」に分解し「それぞれの関係（包含関係・因果関係）」を整理することで「構成要素とメカニズムを明らかにする」**手法を指します。

例えば、下の図37をご覧ください。

まずは、「全体」の定義です。ここで言う全体は、「年間売上高」を指します。

続いて、「包含関係」について見ていきましょう。「年間売上高」は、「商品Aの売上高」と「商品Bの売上高」という

図 37：ロジックツリー × 包含関係

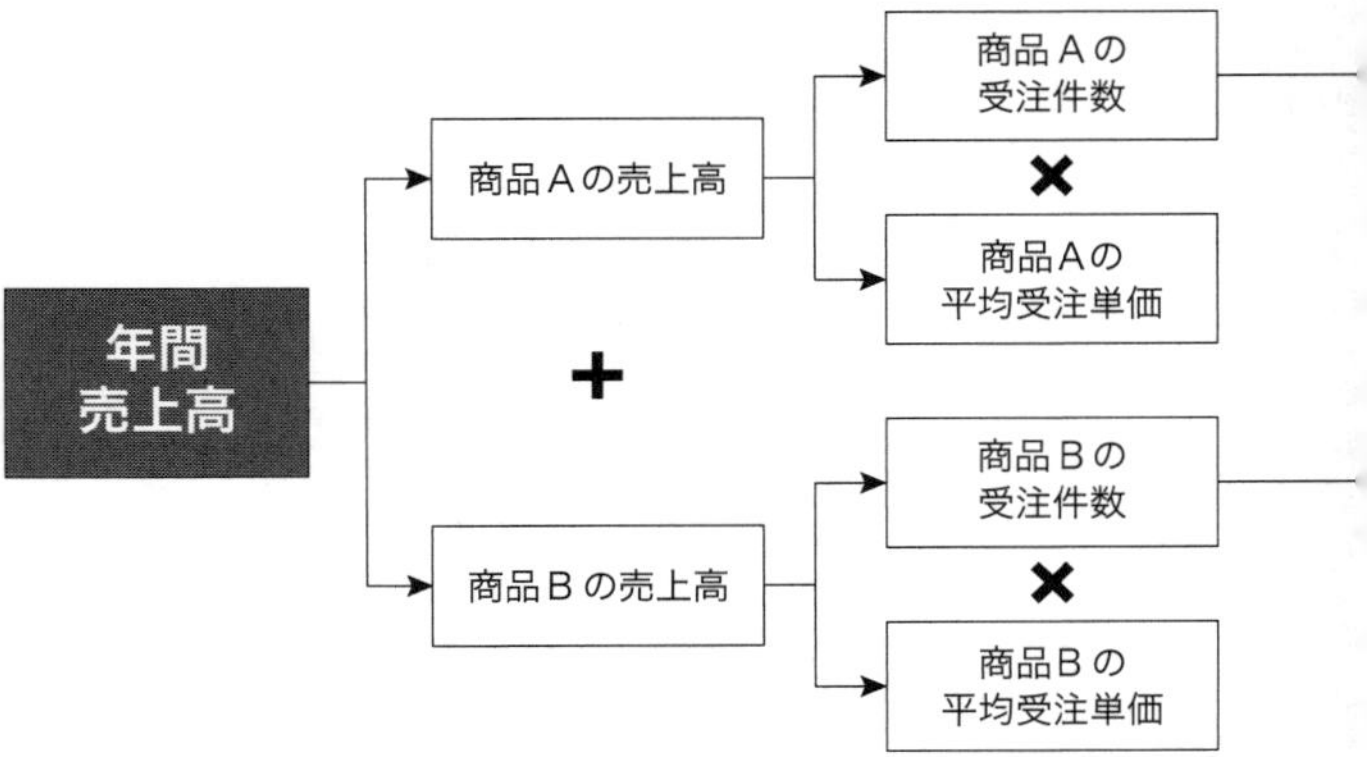

構成要素に分岐しています。これは、

●年間売上高＝商品Aの売上高＋商品Bの売上高

という「足し算分解」であることがわかります。

さらに、「商品Aの売上高」は「商品Aの受注件数」と「商品Aの平均受注単価」という構成要素に分岐しており、こちらは、

●商品Aの売上高＝商品Aの受注件数
×商品Aの平均受注単価

という「掛け算分解」であることがわかります。

さらに、「商品Aの受注件数」は「商品Aの商談数」と「商品Aの受注率」と

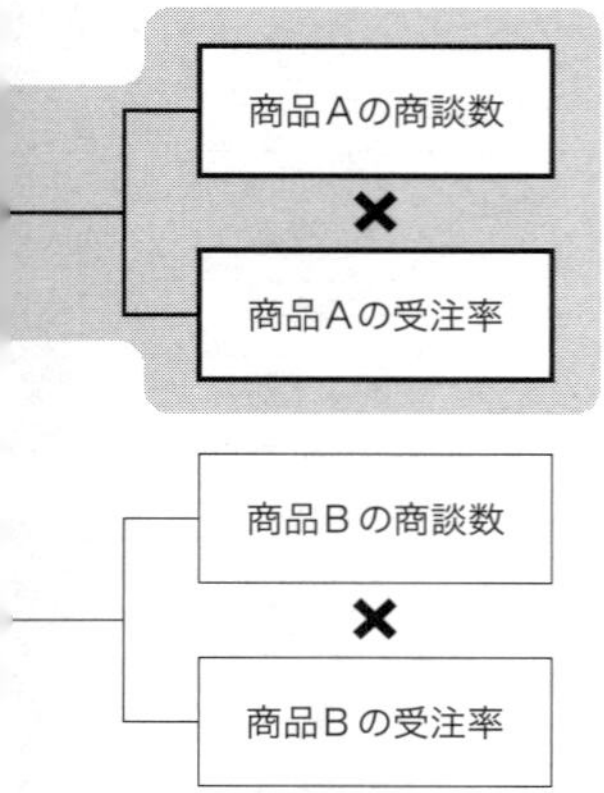

いう構成要素に分岐していて、

●商品Ａの受注件数＝商品Ａの商談数
×商品Ａの受注率

という「掛け算分解」が成立しています。

このように見ていくと、このロジックツリーは「足し算分解」と「掛け算分解」の合わせ技で、包含関係（＝全体と部分の関係）が正しく成立していることがわかります。

続いて、因果関係についても見ていき

図 38：ロジックツリー × 因果関係①

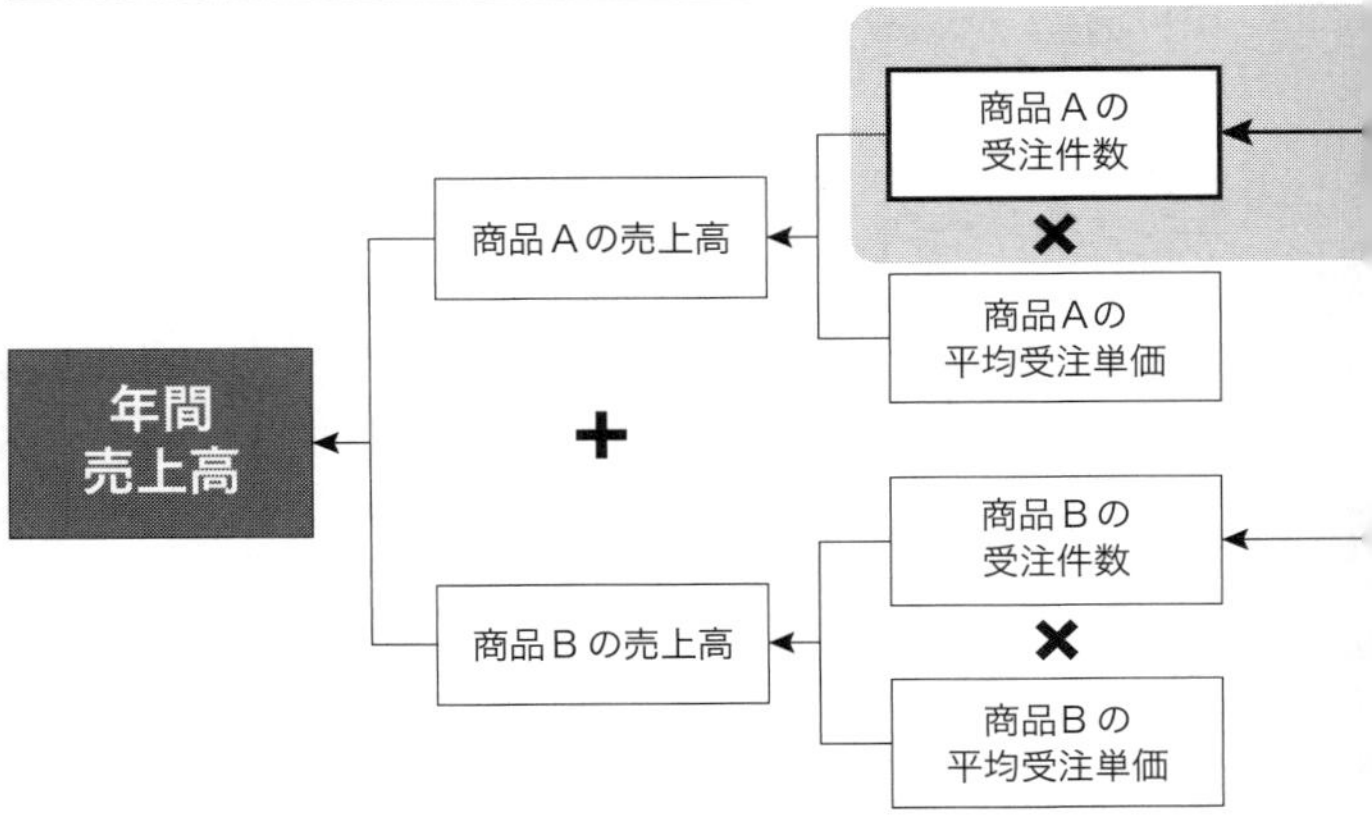

ましょう。前ページの図38をご覧ください。

「商品Aの商談数」を増やすことができれば、「商品Aの受注率」が変わらなくても、「商品Aの受注件数」を増やせることがわかります。

●商品Aの商談数が増えれば（原因）↓商品Aの受注件数は増える（結果）

また、「商品Aの受注率」を向上させることができれば、「商品Aの商談数」が変わらなくても、「商品Aの受注件数」を増やせることもわかります。

●商品Aの受注率が上がれば（原因）

↓商品Aの受注件数は増える（結果）

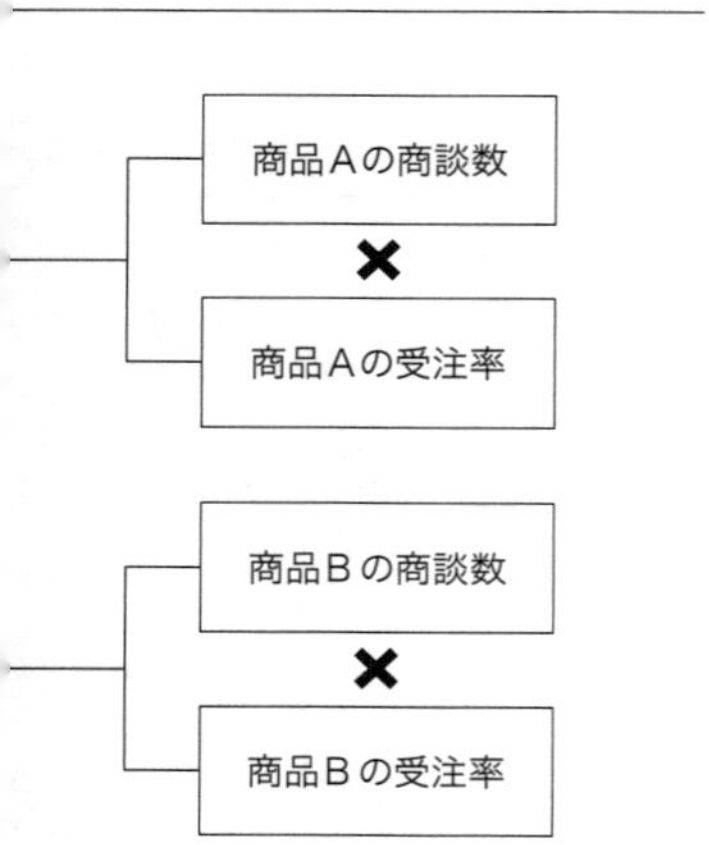

このことから、「商品Aの商談数（原因）」「商品Aの受注率（原因）」ともに、「商品Aの受注件数（結果）」との間に因果関係が成り立っていることがわかります。

続いて、図39をご覧ください。

「商品Aの受注件数」を増やすことができれば、「商品Aの平均受注単価」が一定でも、「商品Aの売上高」は増やせることがわかります。

●商品Aの受注件数が増えれば（原因）
↓商品Aの売上高は上がる（結果）

図39：ロジックツリー×因果関係②

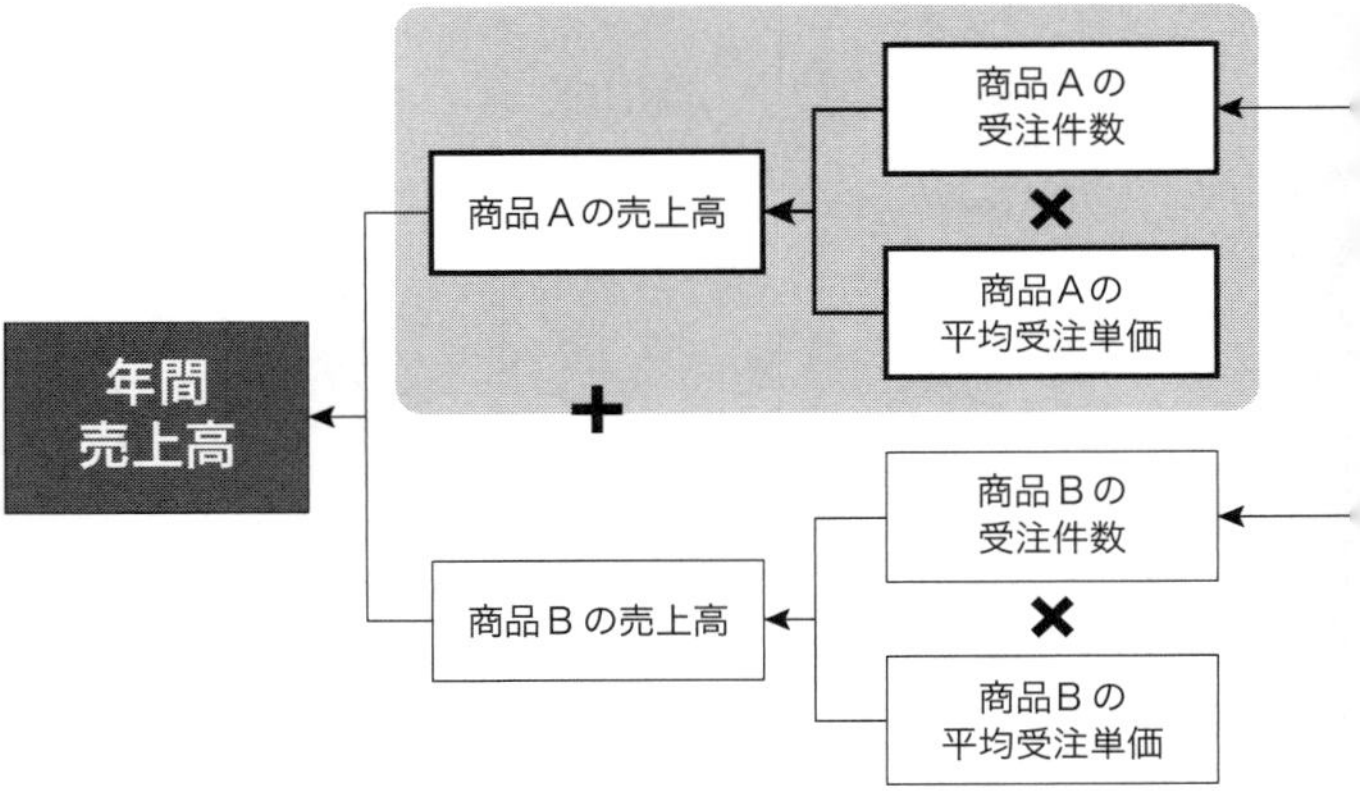

また、「商品Aの平均受注単価」を向上させることができれば、「商品Aの受注件数」が一定でも、「商品Aの売上高」は増やせることもわかります。

●商品Aの平均受注単価が上がれば（原因）→商品Aの売上高は上がる（結果）

このことから「商品Aの受注件数（原因）」「商品Aの平均受注単価（原因）」ともに、「商品Aの売上高（結果）」との間に因果関係が成立していることがわかります。

続いて、図40をご覧ください。

「商品Aの売上高」を増やすことができ

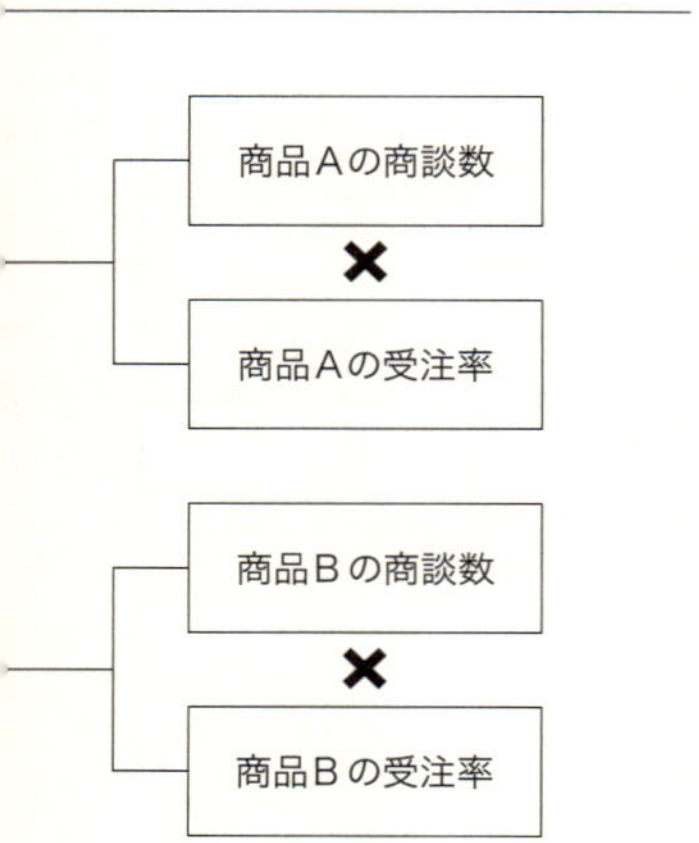

れば、「商品Bの売上高」が変わらなくても、「年間売上高」を伸ばせることがわかります。

●商品Aの売上高が増えれば（原因）
↓年間売上高は増える（結果）

このことから、「商品Aの売上高（原因）」と「年間売上高（結果）」の間にも因果関係が成立していることがわかります。

こうして見ていくと、このロジックツリーは因果関係（＝原因と結果の関係）が正しく成立していることが見て取れま

図 40：ロジックツリー × 因果関係③

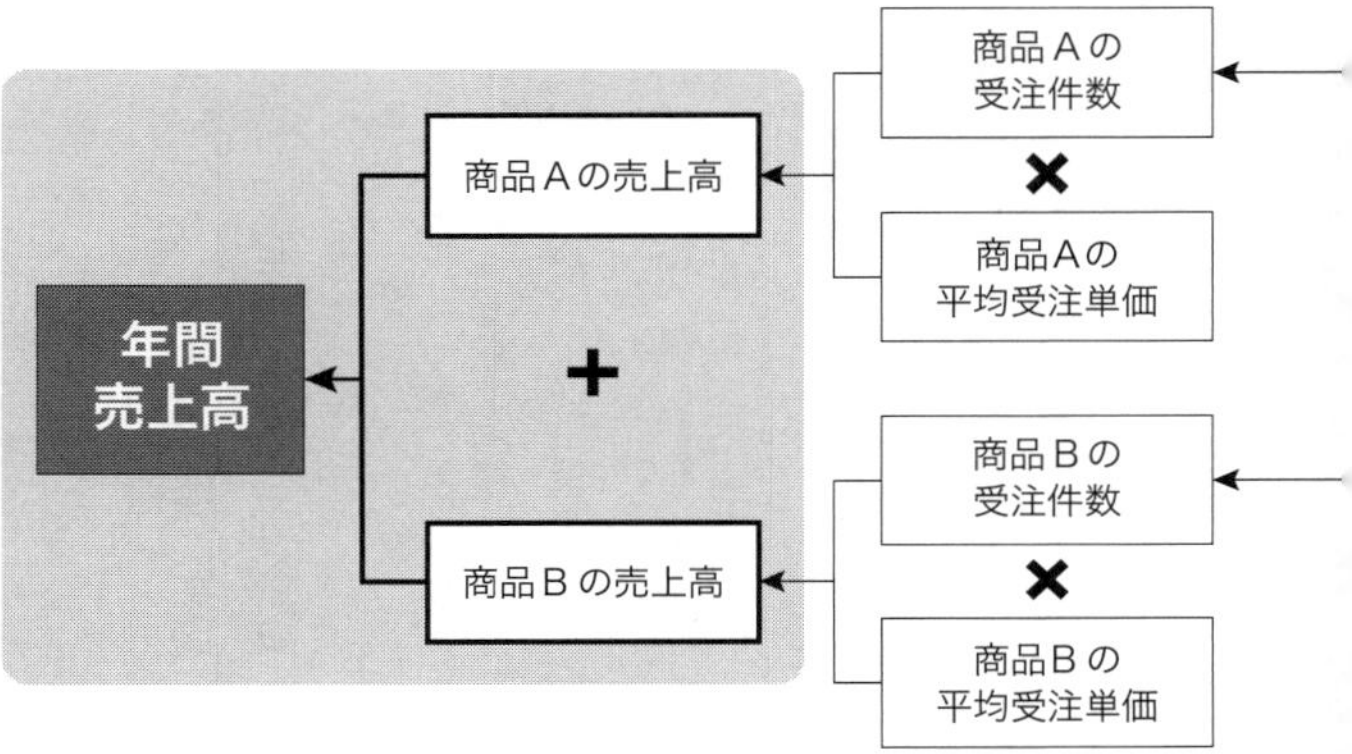

す。

このように、**全体を構成する要素（＝包含関係）とメカニズム（＝因果関係）の両方を明らかにできれば、「どの構成要素をテコ入れすれば（＝包含関係）」「どのような結果を生み出せるか？（＝因果関係）」を明らかにすることができます**（図41）。

》矛盾のない話の筋道を描く力

ここまでは、「物事の関係を見極め整理する力」について説明してきました。具体的には、「包含関係」と「因果関係」です。

ここからは、論理力のもう1つの要素である「矛盾のない話の筋道を描く力」に話を移したいと思います。

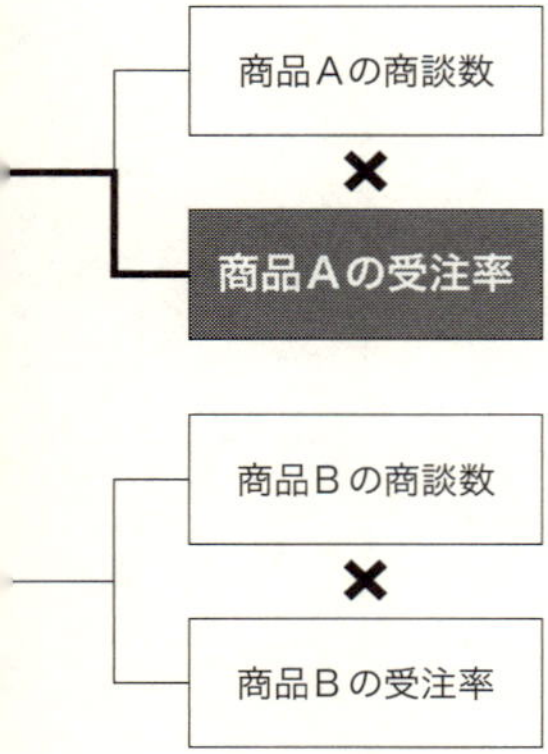

「物事の関係を見極め整理する力」が、包含関係・因果関係・構造化などの「関係」を見抜き整理する力だったのに対して、**「矛盾のない話の筋道を描く力」は、誰もが納得できる「論理展開」を紡《つむ》いでいく力**です。

論理展開には、大きく分けて3つの手法があります。

①アブダクション：「起こった現象」に対して、うまく説明できる仮説を導き出す論理展開手法

②演繹《えんえき》法：ルールや法則に事実を当てては

図41：構成要素とメカニズムを明らかにする

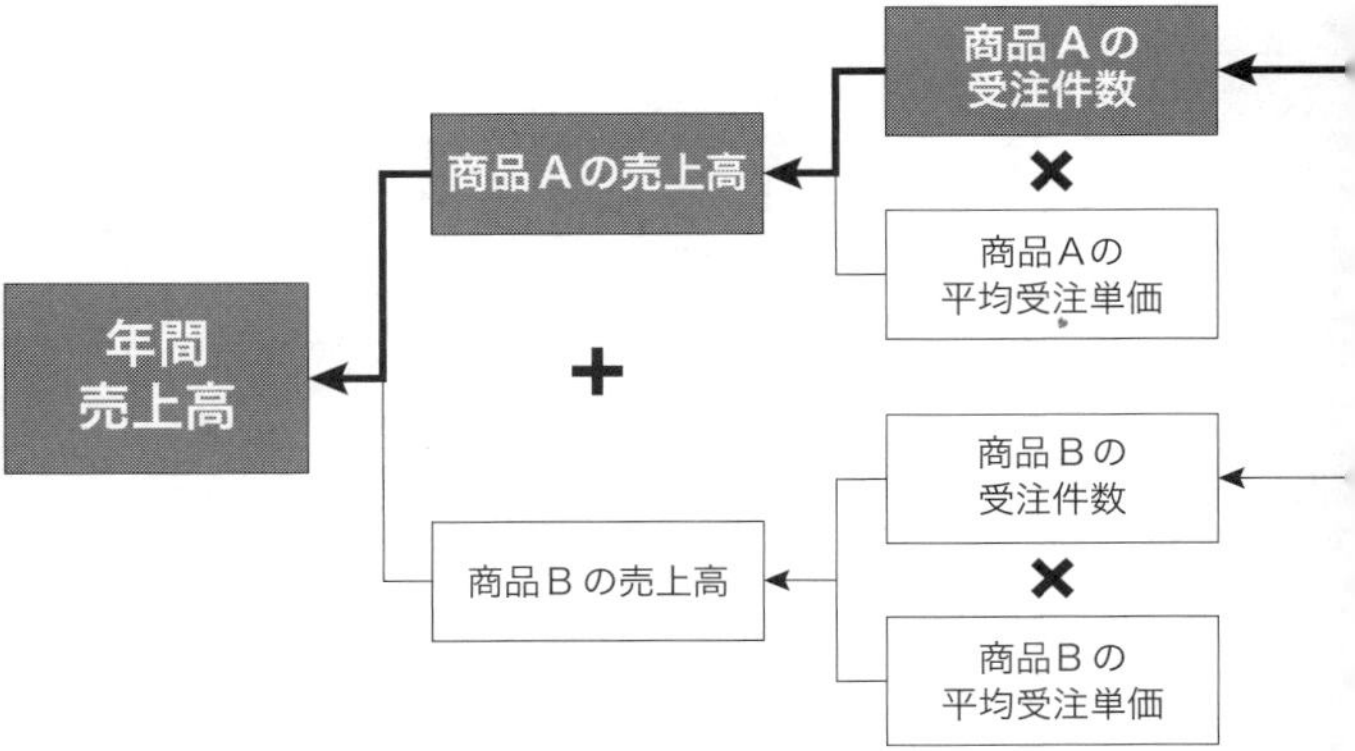

めて結論づける論理展開手法

③帰納法《きのう》：複数の事実から共通点を見出し、結論づける論理展開手法

アブダクションは、ロジックツリーを描く際に最も頻繁に使う論理展開手法です。なぜなら、「起こった現象」に対して、「なぜその現象が起こったのか？」を考え、その仮説を導き出す論理展開は、「問題発生個所の特定」や「問題発生原因の特定」に必要不可欠だからです。

一方で、演繹法は、ルールや法則に事実を当てはめて結論づける論理展開手法です。「こういうときは → こうなりやすい」という法則を事実に当てはめて結論を出す手法なので、**主に予測の際に使います。**

帰納法は、複数の事実から共通点を見出して結論づける論理展開手法です。帰納法によって、様々な物事から「因果関係」を見出し、自分の頭の中にストックしていくことができます。詳しくは、第6章で説明します（図42）。

図42：3つの論理展開手法

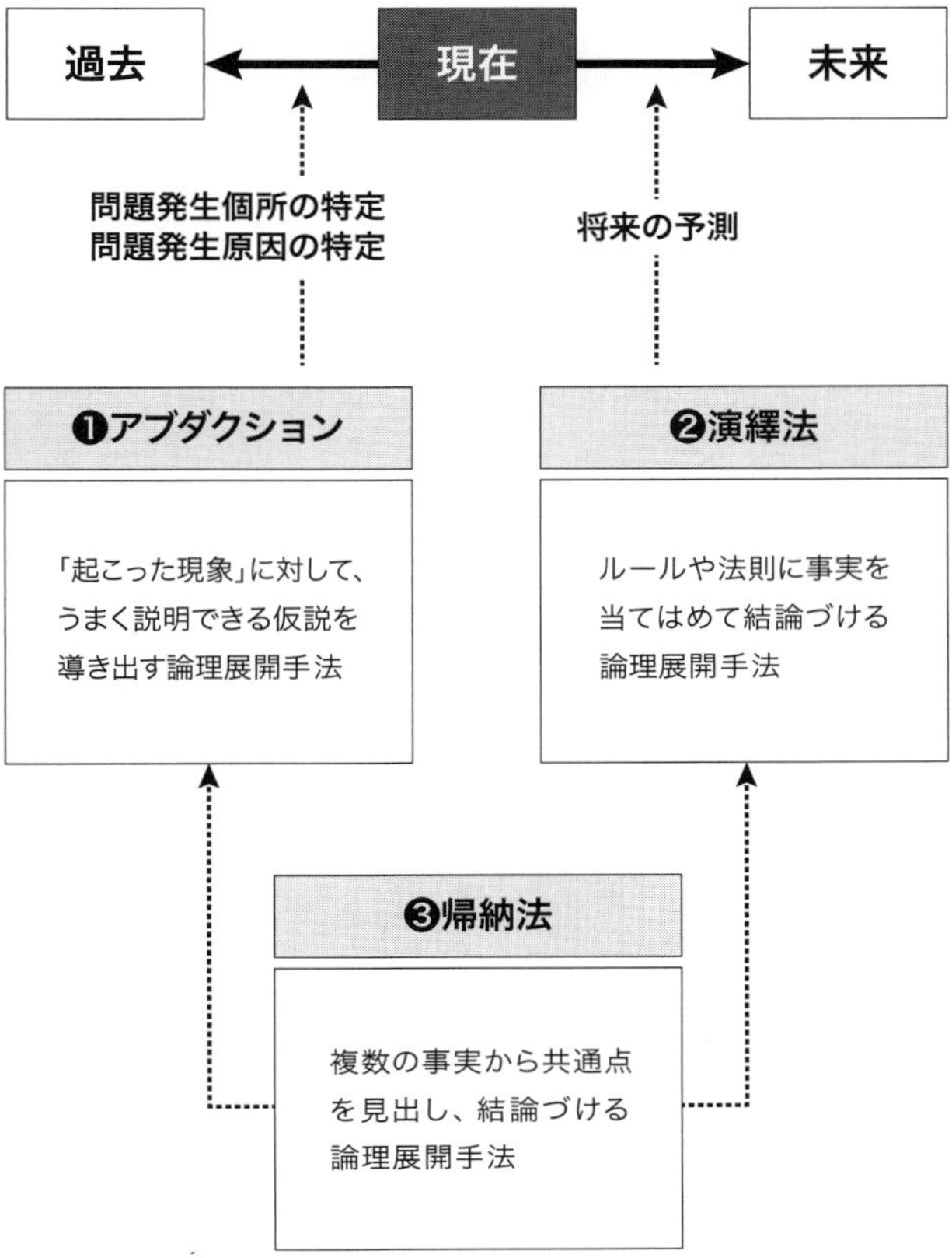

まずは、アブダクションから説明していきましょう。

》「アブダクション」とは何か？

アブダクションとは、先ほど触れた通り、「起こった現象に対して、うまく説明できる仮説を導き出す」論理展開手法です。

コンサルティングファームの現場では、何らかの問題が発生したときに、まずは「問題の発生個所」を特定し、「問題の発生原因」を突き止めようとします。

例えば、「売上が落ちた」という問題が発生したときに、

【ステップ1：起こった現象を捉える】売上が落ちた
【ステップ2：疑問を抱《いだ》く】なぜ売上が落ちたのか？

【ステップ3：因果関係を当てはめる】顧客数が減れば↓売上は落ちる
【ステップ4：仮説を導き出す】だとすれば、売上が落ちたのは顧客数が減ったからでは？

という思考手順で考えていくのがアブダクションです。

より理解を深めるために、別の例も示しておきましょう。ハーレーダビッドソンの成功事例研究をする際の例です。

【ステップ1：起こった現象を捉える】ハーレーダビッドソンは、独自の地位を築いている
【ステップ2：疑問を抱く】なぜハーレーダビッドソンは、独自の地位を築けたのか？
【ステップ3：因果関係を当てはめる】常識の逆張り《ぎゃくば》りを行くと↓独自の地位を築ける
【ステップ4：仮説を導き出す】だとすれば、ハーレーダビッドソンが独自の地位を築けたのは、常識の逆張りを行ったからでは？

アブダクションは、【ステップ3：因果関係を当てはめる】次第で、様々な仮説を生み出すことができます。

例えば、「売上が落ちた」という問題に対しては、「売上が落ちたのは、顧客数が減ったからでは？」という仮説以外にも、

【ステップ1：起こった現象を捉える】売上が落ちた
【ステップ2：疑問を抱く】なぜ売上が落ちたのか？
【ステップ3：因果関係を当てはめる】客単価が下がれば↓売上は落ちる
【ステップ4：仮説を導き出す】だとすれば、売上が落ちたのは、客単価が下がったからでは？

という別の仮説を導き出すことができます。

あるいは、

【ステップ1：起こった現象を捉える】売上が落ちた

図43：アブダクション×ロジックツリー

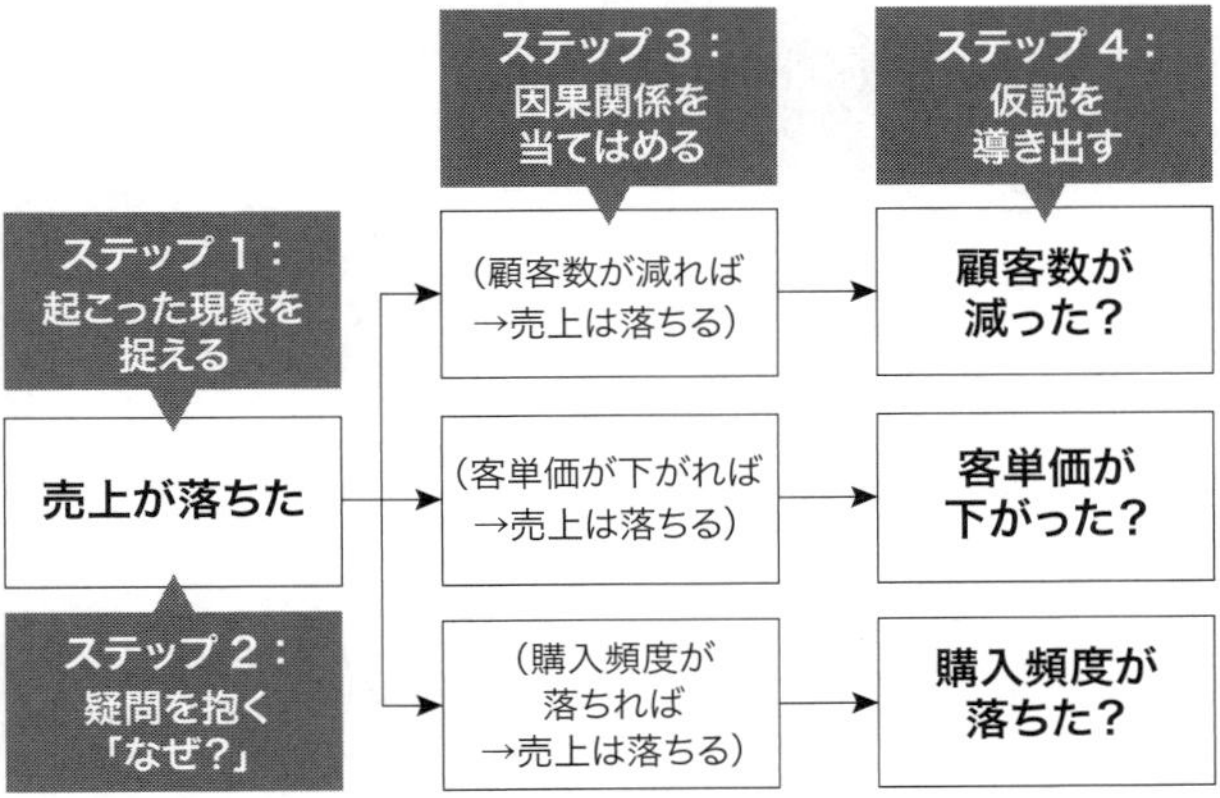

【ステップ2：疑問を抱く】なぜ売上が落ちたのか？

【ステップ3：因果関係を当てはめる】購入頻度が落ちれば↓売上は落ちる

【ステップ4：仮説を導き出す】だとすれば、売上が落ちたのは、購入頻度が落ちたからでは？

という仮説もありえます。

これをロジックツリーに表すと、図43の通りです。

ここで、鋭いあなたならお気づきだと思いますが、アブダクションは、「現象（結果）」に対して「因果関係」を当てはめることで「原因」を推測する論理展開手法です。そうである以上、**「どれだけ多くの因果関係を頭の中にストックしているか？」**が、**アブダクションを使いこなす決め手**になります。

もし、あなたが「購入頻度が落ちれば↓売上は落ちる」という因果関係を知らなければ、「売上が落ちたのは、購入頻度が落ちたからでは？」という仮説に辿り着くことはできません。

逆に言えば、あなたが数多くの因果関係を頭の中にストックしていれば、「起こった現象」に対して様々な因果関係を当てはめることができるので、数多くの仮説を生み出すことができるようになります。

≫「演繹法」とは何か？

演繹法とは、ルールや法則に事実を当てはめて結論づける論理展開手法です。

ビジネスアクションは、常に未来に向けてなされます。だとすれば、「未来に対する予測」が極めて重要であることは、あなたも納得できることでしょう。

演繹法は「こういうときは↓こうなりやすい」という法則に事実を当てはめて結論を出す論理展開の性質上、「予測」に向いています。

こちらも、例を交えて説明していきましょう。

マーケティングの世界では、今後の市場変化を予測した上で、事前に必要な対策を講じておく必要があります。

これを演繹法に当てはめると、次のような思考手順になります。

【ステップ1：法則を持ち出す】市場が成熟化すると↓価格競争が起きやすくなる
【ステップ2：事実を当てはめる】現在、市場は成熟しつつある
【ステップ3：予測を導き出す】だとすれば、価格競争が起きるだろう

このように、近い将来価格競争が起きることが予測できれば、「価格に左右されないようにブランド力を高めておく」「低価格商品を発売する」などの対策が可能になります。

もう1つ、別の例も示しておきましょう。

【ステップ1：法則を持ち出す】年間生産量が1万個を超えれば

↓単位コストは80％に下がる

【ステップ2：事実を当てはめる】2年後には、年間生産量が1万個を超える

【ステップ3：予測を導き出す】だとすれば、2年後には

↓単位コストは80％に下がるだろう

こちらも、もし「2年後に単位コストが80％に下がる」ということが事前に予測できるのであれば、今から価格を下げることで、一気にシェアを獲《と》りにいく戦略も可能になります。

このように演繹法は、

①「こういうときは → こうなる」という法則を持ち出し、
②その法則に事実を当てはめて、
③予測を導き出す

という思考手順を辿ります。

ここでお気づきになったかもしれませんが、**演繹法で言う「法則」とは、「因果関係」**のことを指します。ここでも、アブダクションと同様に、「因果関係」が登場してきました。

演繹法は、「市場が成熟化すると → 価格競争が起きやすくなる」などの因果関係を知らなければ、「価格競争が起きるだろう」という仮説を導き出すことはできません。

つまり、**演繹法も、アブダクションと同様に、「因果関係のストック」がモノを言う論理**

展開手法なのです。

ここまでをお読みになって、**「矛盾のない話の筋道」を描くには「アブダクション」と「演繹法」という2つの論理展開が有効**であることがわかりました。

一方で、「アブダクション」も「演繹法」も、その論理展開の性質上、ベースには「因果関係」のストックが必要であることも理解できたと思います。

≫「帰納法」とは何か？

帰納法とは、複数の事実から共通点を見出し、結論づける論理展開手法です。

まずは簡単な例を挙げて説明しましょう。

【事実1】若者世代のAさんは、家飲みが好きだ

【事実2】若者世代のBさんは、家飲みが好きだ
【事実3】若者世代のCさんは、家飲みが好きだ
【共通点の発見】3つの事実の共通点は「若者世代」と「家飲みが好き」
【導かれる結論】若者世代は↓家飲みが好きだ

このように、帰納法とは、

①複数の事実を挙げ、
②そこから共通点を見出し、
③共通点をもとに結論を導き出す

という思考手順を辿ります。

気をつけてもらいたいのは、帰納法は複数の事実をもとに共通点を見出して結論を導く以上、

●事実そのものが間違っている場合
●複数の事実から共通点を見出すステップで飛躍がある場合
●共通点から結論に至る筋道に飛躍がある場合

には論理が破綻してしまうことです。

なので、帰納法の論理展開を使う場合には、図44のように**「なぜならば」という接続詞を使った逆引きの論理チェックを怠《おこた》らないようにしましょう。**

ここまで、「矛盾のない話の筋道を描く力」として「アブダクション」「演繹法」「帰納法」の3つを紹介してきました。

次の第3章では、「ロジックツリーの7つの型」について解説していきます。

何度も何度も「7つの基本型」を訓練すれば、やがて息を吸って吐くように、無意識にロジックツリーを使いこなせるようになるはずです。

図44：帰納法の逆引きチェック

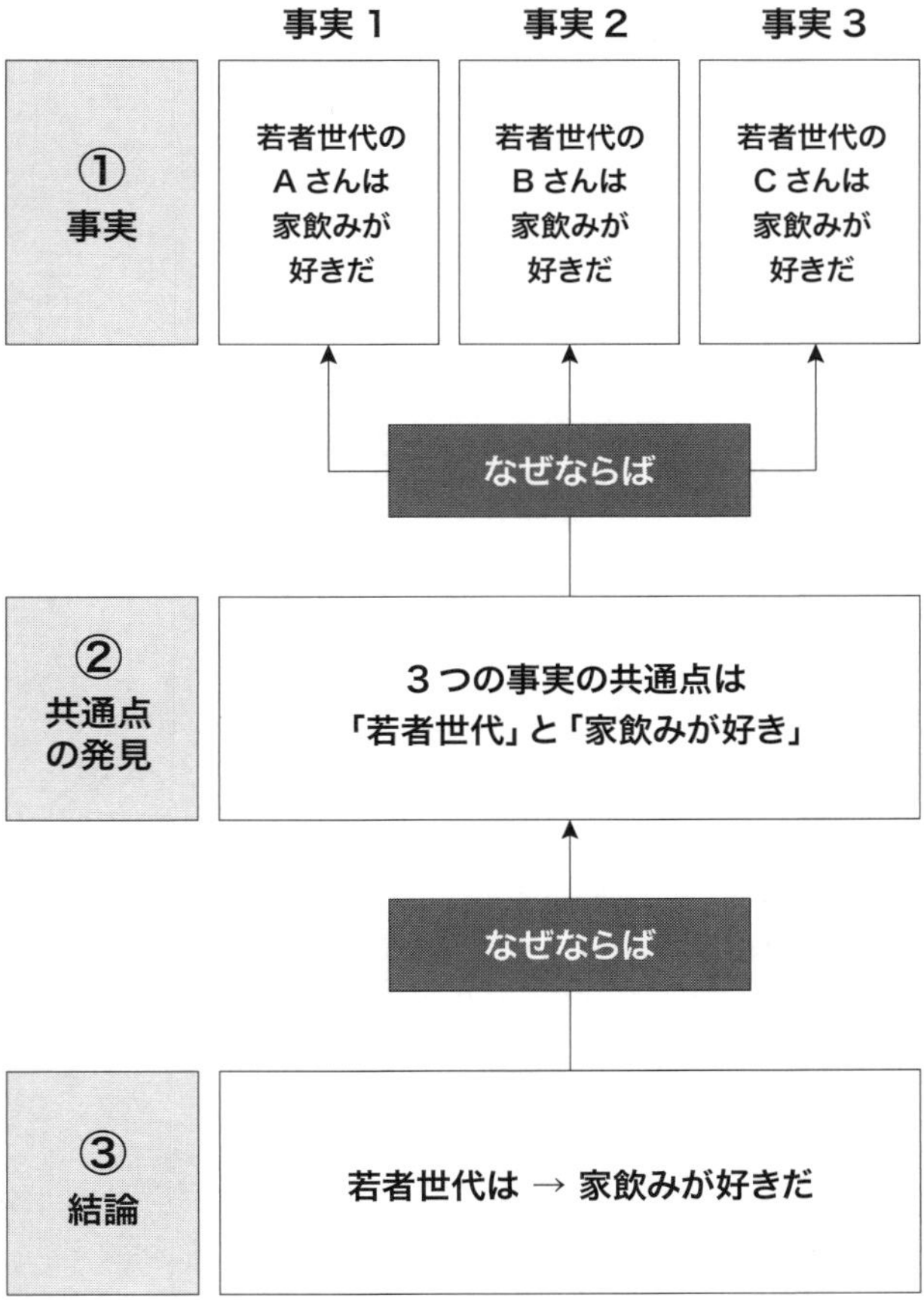

第3章

ロジックツリーの7つの型

——基本型を使い倒す

突然の質問で恐縮ですが、あなたは「守破離《しゅはり》」という言葉をご存じでしょうか？

「守破離」とは、茶道や武道の習得プロセスを3つの段階で表したものです。

①「守」は、基本的な型を身につける段階
②「破」は、これまでの型を破り、進化させる段階
③「離」は、型から離れ、独自路線を歩む段階

茶道や武道に明確な「型」がありつつ、時代を経て様々な流派に分かれていくのも、この3つの段階があるからです。

この3つの段階の中で**最も重要なのが、基本的な型を身につける「守」の段階**です。平仮名が理解できなければ日本語の読み書きができないように、守の段階がなければ、その先の「破」も「離」もないからです。

そこで第3章では、ロジックツリーの「7つの型」について解説していきます。
まずは何度も何度も目の前の仕事を「7つの型」に当てはめてみることで、「ロジックツリーの型」の感覚を身につけてください。

子供の頃の「自転車」や「逆上がり」がそうであったように、失敗しながらも繰り返し練習をすれば、やがて意識をしなくても自由自在にロジックツリーを使いこなせるようになります。

その領域まで辿り着けば、あなたのビジネス競争力は飛躍的に向上しているはずです。

≫1つ目の型：問題発生個所の特定に使う「Ｗｈａｔツリー」

ロジックツリーの1つ目の型は「Ｗｈａｔツリー」と呼ばれるものです。

「Ｗｈａｔ」とは「何を？」を意味する英語ですが、その言葉の通り、**「全体」を「構成要素（Ｗｈａｔ）」に足し算分解していくのがＷｈａｔツリー**です。別名、「要素分解ツリー」とも呼ばれ、ロジックツリーの中では、最もオーソドックスな型です。
Whatツリーは、「全体」を足し算分解していくロジックツリーであることから、

①全体と構成要素の包含関係の整理
②全体と構成要素の規模の比較

が可能になります。
このことを理解するために、図45をご覧ください。

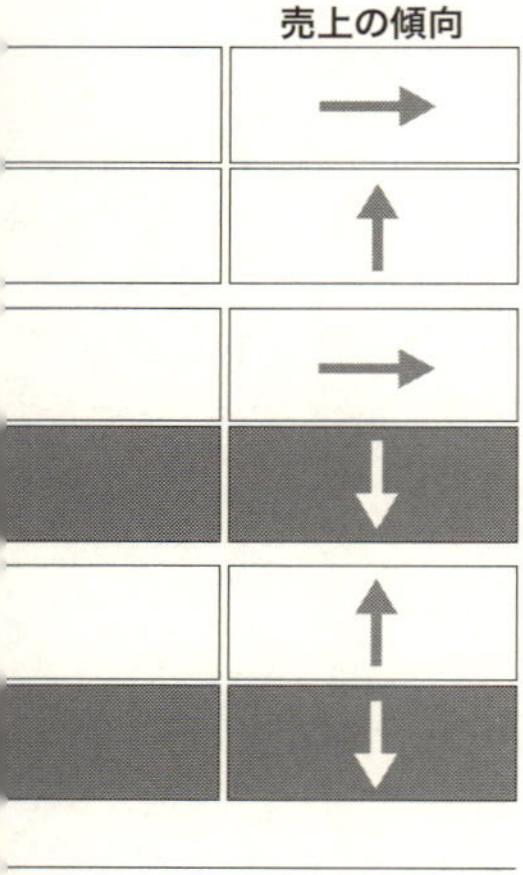

このロジックツリーは、「会社全体の売上が5億円減少した」という問題に対して、「事業部別」「商品別」に足し算分解したWhatツリーです。

図45：Whatツリー（要素分解ツリー）の例

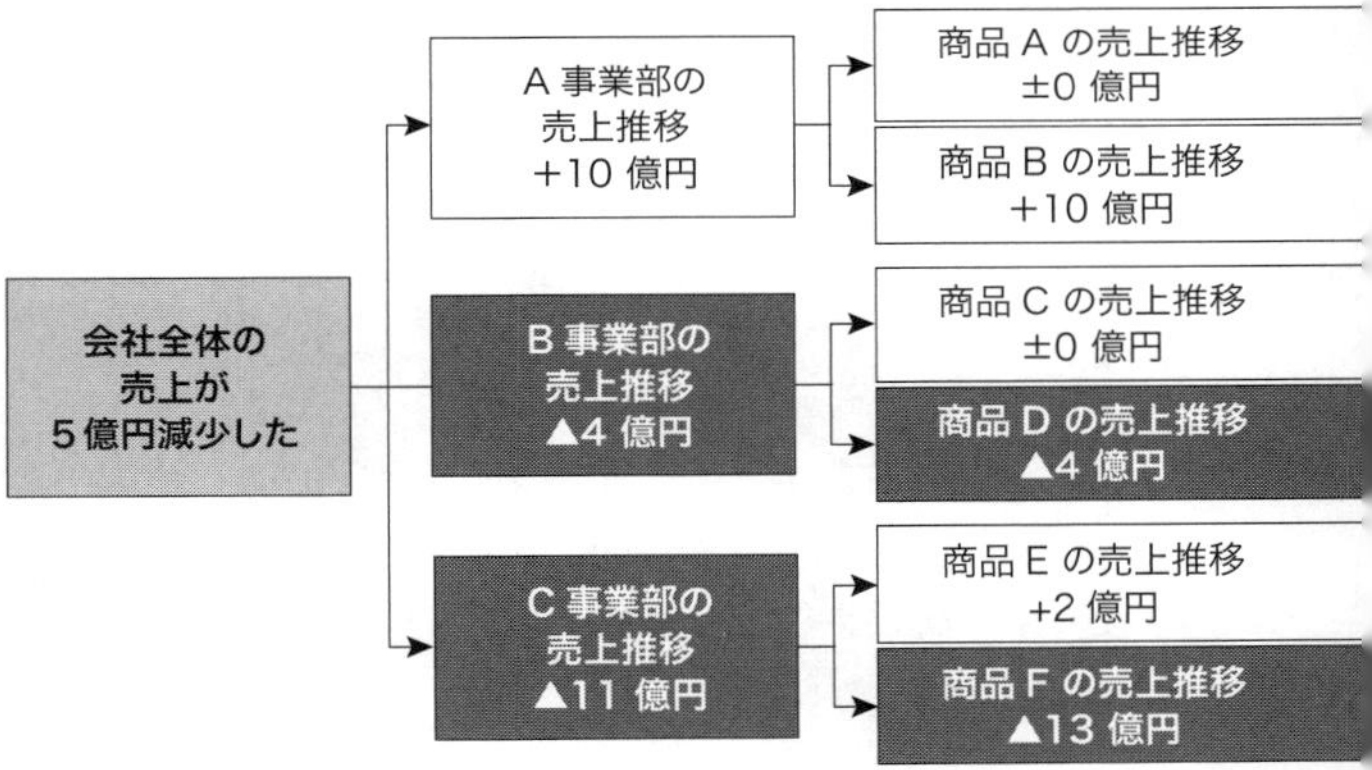

まずは、このWhatツリーの構成要素の「関係」を整理しておきましょう。

このツリーを見ると、「会社の売上」は「A事業部の売上」＋「B事業部の売上」＋「C事業部の売上」という「足し算」で成り立っていることがわかります。

また、「A～C事業部の売上」は「商品A～Fの売上」の足し算で成り立っていることもおわかりいただけると思います。

このことから、しっかりと「包含関係」が成立していることがわかると思います。

また、

●A事業部、B事業部、C事業部のいずれかの売上が上がれば↓全社の売上は上がる
●商品A～Fのいずれかの売上が上がれば↓全社の売上は上がる

という関係が成り立っていることから、「ああなれば↓こうなる」という因果関係も成立していることが確認できます。

続いて、「論理展開」についても触れておきましょう。
このロジックツリーの「論理展開」は、アブダクションです。

【ステップ1：起こった現象を捉える】会社全体の売上が落ちた
【ステップ2：疑問を抱く】なぜ会社全体の売上が落ちたのか？
【ステップ3：因果関係を当てはめる】A～C事業部のいずれかの売上が落ちれば
↓会社全体の売上は落ちる
【ステップ4：仮説を導き出す】だとすれば、会社全体の売上が落ちたのは、
A～C事業部のいずれかの売上が落ちたからでは？

これで、このロジックツリーは「包含関係」「因果関係」「論理展開」すべてで成立していることがわかりました。

そこで今度は、ロジックツリーの中に記載されている数字に着目してみます。

「会社全体の売上が5億円減少した」という問題の発生個所は、数字を辿っていくと、

●B事業部の商品D
●C事業部の商品F

の2つであることがわかります。

また、

●B事業部の商品D：4億円の売上の減少
●C事業部の商品F：13億円の売上の減少

であることから、大きく足を引っ張っているのは「C事業部の商品F」であることがわかりました。

このように、**Whatツリーは「包含関係」をベースに足し算分解していくロジックツリー**です。

Whatツリーは、

●個々の構成要素は同じ性質（＝売上）を持ち、
●それぞれの段階の数字を足し上げれば「全体」の数字になる

という性質を持ちます。

この性質を利用して、何か問題が発生した際に、**「問題の発生個所」と「その規模感」を明らかにする際によく使われるのがWhatツリー**です。

≫2つ目の型：問題の発生原因の特定に使う「Whyツリー」

ロジックツリーの2つ目の型は、「Whyツリー」と呼ばれるものです。別名、「原因追求ツリー」とも呼ばれます。

「Why」とは「なぜ?」を意味する英語ですが、その言葉の通り、**問題の原因を明らかにする際に使われることが多いロジックツリー**です。

Whyツリーは、Whatツリーと異なり、**足し算分解と掛け算分解を組み合わせる**のが特徴です。

先ほどの例で言えば、「商品Fの売上低下の原因」に対して、

- 顧客数×客単価（＝掛け算分解）
- 新規顧客数＋リピート顧客数（＝足し算分解）
- 商談数×受注率（＝掛け算分解）

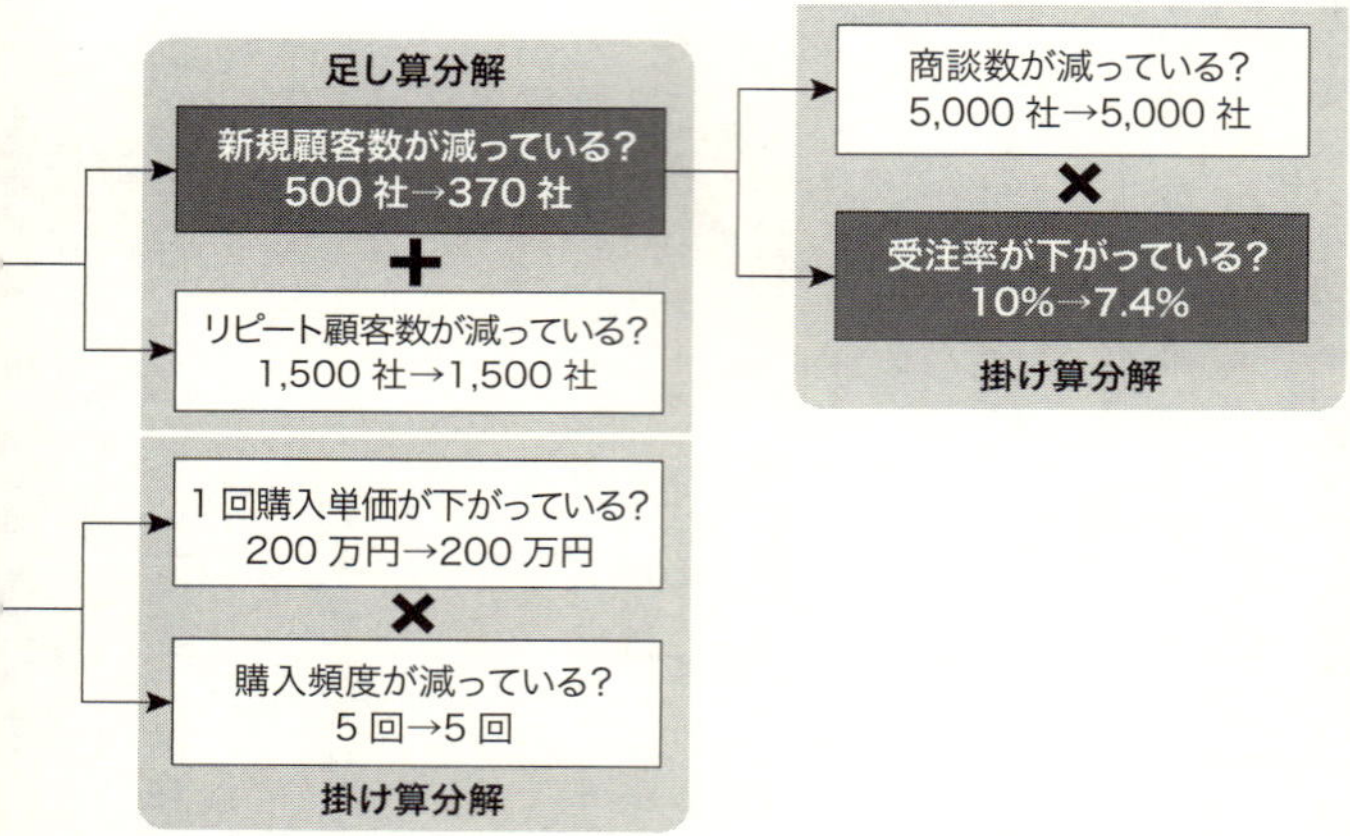

のように分解していきます。

図46を見ると、「足し算分解」と「掛け算分解」が組み合わさっていることが確認できると思います。

第2章でも触れた通り、掛け算分解は個々の構成要素の性質が異なるように分解していく手法です。この特徴を利用することで、**「量や規模の問題」**なのか、**「質や効率の問題」**なのか、その原因を明らかにすることができます。

こちらも、構成要素の「関係」を整理しておきましょう。

図46：Whyツリー（原因追求ツリー）の例

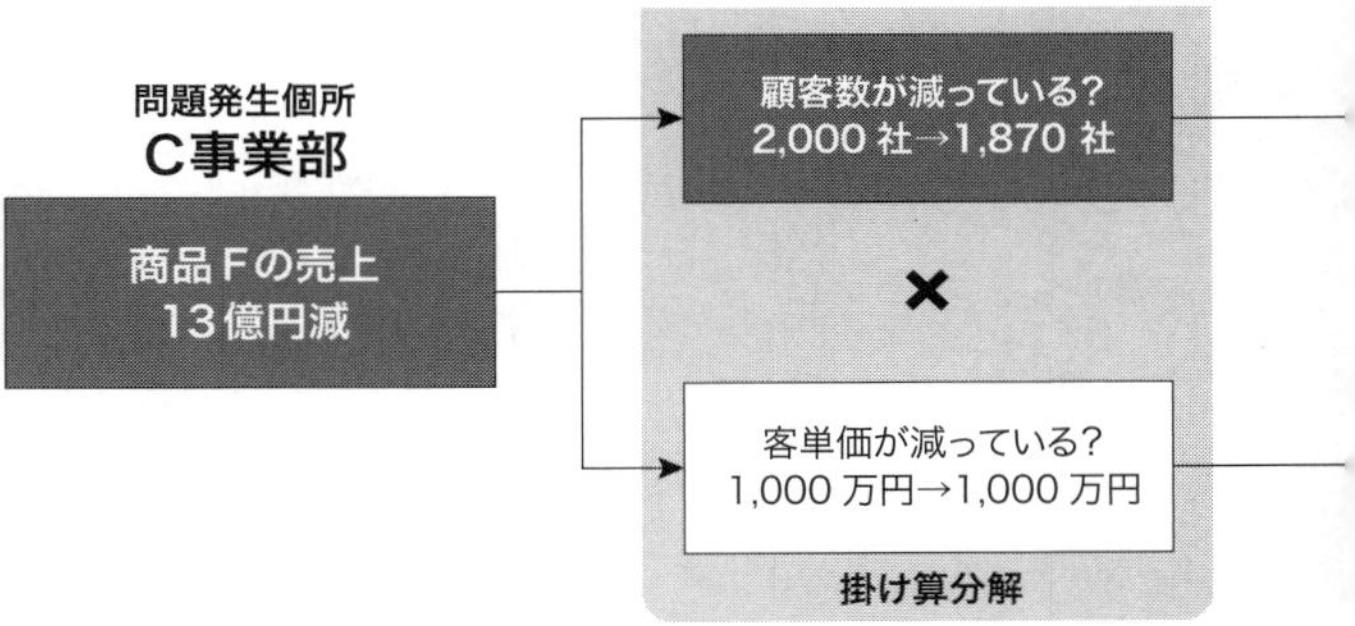

図46のWhyツリーを見ると「商品Fの売上」は「顧客数」×「客単価」という掛け算で成り立っていることがわかります。

また、「顧客数」は「新規顧客数」＋「リピート顧客数」で、こちらは足し算で成り立っていることが確認できると思います。

さらに、「新規顧客数」は「商談数」×「受注率」で、掛け算分解で成り立っています。

このことから、このロジックツリーは「掛け算分解」と「足し算分解」を組み合わせながら、しっかりと「包含関係」が成り立っていることがわかります。別の言い方をすれば、第2章で触れた「構造化」が成立しています。

さらに、

●「顧客数」あるいは「客単価」が増えれば→商品Fの「売上」は増える
●「新規顧客数」あるいは「リピート顧客数」が増えれば→「顧客数」は増える
●「商談数」あるいは「受注率」が増えれば→「新規顧客数」は増える

という関係が成り立っていることから、「ああなれば→こうなる」という因果関係も成立していることがわかります。

「論理展開」に関しても、

【ステップ1：起こった現象を捉える】商品Fの売上が落ちた
【ステップ2：疑問を抱く】なぜ商品Fの売上が落ちたのか？

【ステップ3：因果関係を当てはめる】顧客数が減れば↓商品Fの売上は落ちる
【ステップ4：仮説を導き出す】だとすれば、商品Fの売上が落ちたのは、顧客数が減ったからでは？

という「アブダクション」の論理展開が成立していることがおわかりいただけると思います。


さらに、ロジックツリーの中に記載されている数字にも着目してみましょう。

商品Fの売上が13億円減った原因は、顧客数が２０００社から１８７０社に減ってしまったことです。

さらに、顧客数が減った原因は新規顧客数が減ってしまったこと（５００社↓３７０社）で、新規顧客数が減った原因は受注率が10％から7・４％に落ちてしまったことだとわかります。

つまり、商品Fの売上が13億円減ってしまった原因は、新規顧客に対する受注率が2・6％落ちたことです。

このように、**Ｗｈｙツリーは、掛け算分解を多用することで性質の異なる構成要素に分解し、問題の根本原因を明らかにするロジックツリー**です。

≫3つ目の型：問題解決策を洗い出す「Ｈｏｗツリー」

ロジックツリーの3つ目の型は「Ｈｏｗツリー」と呼ばれるものです。

「Ｈｏｗ」とは「どうやって?」という意味の英語ですが、その意味の通り、**問題解決策（Ｈｏｗ）を洗い出していく際に用いられるのがＨｏｗツリー**です。別名、「イシューツリー」とも呼ばれます。

第2章で「イシュー」について触れたと思います。ここでおさらいしておくと、イシューとは「白黒つけるべき重要な問題」のことを指します。

イシューツリーは、それぞれの枠の中に「〇〇できるか?」「〇〇するには?」などの「問

図47：Howツリー（イシューツリー）の例

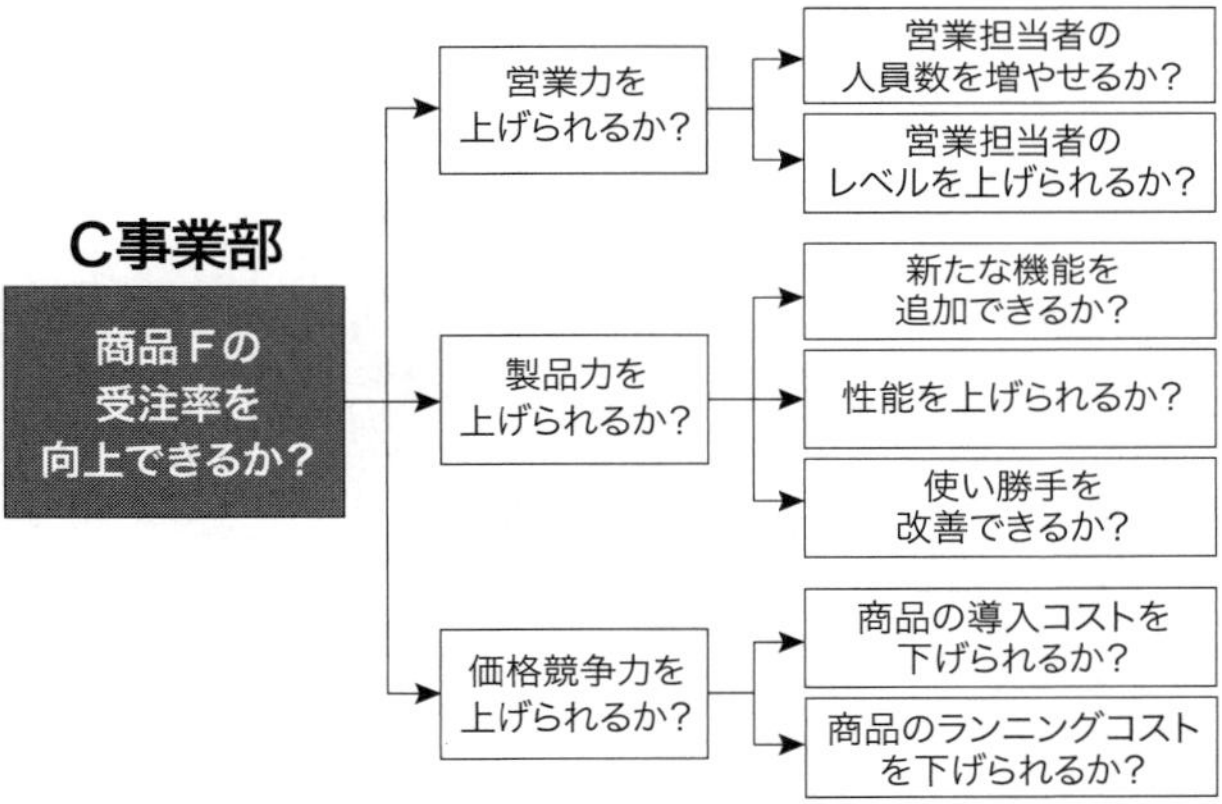

い」が入るのが特徴です。例えば、図47の通りです。

Howツリーは、これまでのWhatツリーやWhyツリーと異なる点が2つあります。

1つ目は、包含関係の違いです。

WhatツリーやWhyツリーは、足し算分解や掛け算分解を通して、「全体」から「部分」へと分解していきました。

おさらいすると、次のような要領でした。

●Ｗｈａｔツリー

全体：「全社の売上」

↓部分：「Ａ事業部の売上」「Ｂ事業部の売上」「Ｃ事業部の売上」

●Ｗｈｙツリー

全体：「商品Ｆの売上」

↓部分：「顧客数」×「客単価」、「新規顧客数」＋「リピート顧客数」、「商談数」×「受注率」

このように、ＷｈａｔツリーやＷｈｙツリーは「部分の足し算が全体になる」「部分の掛け算が全体になる」という性質を持つので、数値を乗せやすく、いわば「方程式っぽい」と言えるかもしれません。

一方で、**Ｈｏｗツリーの包含関係は「目的（＝全体）」と「手段（＝部分）」の関係にな**ります。

1つの目的に対して、その達成手段は複数存在することがほとんどです。そう考えると、「目的↓手段」の関係もまた、「全体↓部分の包含関係」であることがわかります。しかし「目的↓手段」は「量」や「率」で表せないため、**数値に置き換えることができません。**これがWhatツリーやWhyツリーとの違いの1つ目です。

2つ目の違いは、**構成要素同士を足し合わせたり、掛け合わせたりしても、全体になるとは限らない**点です。より正確に言えば、「全体」になるかどうかは、誰にもわかりません。

例えば図47のHowツリーでは「商品Fの受注率を向上できるか？」というイシューに対して、

- サブイシュー1：「営業力」を上げられるか？
- サブイシュー2：「製品力」を上げられるか？
- サブイシュー3：「価格競争力」を上げられるか？

という3つの構成要素に分解しました。

しかし、「商品Fの受注率向上」というイシューに対して、本当に「営業力＋製品力＋価格競争力＝全体」と言えるのか？　と問われると、自信がないのではないでしょうか。もしかしたら、この3つ以外の要素もあるのかもしれません。

ＷｈａｔツリーやＷｈｙツリーは、「過去の事実」をもとに分解していきました。しかし、Ｈｏｗツリーは、「未来の目的」に対して、その「手段」を洗い出しているロジックツリーです。

この性質のために、**Ｈｏｗツリーには100％の正解がないのが、ＷｈａｔツリーやＷｈｙツリーとの大きな違い**です。

多くのロジカルシンキングの本では、「ロジックツリーはＭＥＣＥであるべき」と言及されています。

ＭＥＣＥとは「Mutually Exclusive and Collectively Exhaustive」の頭文字《かしらもじ》を取っ

図48：MECE

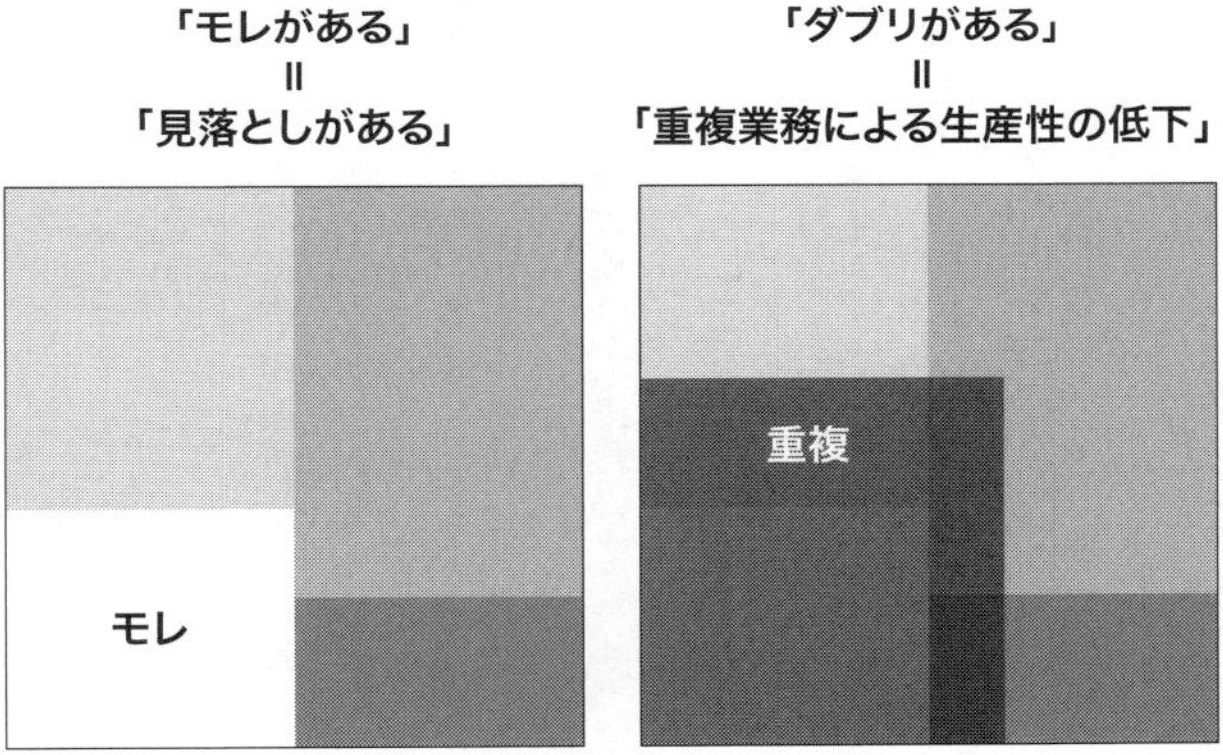

たもので、日本語に訳すと、「モレなく、ダブリなく」という意味合いになります（図48）。

しかし、ここまで説明してきた通り、Ｈｏｗツリーには１００％の正解がありません。そのことはコンサルティングファームで働くコンサルタントもよく理解しており、コンサルティングの現場では、**「これは〝ＭＥＣＥ感〟があるか？」**という言葉をよく使います。

「ＭＥＣＥ感」とは、「１００％確実に網羅《もうら》されているかどうかは検証のしようがないが、重要なポイントはすべて押さえられているか？」といったニュアンスの言葉です。

このように、Ｈｏｗツリーは厳密にＭＥＣＥにこだわりすぎると正解のない迷路にはまり、いたずらに時間を浪費《ろうひ》してしまいます。ビジネスの世界では、正確さが重要である一方で、生産性も重要ですから、Ｈｏｗツリーの「包含関係」を考える際には、「完全なＭＥＣＥ」ではなく、「ＭＥＣＥ感」を意識しましょう。

一方で、Ｈｏｗツリーにおいても「因果関係」は依然《いぜん》、重要です。

図47の例では、

●「営業力」「製品力」「価格競争力」のどれかが上がれば
↓商品Ｆの「受注率」は上がる
●「営業担当者の人員数」が増える、あるいは「営業担当者のレベル」が上がれば
↓「営業力」は上がる

など、「ああなれば↓こうなる」という因果関係が成立していなければなりません。

ここまでは「関係」について説明してきましたが、「論理展開」についても見ていきましょう。

これまでのＷｈａｔツリーやＷｈｙツリーは、問題の発生個所を明らかにしたり、問題の発生原因を突き止めるなど、「過去」に着目しているため、アブダクションの論理展開が有効でした。

一方で、Ｈｏｗツリーは「未来」に対して問題解決策を洗い出していくロジックツリーなので、**演繹法の論理展開を使います。**

例えば、次のような要領です。

【ステップ１：法則を持ち出す】営業力が上がれば↓受注率は回復する

【ステップ２：事実を当てはめる】わが社は営業担当者の数を増やし、営業担当者のレベルを上げる研修に取り組むことで営業力を強化する

【ステップ3：予測を導き出す】だとすれば、わが社の受注率は↓回復するはずだ

まとめると、Ｈｏｗツリーは、「未来の目的」に対して、その「手段」を洗い出しているロジックツリーであることから、１００％の正解はなく、いかに「ＭＥＣＥ感」のある手段を洗い出せるかが重要になります。

また、論理展開は、未来の予測に有益な「演繹法」が中心になるのが特徴です。

≫4つ目の型：目標設定に使う「KPIツリー」

ロジックツリーの４つ目の型は「ＫＰＩツリー」と呼ばれるものです。

ＫＰＩとは「Key Performance Indicator」の頭文字を取った略語で、日本語に訳すと「重要業績評価指標」となります。いわば、「目標達成に向け、適切に進捗《しんちょく》しているかを管理・評価する指標」がＫＰＩです。

どのようなビジネスも、進むべき方向を指し示す「目的」と、達成すべき到達水準である「目標」が設定されて初めて、組織やチームの足並みが揃います。さらに、見えないものは管理できず、管理できないものは改善することもできません。

そうである以上、ビジネスの進捗を数値で見える化し、到達水準をモニタリングしていく必要があります。

また、やりっぱなしで終わることなく改善を繰り返すには、ビジネス全体の包含関係や因果関係を整理し、問題の発生個所を見える化するKPIツリーが必要不可欠です。

それでは、KPIツリーの例について見ていきましょう。

次見開きの図49をご覧ください。

こちらをご覧になって「Whyツリーと似てるな」とお感じになったとしたら、鋭いご指摘です。

Whyツリーと同様に、**KPIツリーも「足し算分解」と「掛け算分解」を組み合わせて作ることが多い**ので、一見、似たようなロジックツリーになります。

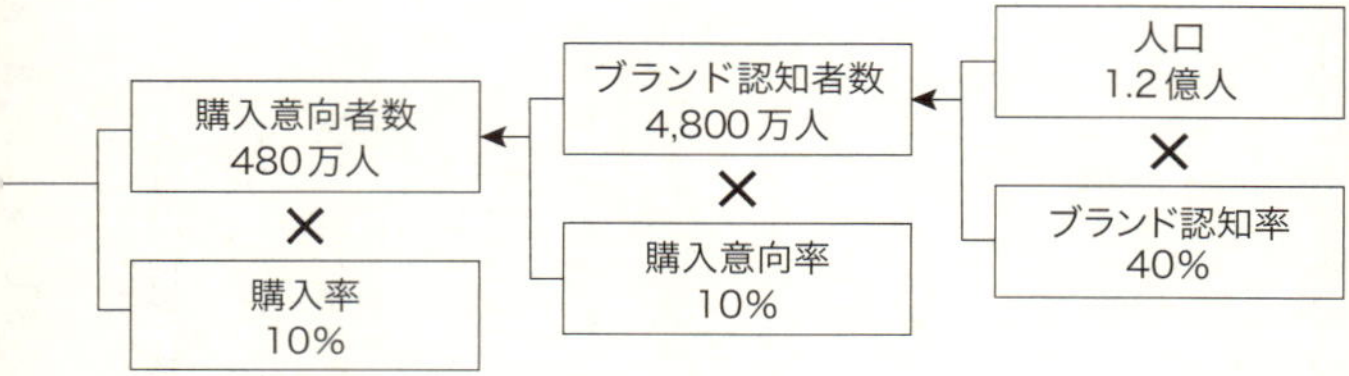

確かに、ＫＰＩツリーの作り方は、「包含関係」「因果関係」「アブダクションの論理展開」ともに、Ｗｈｙツリーとほぼ同じです。

その一方で、**ＷｈｙツリーとＫＰＩツリーでは、頭の使い方の要領は全く逆に**なります。

Ｗｈｙツリーは、問題の発生原因を突き止めていくロジックツリーなので、

●左から右に向けて
●全体から部分に向けて
●なぜ？

図49：KPIツリーの例

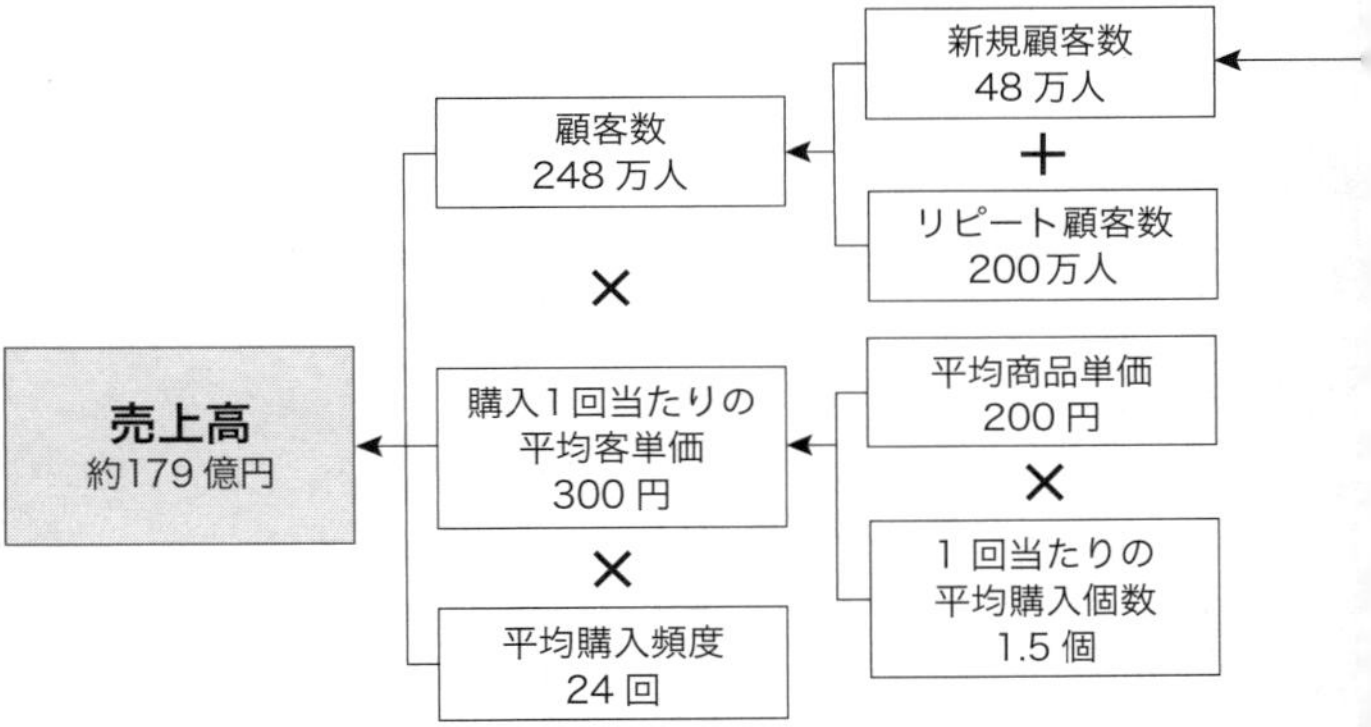

と深く掘り下げていくような頭の使い方をします。

一方で、ＫＰＩツリーは、

●右から左へ
●手段から目的に向けて
●どうやって変化をつくるか？

という、**可能性を追求していくような頭の使い方**になるのが特徴です。

ここで、ＫＰＩツリーを活用する際に気をつけていただきたいことについても触れておきます。

ＫＰＩツリーは、数値を扱うロジックツリーである以上、数値が独《ひと》り歩きしがちです。

しかし、ＫＰＩツリーの数値の背景には、必ず「なぜその数値を上げる必要があるのか？」という「目的」が存在します。

目的を見失ったまま数値だけを追いかけるようになると、あなたは単なる「ＰＤＣＡマシーン」になってしまい、仕事がつまらないものになってしまうでしょう。

どの仕事にも必ず数値以上の意義や意味があり、その先には「成し遂げたい大きな目的」があるはずです。

ぜひ、**ＫＰＩツリーの数値だけを見るのではなく、「大きな目的」とセットで考えるようにしてください。**


また、ＫＰＩツリーに慣れてくると、様々なＫＰＩを設定することができるようになります。しかし、それらすべてのＫＰＩを向上させることは、いわば「全部頑張ります！」と言っているのと同じで、戦略性があるとは言えません。

戦略とは、突き詰めれば、「できるだけ少ない労力で、できるだけ高い成果を出すための知恵」ですから、ＫＰＩを設定する際には**「最も優先順位が高いＫＰＩ」を明確に**しておきましょう。

≫5つ目の型：曖昧な概念を具体化していく「概念分解ツリー」

ロジックツリーの５つ目の型は「概念分解ツリー」です。

ここまで、「足し算分解」や「掛け算分解」について触れてきました。さらにもう1つ、ロジックツリーには分解の切り口が存在します。それが「概念分解」と呼ばれるものです。

概念分解の「概念」とは、「実体」と対《つい》をなす言葉です。「実体」とは「目に見えるもの」ですが、**「概念」は、目に見えない「広い意味」のこと**を指します。

この話はとても重要なので、もう少し例を交えて説明していきましょう。

図 50：実体と概念の例①

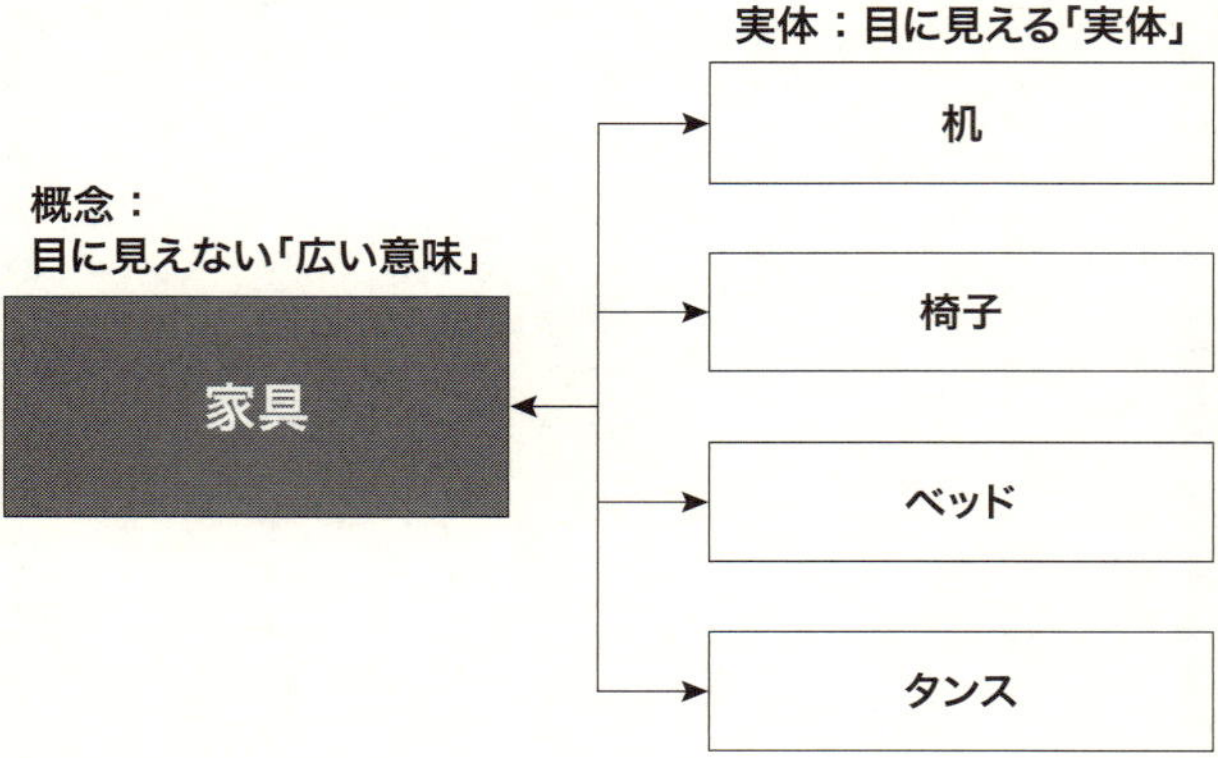

今、あなたの目の前に「机」があったとします。これは「目に見える」ので「実体」です。

一方で、「机」は「家具」でもあります。「家具」は「机」よりも「広い意味」になっており、目に見えないので「概念」に当たります。

そして、「家具」は机だけではありません。椅子《いす》やベッド、タンスなども「家具」に当たります。

このことからも、「家具」は机・椅子・ベッド・タンスなどの「実体」よりも「広い意味」であることがおわかりいただけるはずです（図50）。

図 51：実体と概念の例②

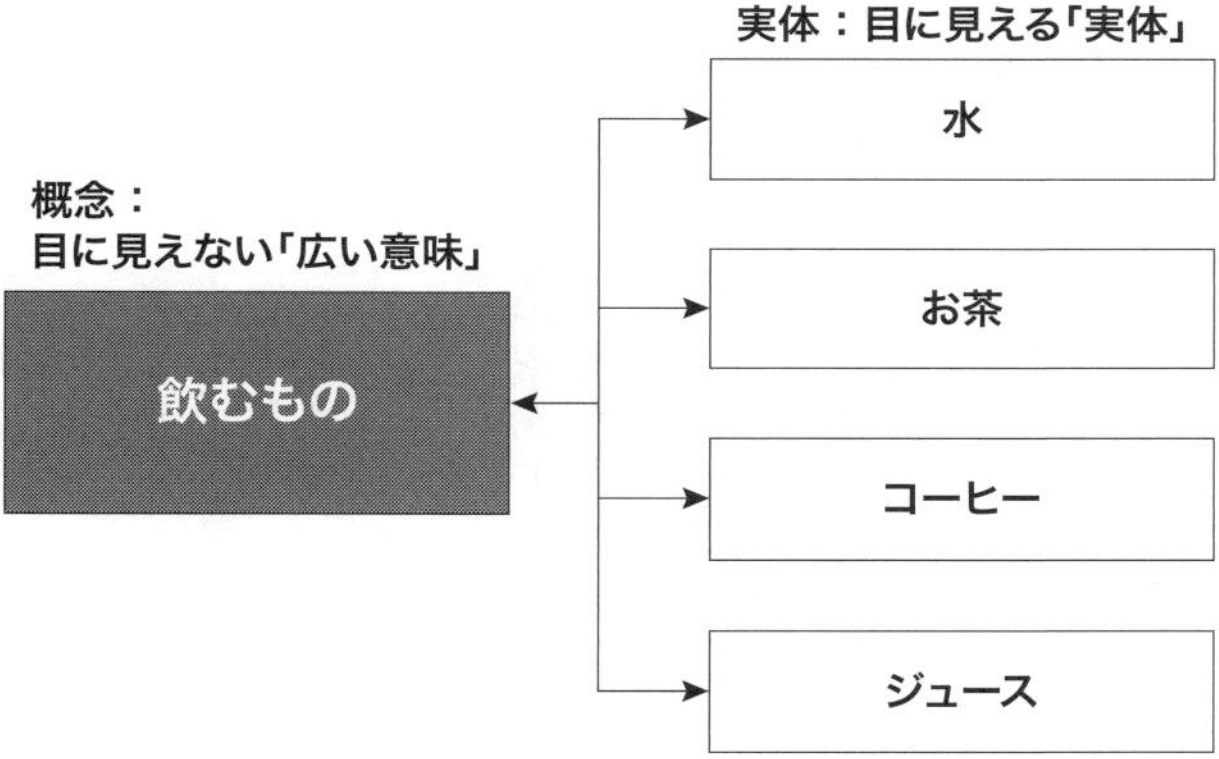

別の例も示しましょう。

今、あなたの目の前に「水」があったとします。これは「目に見える」ので「実体」です。

一方で、「水」は「飲むもの」でもあります。「飲むもの」は「水」よりも「広い意味」になっており、目に見えないので「概念」です。

そして、「飲むもの」は、水だけではありません。お茶やコーヒー、ジュースなども「飲むもの」に当たります。

このことからも、「飲むもの」は水・

お茶・コーヒー・ジュースなどの「実体」よりも「広い意味」であることがおわかりいただけると思います（前ページの図51）。

ここで鋭いあなたならお気づきかもしれませんが、「概念↕実体」の関係は「全体↕部分」の包含関係になっており、ロジックツリーで表現できることがわかります。

このように、**概念分解ツリーは、目に見えない広い意味である「概念」を分解し、目に見える「実体」に近づけていくロジックツリー**です。

では、なぜ、わざわざ「概念」を「実体」に近づけていく必要があるのでしょうか？

こちらに関しても、例を交えて説明しましょう。

ここで、あなたに質問です。あなたは「商品価値」と聞いて、何を思い浮かべるでしょうか？

図 52：商品価値とは?

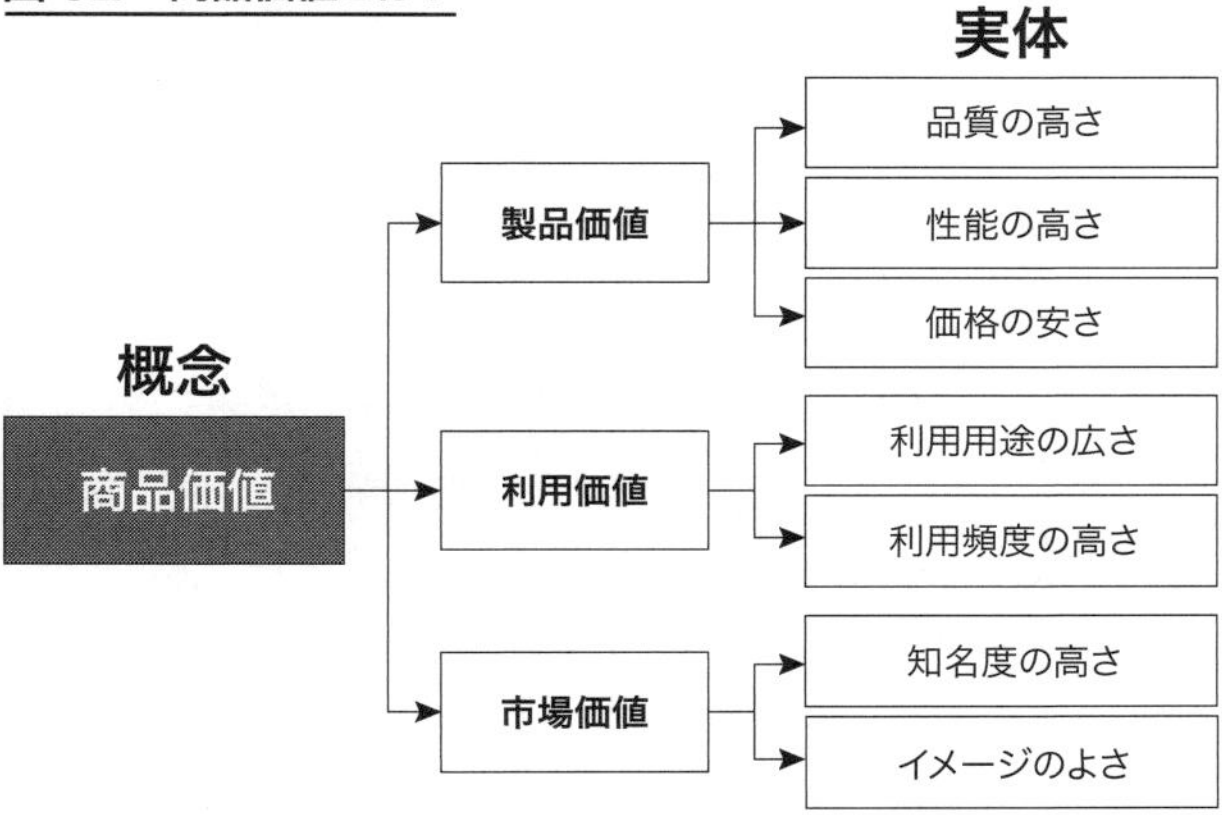

「商品価値」は「概念＝目に見えない広い意味」なので、その解釈は多様です。

しかし、図52のように概念を分解していき、「目に見える実体」に近づけていくことで、「商品価値」の輪郭が明確になっていきます。

このように、概念分解ツリーは、「曖昧で捉えどころがない概念」を分解していくことで具体化し、**「何について考えればいいか?」という「考えるとっかかり」を与えてくれるのが最大のメリット**です。

コンサルティングファームでは、何か曖昧な物事に出くわしたときには、「とにかく砕《くだ》け!」と教えられます。この「砕け!」とは概念分解ツリーのことを指しています。

ビジネスの世界には、企業価値・顧客価値・イノベーション・ブランド・リーダーシップ・カルチャーなど、そのままでは曖昧で捉えどころがない概念が溢《あふ》れています。

このようなときには、概念分解ツリーを使って概念を砕いていき、より考えやすいレベルまで分解していくことができれば、次のアクションに向けたとっかかりをつかみやすくなります。

≫6つ目の型：プロセスに分解して段取り力を高める「プロセスツリー」

ロジックツリーの6つ目の型は「プロセ

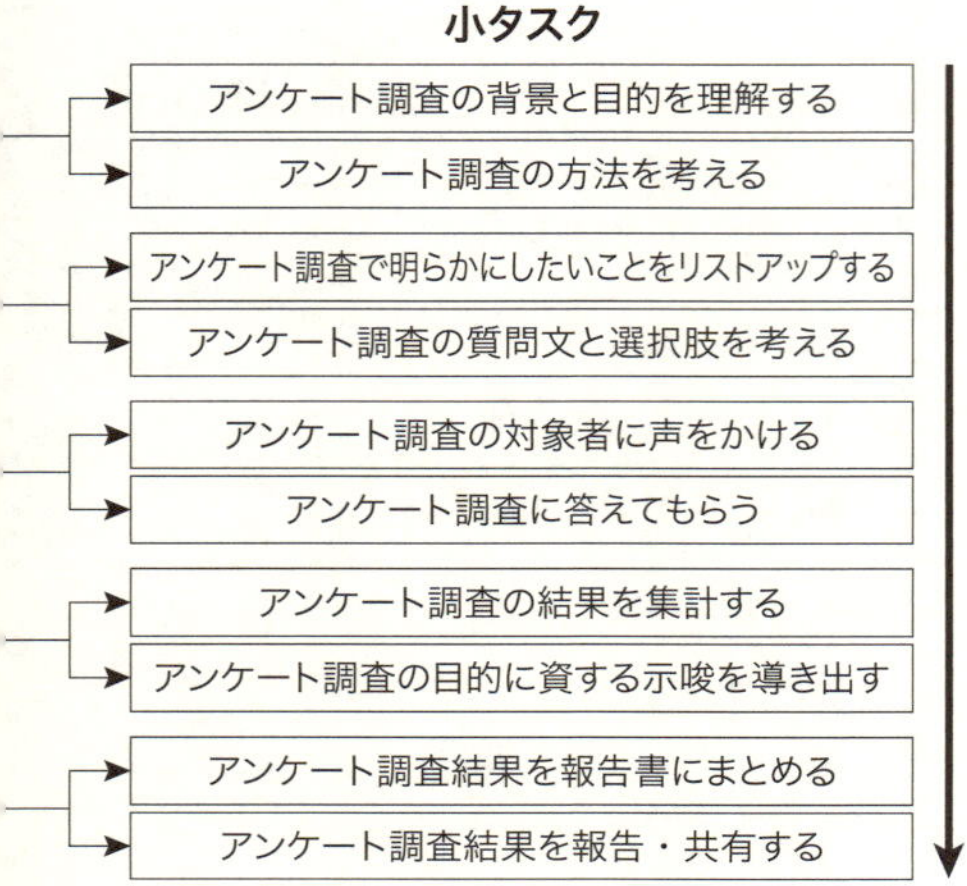

小タスク
アンケート調査の背景と目的を理解する
アンケート調査の方法を考える
アンケート調査で明らかにしたいことをリストアップする
アンケート調査の質問文と選択肢を考える
アンケート調査の対象者に声をかける
アンケート調査に答えてもらう
アンケート調査の結果を集計する
アンケート調査の目的に資する示唆を導き出す
アンケート調査結果を報告書にまとめる
アンケート調査結果を報告・共有する

スツリー」です。

ビジネスを成果に結びつけるためには、「段取り」が重要になってきます。

「段取り」の語源は歌舞伎《かぶき》の楽屋《がくや》用語だと言われていて、歌舞伎の世界の「段」とは話の区切りや一幕を指し、芝居の筋や構成の運びを「段取り」と呼んでいるそうです。

現在では、それが転じて、「物事がうまく進むように、前もって手順を整える」という意味で使われているのが、「段取り」です。

この**「段取り」を考える際に有効なのが、**

図 53：プロセスツリーの例

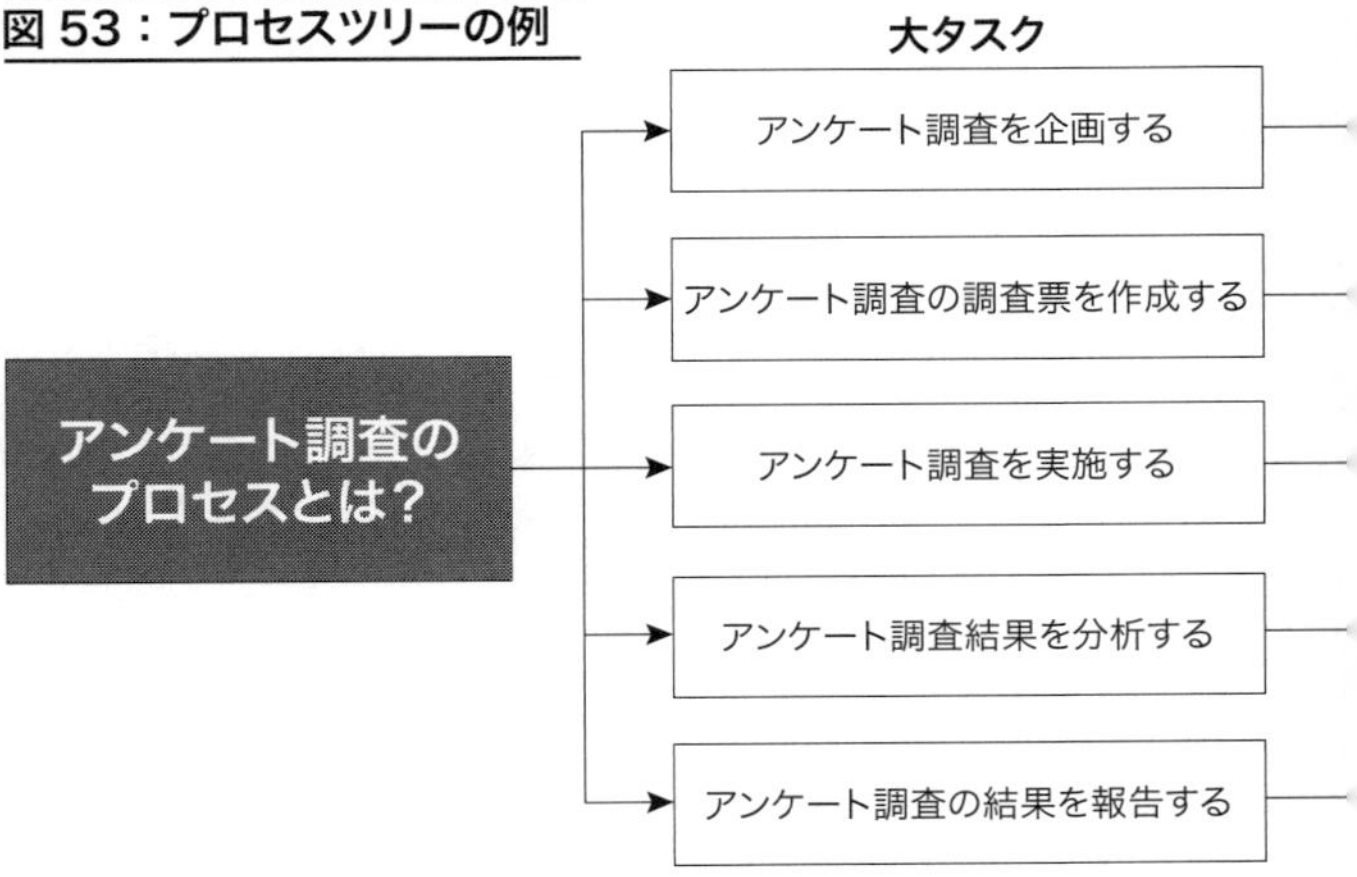
大タスク
アンケート調査のプロセスとは？
アンケート調査を企画する
アンケート調査の調査票を作成する
アンケート調査を実施する
アンケート調査結果を分析する
アンケート調査の結果を報告する

プロセスツリーです。

こちらも例を交えて説明していきましょう。

もし仮に、あなたが上司から「アンケート調査をやってほしい」と頼まれたとしましょう。アンケート調査を初めて経験する方からすれば、「何から手をつけていいかがわからない」という状態に陥ってしまうことは、想像に難《かた》くありません。

そこで、前ページの図53をご覧ください。

このロジックツリーは、「アンケート調査のプロセス」を、より細かい手順に分解し

小タスク	スケジュール	担当
アンケート調査の背景と目的を理解する	1 営業日	A さん
アンケート調査の方法を考える	2 営業日	A さん
アンケート調査で明らかにしたいことをリストアップする	2 営業日	B さん
アンケート調査の質問文と選択肢を考える	2 営業日	B さん
アンケート調査の対象者に声をかける	3 営業日	C さん
アンケート調査に答えてもらう	5 営業日	C さん
アンケート調査の結果を集計する	3 営業日	A さん
アンケート調査の目的に資する示唆を導き出す	2 営業日	A さん
アンケート調査結果を報告書にまとめる	3 営業日	A さん
アンケート調査結果を報告・共有する	1 営業日	課長

たロジックツリーです。

ここで、構成要素の「関係」を整理しておきましょう。

「大タスク↕小タスク」の関係は「全体↕部分」の包含関係になっていることがおわかりいただけると思います。また、

●「アンケート調査の背景と目的を理解し」「アンケート調査の方法が決まれば」（原因）
↓「アンケート調査の企画は完了する」
（結果）

という関係であることから、因果関係も

図54：プロセスツリーの例

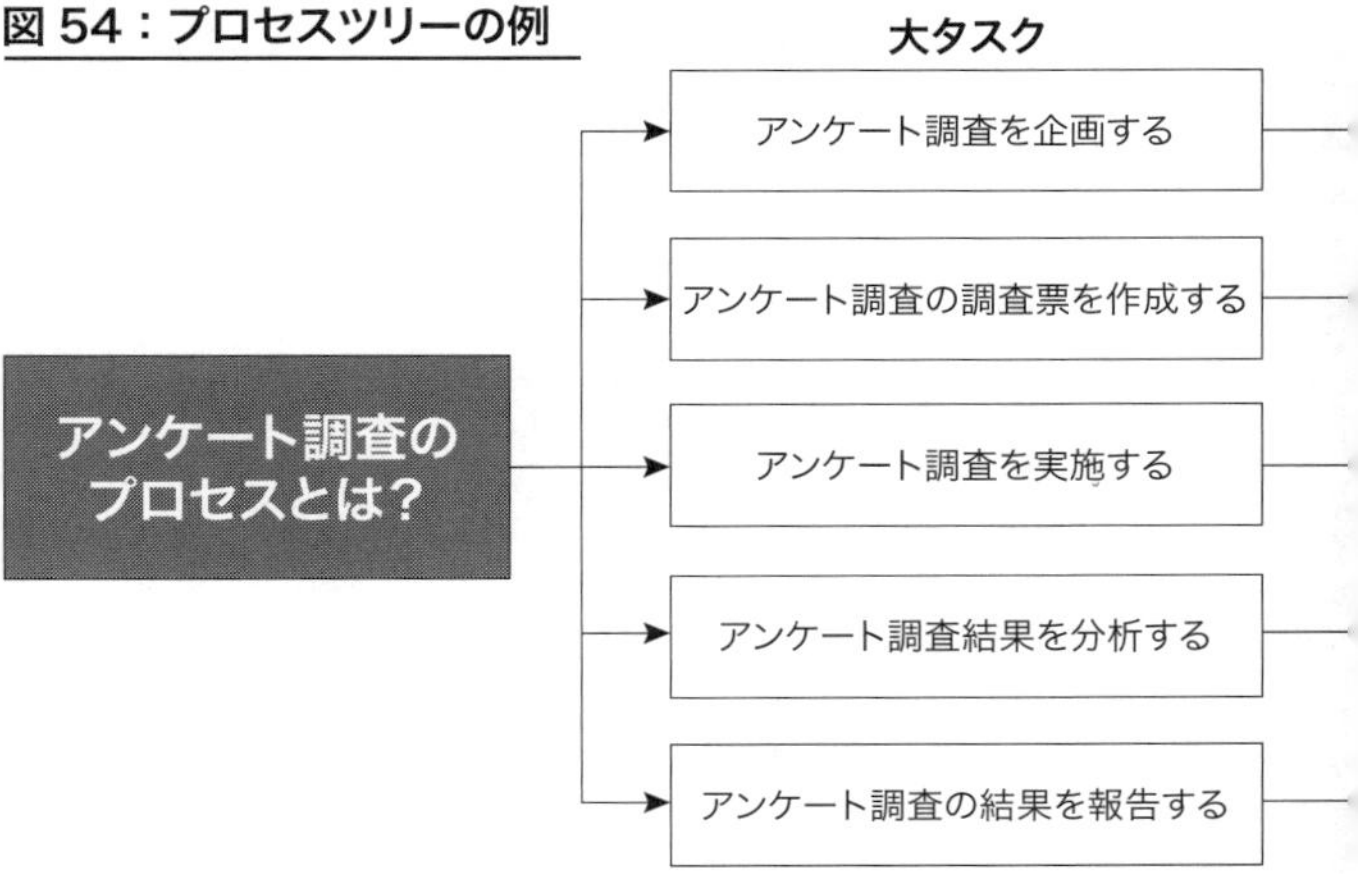
大タスク
アンケート調査のプロセスとは？
アンケート調査を企画する
アンケート調査の調査票を作成する
アンケート調査を実施する
アンケート調査結果を分析する
アンケート調査の結果を報告する

成立していることがわかります。

この例のように、**プロセスツリーを使って段取りを細かい手順に分解していくことができれば、やるべき作業が具体化していきます。**そのため、役割分担やスケジュールに落としやすくなるのがメリットです（前ページの図54）。

また、**段取りを細かい手順に分解すれば、「どの手順が滞《とどこお》っているのか？」というボトルネックも明らかにしやすくなるため、次回に向けた改善点を見出しやすくなります。**

さらには、**事前に段取りを細かい手順に分解しておけば、「先々やるべきこと」が見通せるようになります。**

そして、「先々やるべきこと」が見通せるようになれば「先々のために、今準備しておくことは何か？」「今後、どんなリスクがありそうか？」などを先読みし、事前にアクションが取れるようにもなるでしょう。

筆者がキャリアを積んできたコンサルティングファームや広告会社では、これまで経験したことがない新しいプロジェクトがどんどん降りかかってきます。毎回同じ反復作業はほとんどありません。

その際に必要になるのが、「プロジェクトを計画する力」と「プロジェクトをリードしていく力」です。

プロジェクトを計画・リードする上での最大の武器は「先読み力」です。その際に大きな武器になってくれるのが、「プロセスツリーによる段取り分解」です。

もしあなたが「プロセスツリー」を身につけ、使いこなせるようになれば、あなたの「先読み力」は劇的に上がり、プロジェクトを計画・リードする力が身につくはずです。

≫7つ目の型：フレームワークと組み合わせて使う「フレームワークツリー」

ロジックツリーの最後の型は「フレームワークツリー」です。

「フレームワーク」という言葉をご存じない方のために補足すると、「フレームワーク」とは、「頭の中を整理し、物事を考えやすくするための枠組み」のことを指します。

例えば、あなたが上司から「世の中の変化を調べてほしい」と言われても、「世の中」という概念は漠然としすぎて、考えるとっかかりがつかみづらいと思います。

しかし、「PEST」というフレームワークを使って「世の中」を、

①政治的変化：Politics
②経済的変化：Economy
③社会的変化：Society
④技術的変化：Technology

という4つの枠組みに分解することができれば、「まずは政治の変化について調べてみよう」「次に経済の変化について調べてみよう」など、考える上でのとっかかりがつかみやすくなります。

このように、フレームワークとは、多くの経営学者やコンサルタントが「このような

枠組みで物事を捉えるとうまくいきやすい」とまとめた「枠組み」を指します。

本書の「はじめに」でも触れましたが、フレームワークには大きく分けて次の2種類があります。

● 「視点」を提供してくれるフレームワーク
↓PEST・3C・SWOT・バリューチェーン・VRIOなど

● 「視点」を提供してくれないフレームワーク
↓ロジックツリー・ピラミッドストラクチャー

ロジックツリーは「視点を提供してくれない」フレームワークですが、**「視点を提供してくれる」フレームワークと組み合わせて使う方法が「フレームワークツリー」**です。

例えば、「新たな市場機会を発見する」というお題に対して、ロジックツリーとその他のフレームワークの「合わせ技」で描いたのが、次見開きの図55です。

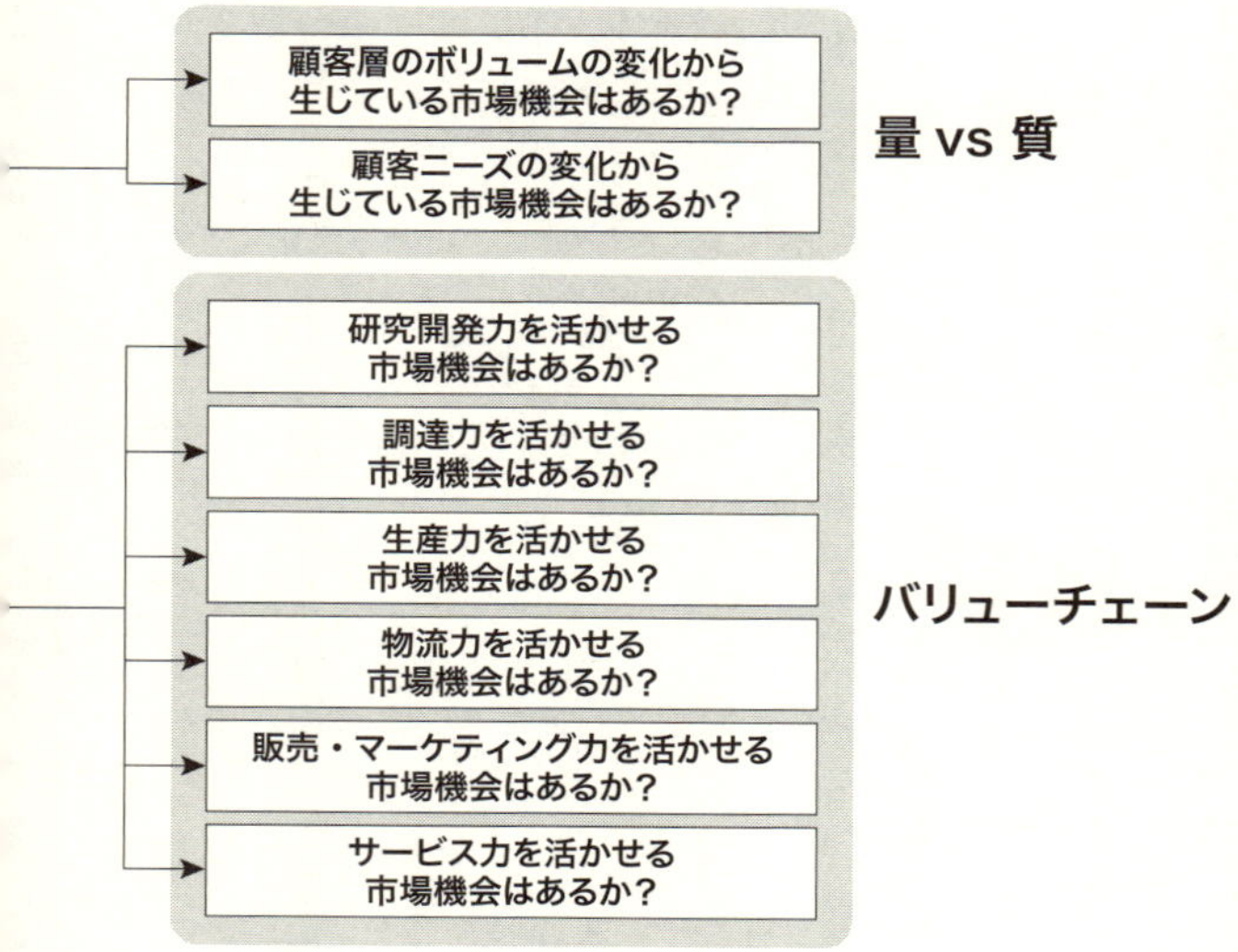
顧客層のボリュームの変化から
生じている市場機会はあるか？
顧客ニーズの変化から
生じている市場機会はあるか？
量 vs 質
研究開発力を活かせる
市場機会はあるか？
調達力を活かせる
市場機会はあるか？
生産力を活かせる
市場機会はあるか？
物流力を活かせる
市場機会はあるか？
販売・マーケティング力を活かせる
市場機会はあるか？
サービス力を活かせる
市場機会はあるか？
バリューチェーン

図 55：フレームワークツリーの例

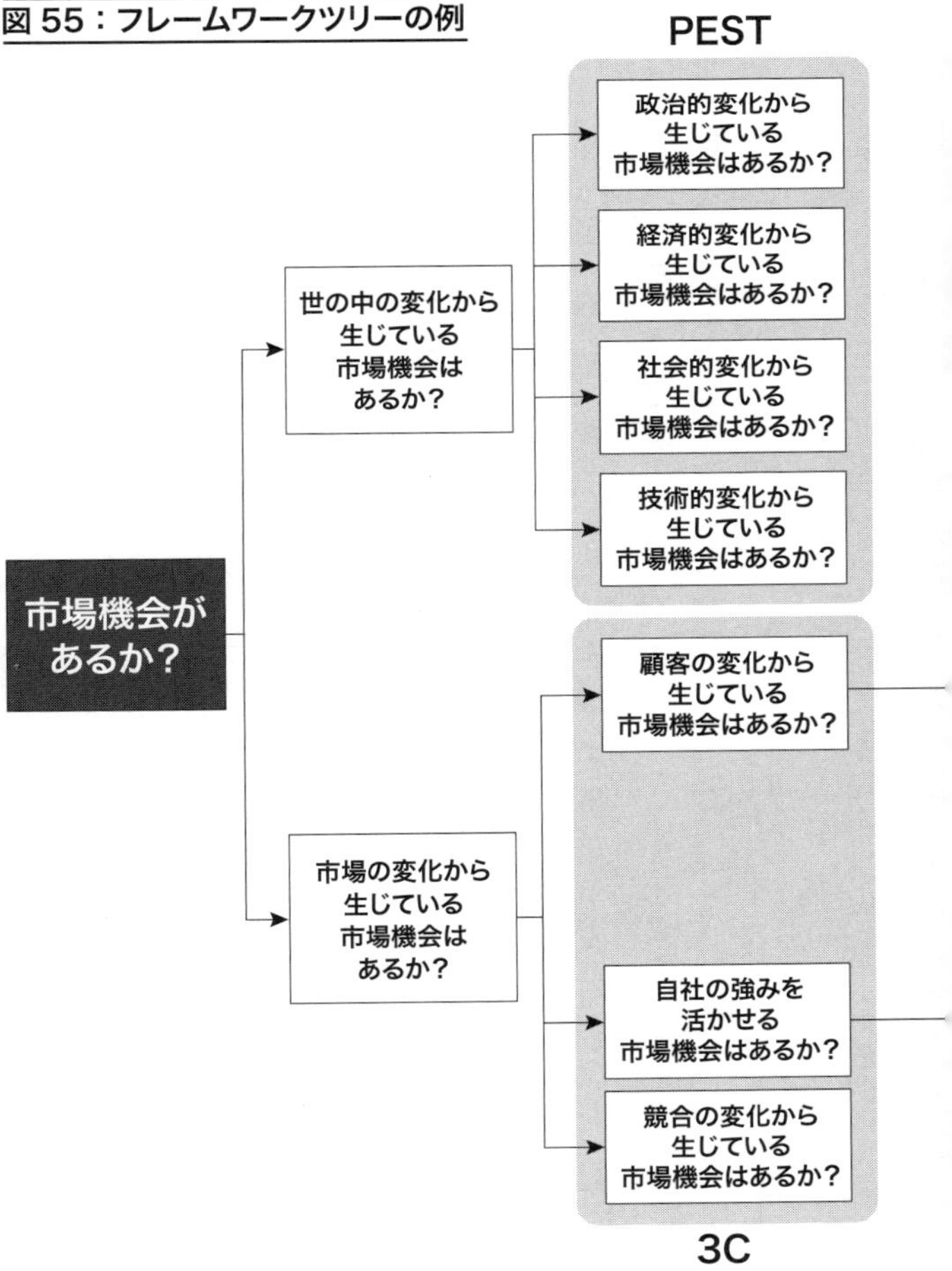

こちらのロジックツリーは、「市場機会があるか？」という問いに対して、まずは、

●「世の中の変化」から生じている市場機会はあるか？
●「市場の変化」から生じている市場機会はあるか？

という2つに概念分解しています。さらに、

●「世の中の変化」から生じている市場機会はあるか？

という問いに対しては、「PEST」という外部環境分析のフレームワークを使って、「世の中の変化」という広い概念を「政治的変化：Politics」「経済的変化：Economy」「社会的変化：Society」「技術的変化：Technology」という、具体的な概念に砕いていることがおわかりいただけるのではないでしょうか。

さらに、

●「市場の変化」から生じている市場機会はあるか？

という問いに対しては「3C」という市場環境分析のフレームワークを使って、「市場」という曖昧な概念を「顧客：Customer」「自社：Company」「競合：Competitor」という、具体的な概念に砕いています。

また、

●「顧客の変化」から生じている市場機会はあるか？

に関しては、「顧客」という概念を「顧客層のボリュームの変化（量）」と「顧客ニーズの変化（質）」に分解し、

●「自社の強み」を活かせる市場機会はあるか？

という問いに対しては、「バリューチェーン」という、価値を生み出す流れを表すフ

レームワークを使って、自社の強みを「研究開発力」「調達力」「生産力」「物流力」「販売・マーケティング力」「サービス力」という6つの具体的な概念に分解していることがおわかりいただけると思います。

第2章でもお伝えしましたが、ロジックツリーを描く際に壁になりやすいのは「視点」です。

「フレームワーク」と聞くと、つい個々のフレームワークを単体で使うことを想定しがちです。しかし、**「視点を提供してくれる」フレームワークとロジックツリーを組み合わせて使う習慣が身につけば、あなたは「視点」に迷うことがなくなり、思考の生産性が飛躍的に高まる**のでお勧めです。

さて、第3章ではロジックツリーの「7つの型」について解説してきました。

続く第4章では、「守破離」の「破」である「ロジックツリーの応用技」について説明していきます。

第4章

ロジックツリーの応用技

――創造型ロジックツリー――

ロジックツリーの基本型である「7つの型」が理解できたら、ここからは、ロジックツリーの応用技である「創造型ロジックツリー」について解説していきましょう。

本書の「はじめに」の中で「過去の延長線上に〝ない〟創造的な仮説は、人間にしか生み出せません」とお話ししました。また、「あなたがそれをできるようになれば、生成ＡＩ時代にも困らない競争力になるはず」ということもお伝えしたと思います。

日本では多くの市場が成熟化していま

図 56：適応と創造

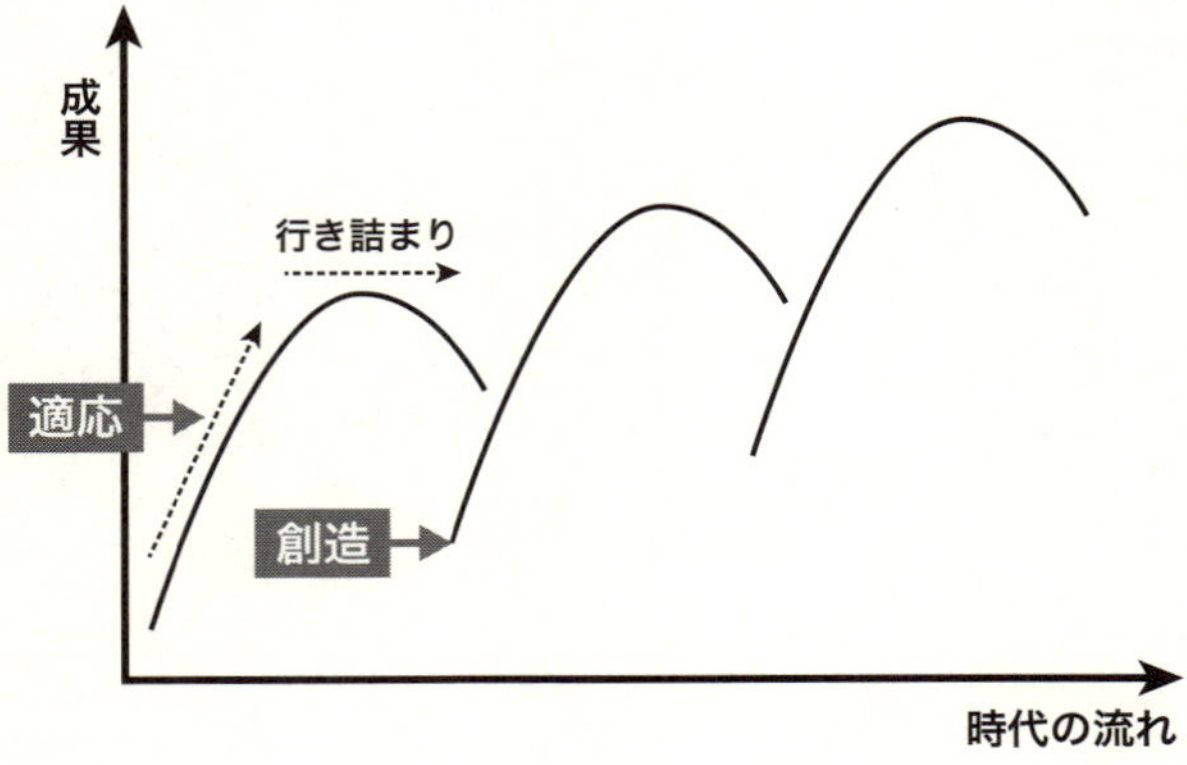

す。今後の人口減少に伴って、多くの市場は縮小に向かい、行き詰まっていくでしょう。経済が右肩上がりのときには、そのトレンドに乗るために「環境の変化に適応する」ことが求められますが、行き詰まりを迎えた局面では、「これまでにない価値を生み出す」創造が求められます（図56）。

筆者は、人のビジネススキルには5つのレベルがあると考えています。

- レベル①：上司や先輩の指示を受け、「部分的な作業」を任されるレベル
- レベル②：仕事の手順を理解し、「作業全般」を任されるレベル
- レベル③：複数の手順・方法から最適な方法を選択・実行でき、「責任」を任されるレベル
- レベル④：仕事の手順や方法に問題意識を持ち、工夫や改善を加えることができるレベル
- レベル⑤：新しい価値を生み出し、常識そのものを変革・創造できるレベル

レベル①～④は「環境の変化に適応する」、努力すれば達成できるレベルかもしれません。しかし、レベル⑤は、レベル①～④とは次元が異なり、「新たな環境変化をつくりにいく」ことが必要になります。

ロジックツリーは、ややもすれば「論理」を中心に語られがちですが、扱い方を工夫すれば、これまでにない発想を生み出すイノベーションツールにもなりえます。

例えば、第1章の「納豆メーカーのマーケティング担当者」の事例を覚えていらっしゃるでしょうか？

「納豆業界」の内側だけで考えると行き詰まりましたが、ロジックツリーを左側に遡ることで、「白いご飯に混ぜるもの業界」「主食に混ぜるもの業界」と考える範囲を広げていき、新たな可能性を見出しました。

第2章の「エレベーターの待ち時間」の事例では、ビルオーナーの視点で考えると行き詰まってしまう問題に、「エレベーターユーザーの視点」を持ち込むことで、「鏡を設置することで、身だしなみを整える時間にしてもらう」「映画のポスターを貼ることで、映画をチェックできる時間にしてもらう」などの打開策を見出しました。

では、どうしたらロジックツリーを使って、このような「創造的な仮説」を生み出すことができるようになるのでしょうか？

ここで、ロジックツリーの根本に立ち戻りたいと思います。

ロジックツリーとは、「全体を構成要素に分解し、包含関係を整理する手法」です。だとすると、創造的な仮説を生み出す「工夫のしどころ」は、

①包含関係の「全体の捉え方」を変える
②包含関係の「分解の切り口」を変える

のどちらかになるはずです（次ページの図57）。

図 57：ロジックツリーの工夫のしどころ

■包含関係の「全体の捉え方」を変える

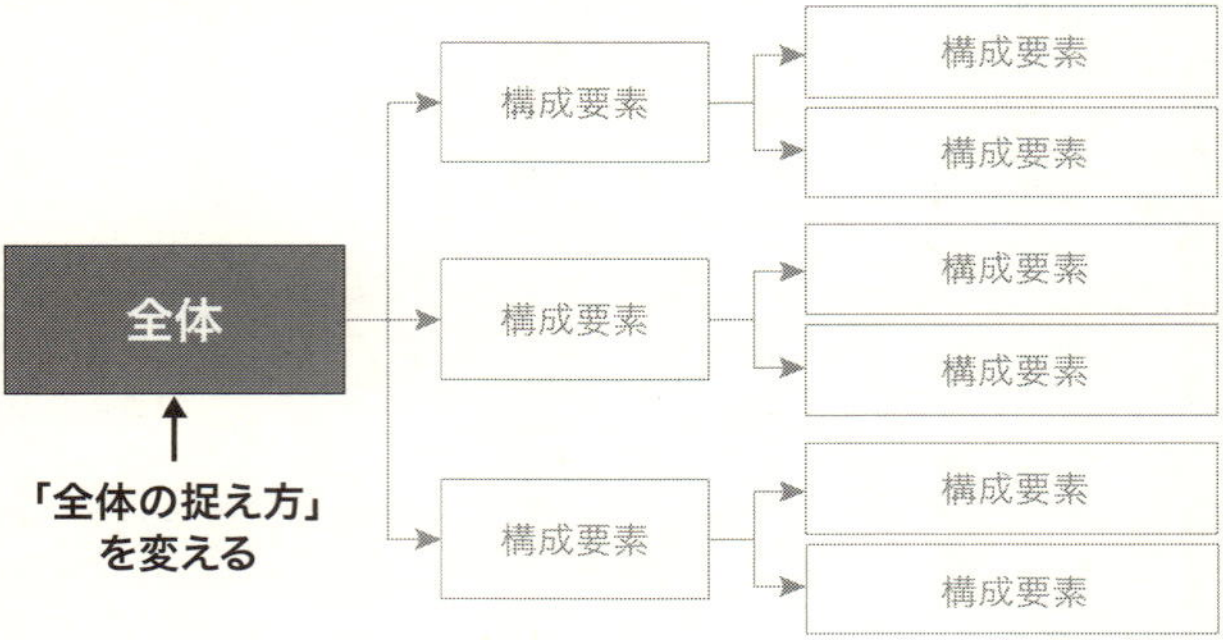

■包含関係の「分解の切り口」を変える

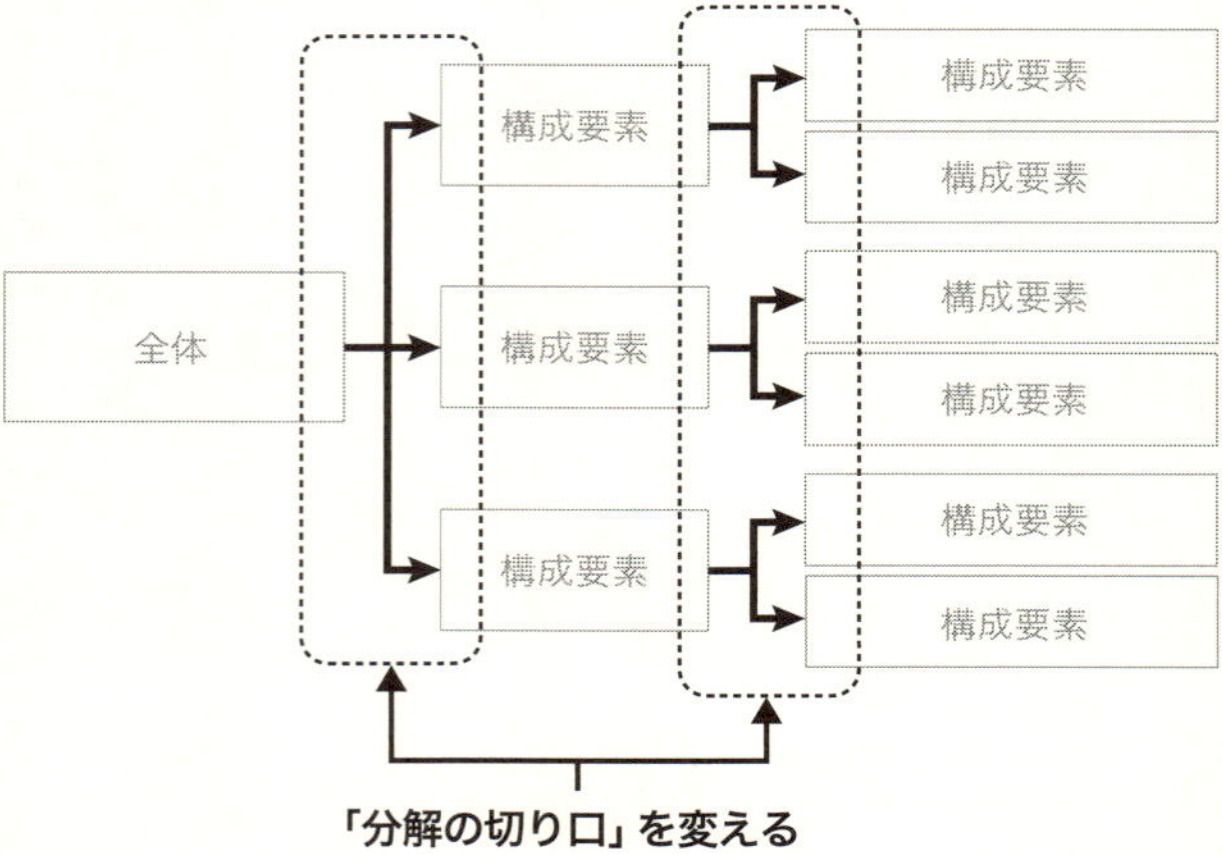

ここで、ぜひ注意してもらいたいことがあります。

ロジックツリーは、ややもすれば「論理的な正解を導き出すフレームワーク」と誤解されがちです。

しかし、先ほども触れた通り、これからの日本は、「1つの正解を導き出す」よりも「未来に向けた様々な可能性を拓く」ことが強く求められる時代になります。

この章で扱う「ロジックツリーの応用技」の目的は「創造的な仮説」を生み出すことですから、「1つの正解を導き出す」という正解思考よりは「様々な可能性を描く」という創造思考が求められます。

よって、ここからは、ロジックツリーの基本型である「守」にとらわれることなく、**「破」や「離」**にチャレンジしてみてください。

≫包含関係の「全体の捉え方」を変える

まずは、創造型ロジックツリーの1つ目の方法である「包含関係の全体の捉え方を変える」方法について説明していきます。

図 58：自動車メーカーグループのビジネス

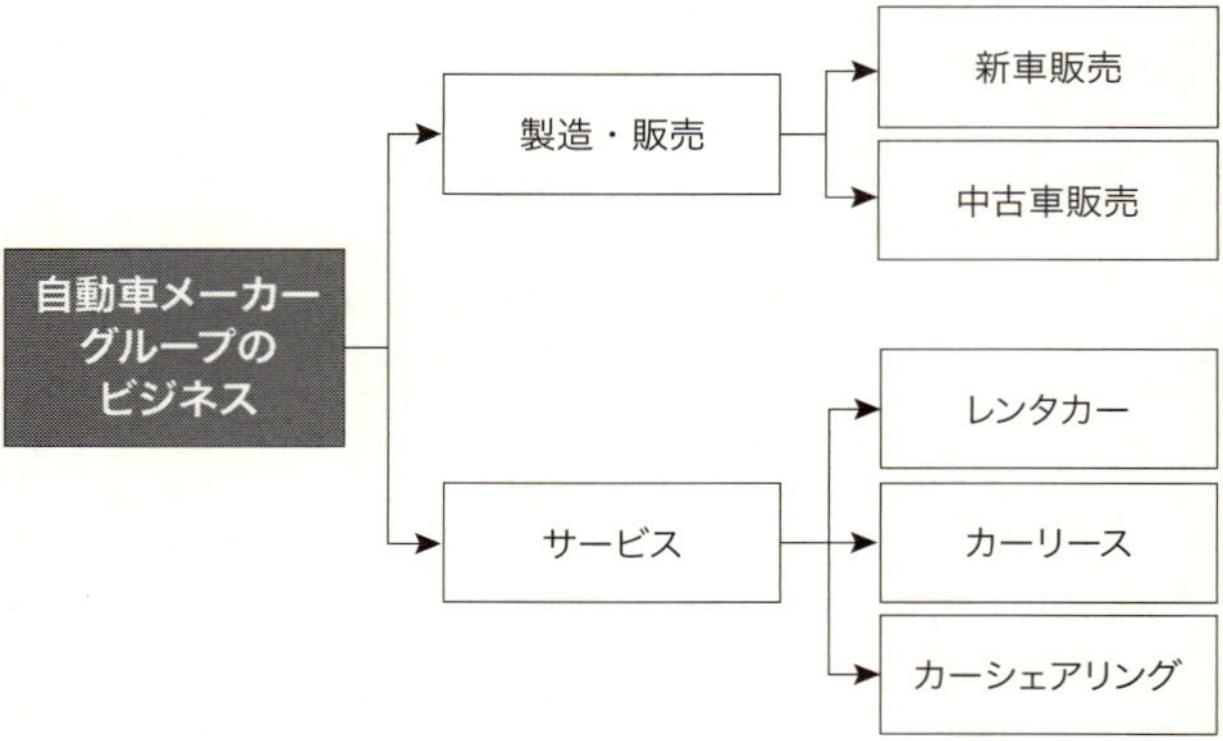

ロジックツリーは通常、包含関係の「全体」を起点に、右側に分解していきます。しかし、これまで見てきたように、**左側に遡ることで対象範囲を広げ、創造的な仮説を生み出すことが可能**です。

例えば、「自動車メーカーグループ」を考えてみてください。想像するのは、トヨタグループでも、日産グループでも、ホンダグループでも構いません。「自動車メーカーグループのビジネス」といえば、おおよそ図58のようなものを想像するのではないでしょうか？

ここで、自動車メーカーグループの未

来について創造的な仮説を導き出すために、ロジックツリーを左側に遡ってみましょう。

頭の使い方のコツは、次の4つの質問を自分に投げかけてみることです。

●質問1：今、自分は何を「全体」だと思い込んでいるのか？
●質問2：もし仮に、それが「部分」だとしたら、「全体」は何がありえるか？
●質問3：「全体」を再定義した場合、どのような「構成要素」に再分解できるか？
●質問4：構成要素の「分解の切り口」を変えることで、見えてくるものはないか？

まずは、「今、自分は何を全体だと思い込んでいるのか？」について考えてみましょう。

■質問1：今、自分は何を「全体」だと思い込んでいるのか？

先ほどの図58を見ると、構成要素はすべて「自動車」についてのものであることがわかります。つまり、このロジックツリーは「全体＝自動車」という前提で描かれています。

このままでは、思考の行き先は「どのような自動車を製造・販売するか？」、あるいは「どのような自動車サービスを展開するか？」など、「自動車」の枠組みの中にとどまってしまいます。

そこで、「もしそれが部分だとしたら、全体は何か？」と自分に問いかけてみます。

■質問2：もし仮に、それが「部分」だとしたら、「全体」は何がありえるか？

もし、「自動車」が「全体」ではなく「部分」だとしたら、ロジックツリーの左側にくる「全体」とは何でしょうか？

自動車は、移動するための手段です。だとしたら、「自動車＝部分」とすると、全体は「移動手段」と言えるかもしれません。

ロジックツリーを左側に遡り、「全体＝移動手段」としたことで、「全体」の捉え方がより広い概念に置き換わったことがご理解できたでしょうか？

そうなると、「移動手段」は「自動車」だけとは限りません。

そこで、次に自分に問いかけるべき質問は、「全体を再定義した場合、どのような構成要素に再分解できるか？」です。

■質問3：「全体」を再定義した場合、どのような「構成要素」に再分解できるか？

自動車以外にも「移動手段」に範囲を広げて構成要素に再分解すると、例えば次見開きの図59のようになります。

全体の定義を「自動車」から「移動手段」に広げたことで、ビジネスの可能性が大きく広がりました。

もしかしたら、自動車を造って売るだけでなく、自転車メーカーやオートバイメーカー、あるいはバス会社や鉄道会社、航空会社を買収していくことで、単なる自動車メーカーから「総合移動体メーカー」へと発展していけるのかもしれません。

さらに可能性を広げるために、「構成要素の分解の切り口を変えることで、見えてくるものはないか？」について考えてみましょう。

■質問4：構成要素の「分解の切り口」を変えることで、見えてくるものはないか？

次見開きの図60は、図59のロジックツリーをもとに、分解の切り口を再編集したものです。

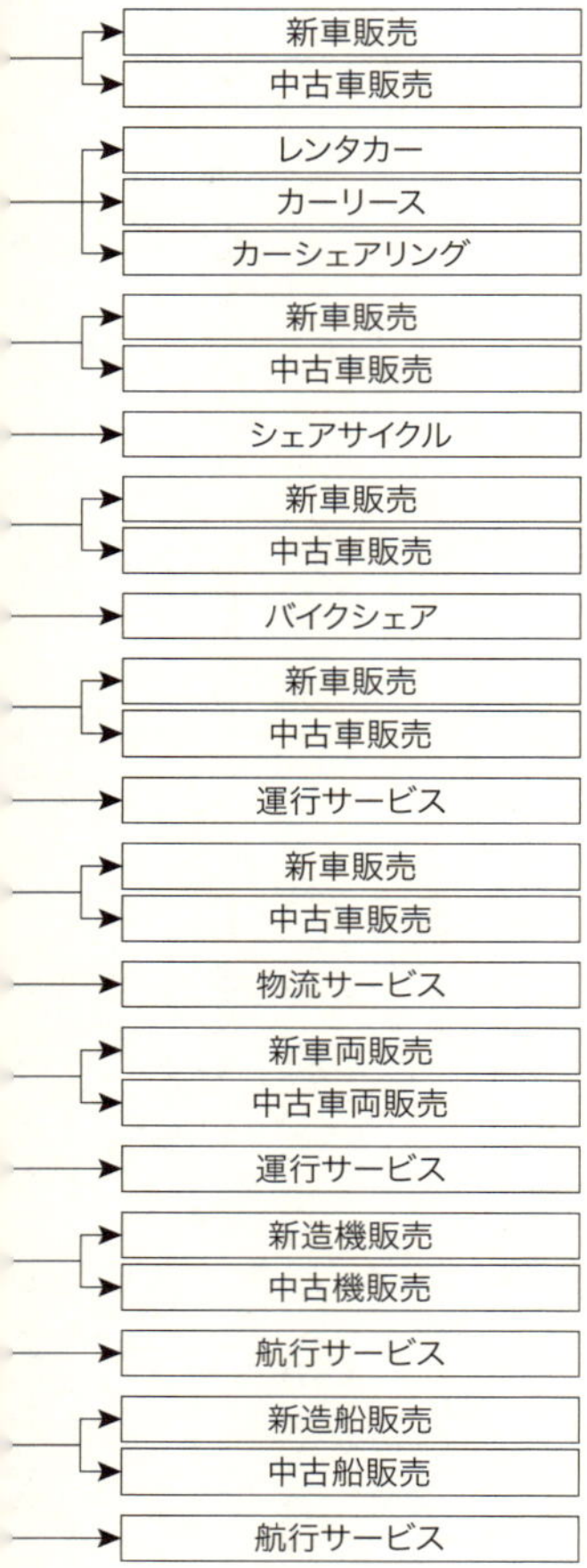

図 59：全体を再定義して分解する

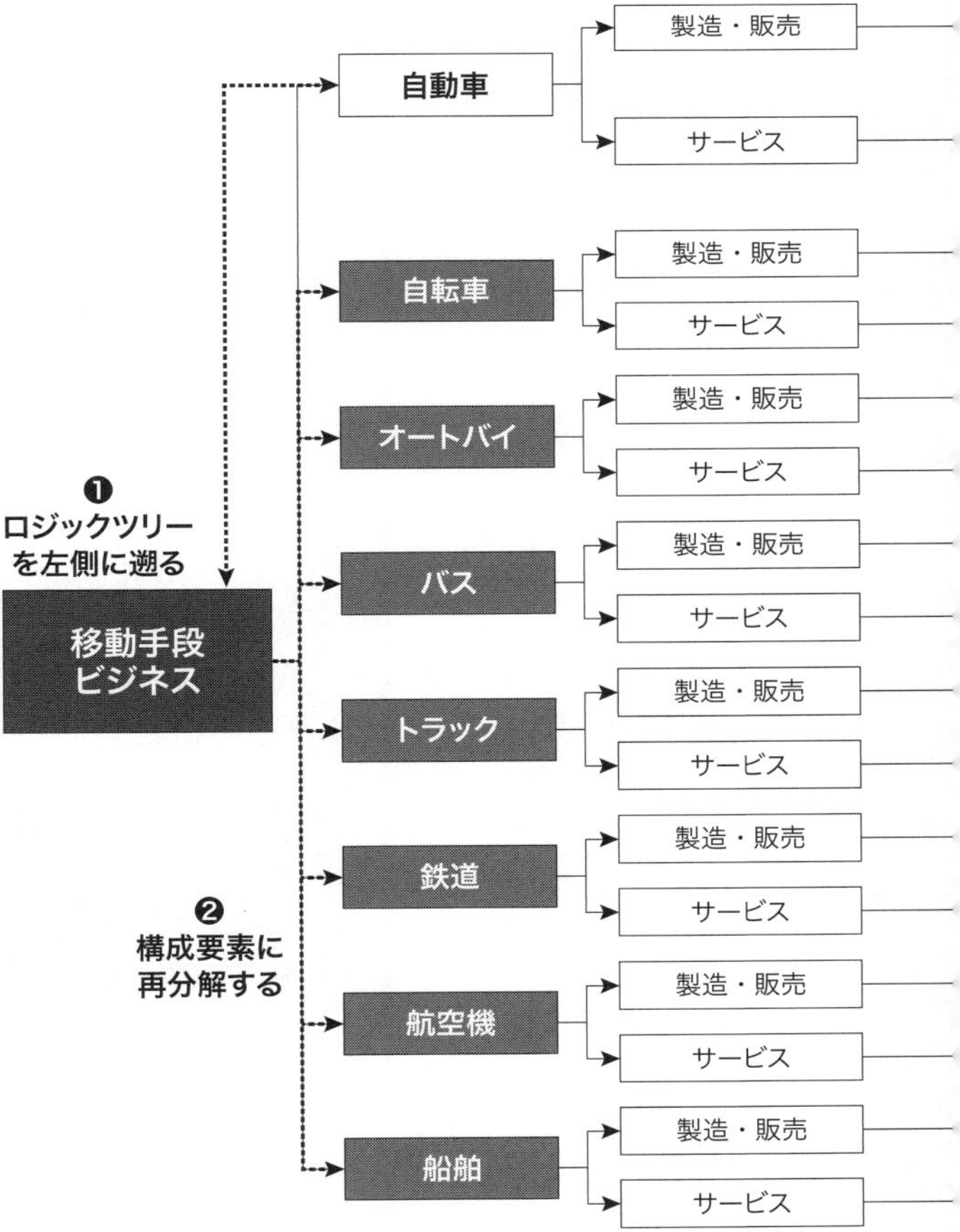

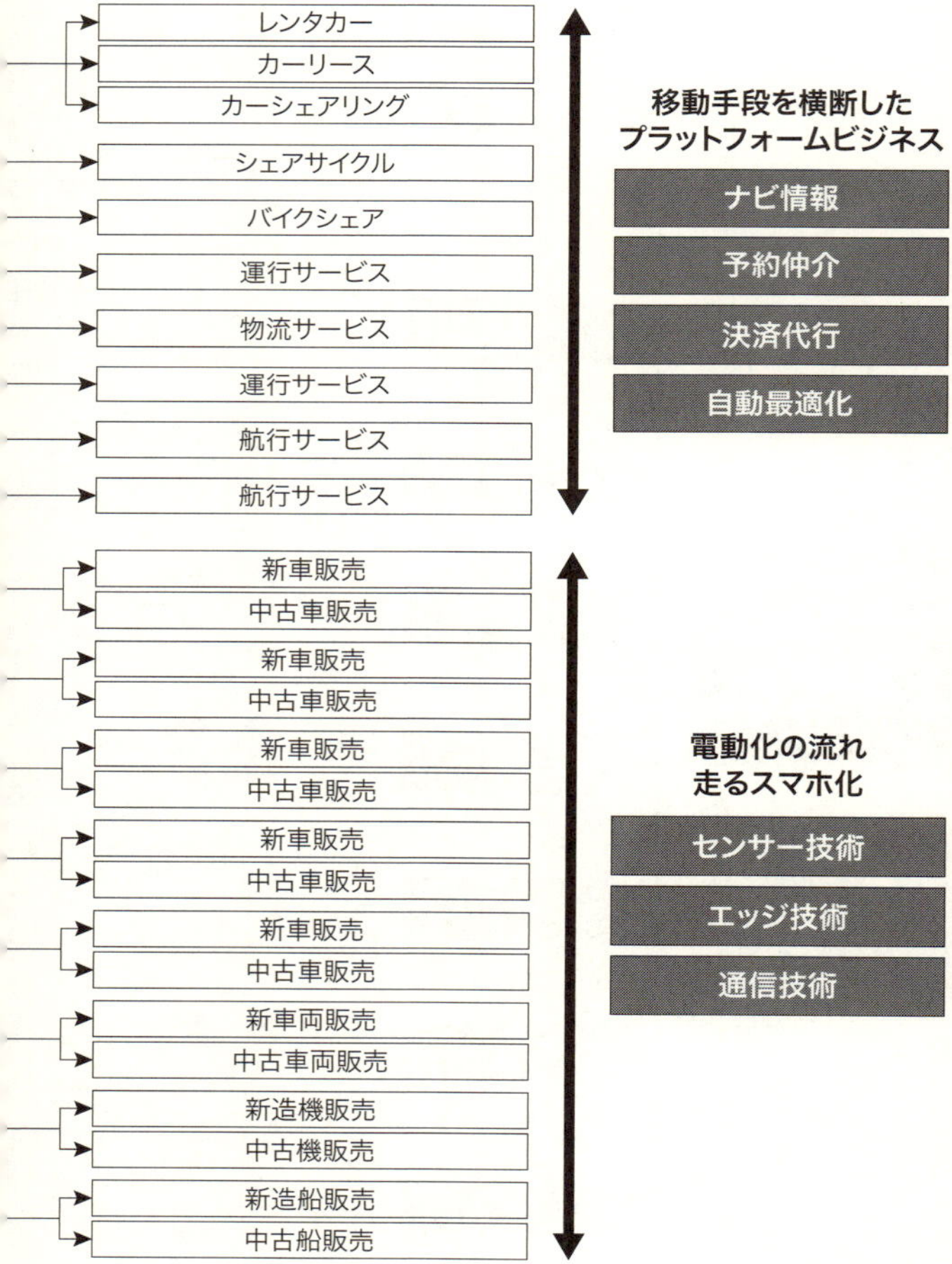
レンタカー
カーリース
カーシェアリング
シェアサイクル
バイクシェア
運行サービス
物流サービス
運行サービス
航行サービス
航行サービス
移動手段を横断した
プラットフォームビジネス
ナビ情報
予約仲介
決済代行
自動最適化
新車販売
中古車販売
新車販売
中古車販売
新車販売
中古車販売
新車販売
中古車販売
新車販売
中古車販売
新車両販売
中古車両販売
新造機販売
中古機販売
新造船販売
中古船販売
電動化の流れ
走るスマホ化
センサー技術
エッジ技術
通信技術

図 60：分解の切り口を再編集する

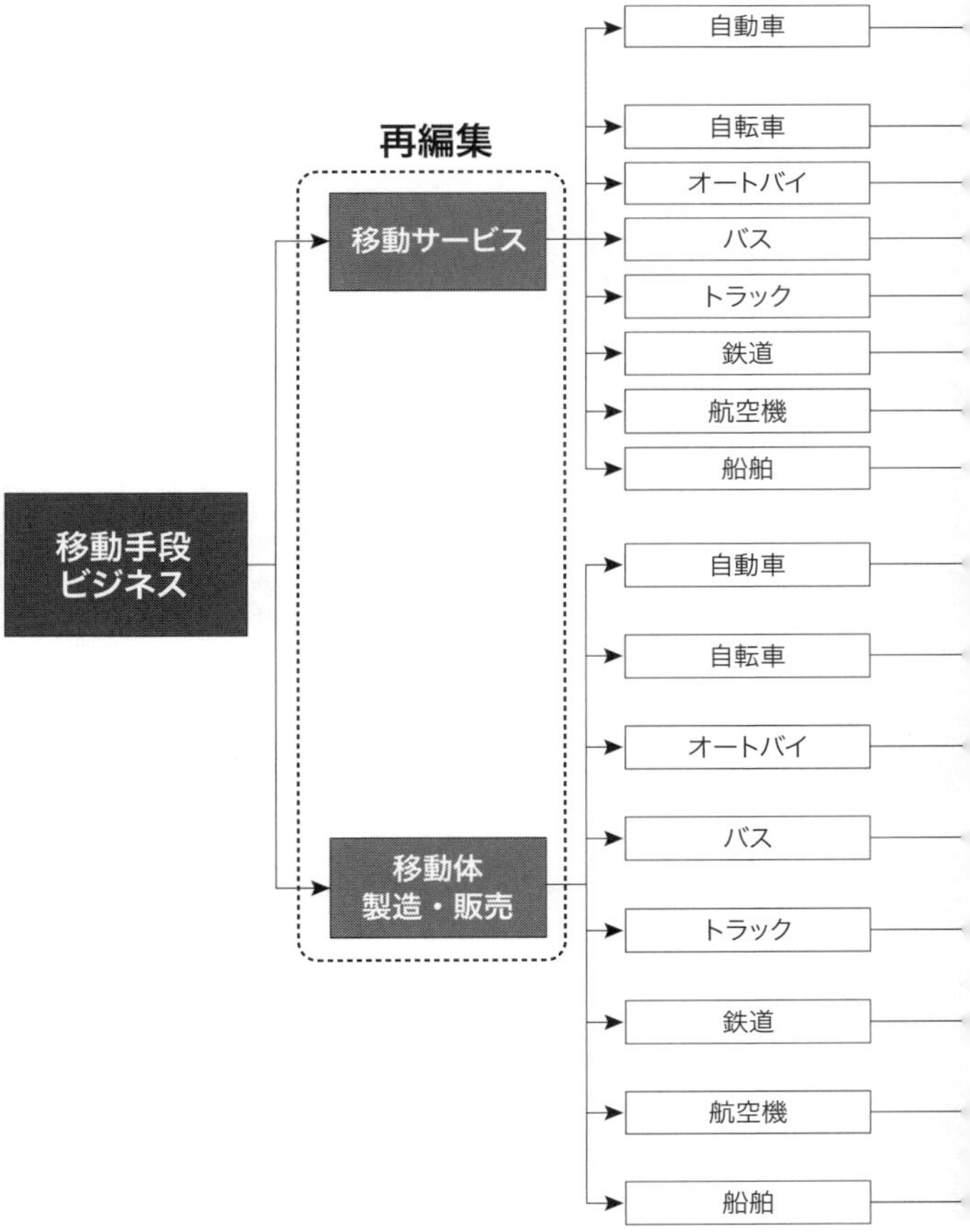

図59では、分解の切り口は「移動手段別」でしたが、図60では「ビジネスの種類別」に、「移動サービス」「移動体製造・販売」の2つに切り口を再編集しています。

図60を見ると、「移動サービス」は「移動手段」という物理的な実体と切り離しても実現できるサービスであることから、各移動手段を横断したプラットフォームビジネスがしやすいことがわかります。

例えば、現在地から目的地に辿り着きたいときに、シェアサイクル、タクシー、鉄道、航空機、船舶などの移動手段を横断してルートナビゲーションしてくれる情報サービスなどが挙げられるでしょう。

また、個々の移動手段を個別に予約しなくても、それらを横断してワンクリックで予約できる予約仲介サービスや決済代行サービスもありえます。

さらに、移動手段の電動化や自動運転化が進んでくれれば、無人タクシーが自宅まで送迎にきてくれて、駅から鉄道に乗り、目的地の駅にもあらかじめ無人タクシーが待機してくれるような、自動最適化サービスもありえそうです。

これらを総合すると、自動車メーカーが目指す未来仮説の1つとして、自動車にこだわらず、移動手段を横断して「ルートナビゲーション」「予約」「決済」「移動」をワンストップで完結させる「総合移動プラットフォーマー」という業態がありえるかもしれません。

また、図60の「移動体製造・販売」にも目を向けてみましょう。

自動車が電動化し、ＯＳ上のアプリで動くスマートフォン化していくと、内燃機関のような複雑な仕組みは必要なくなります。あたかもプラモデルを組み立てるかのように、誰でも自動車を組み立てられるようになっていくのです。

その結果、ハード面では差別化できなくなり、独自性を打ち出すことが難しくなる未来が待っていると言っても過言ではないでしょう。

一方で、無人運転は、周囲の環境を正確に捉えるセンサー技術や、捉えた情報をもとに瞬時に自動車を制御するエッジ技術、インターネット経由でクラウドとの通信を行う通信技術が必要になります。

もし、これら「センサー技術」「エッジ技術」「通信技術」に長《た》けているなら、差別化

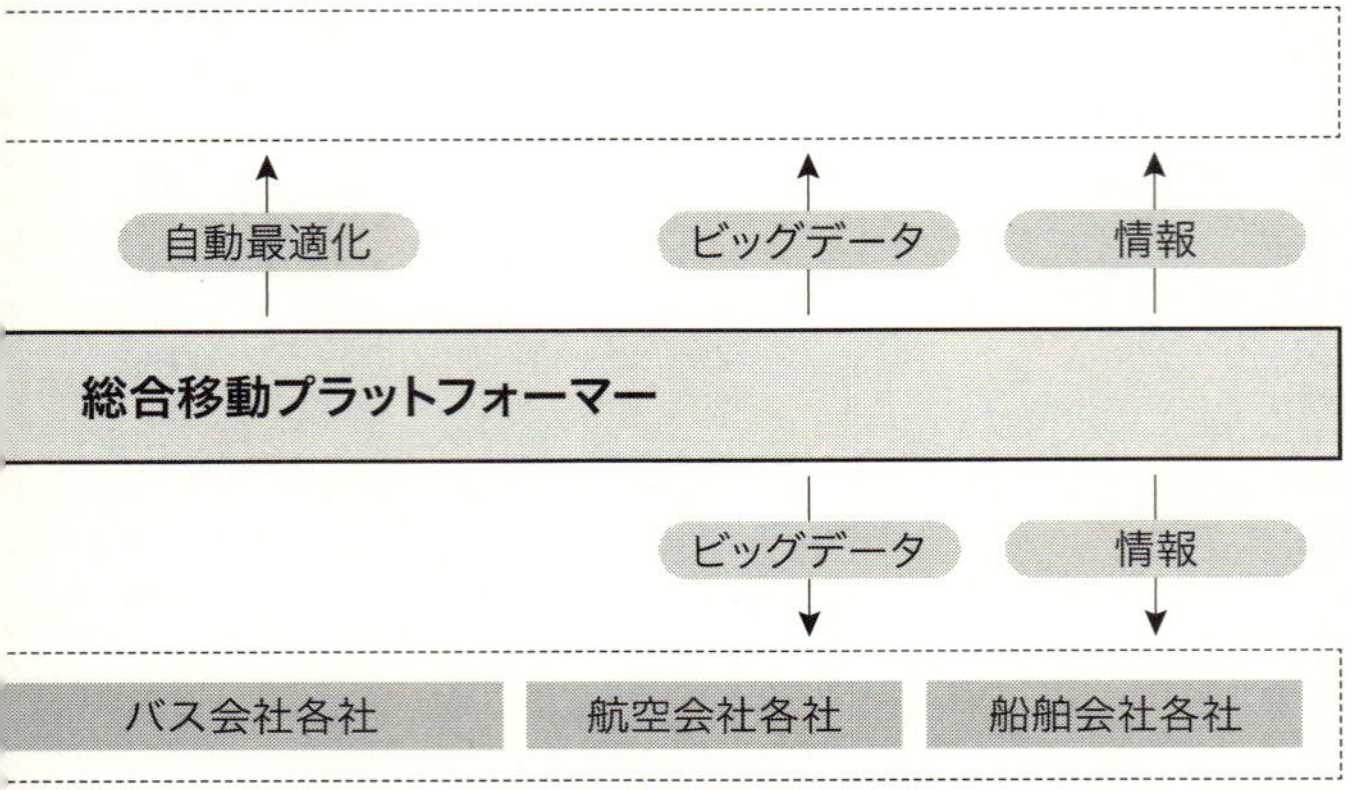

が難しくなる自動車製造にこだわるよりも、それらの技術に特化し、その技術を他のメーカーに販売するほうが得かもしれません。

先ほどの話を掛け合わせれば、生活者側に移動手段を横断した「ルートナビゲーション」「予約」「決済」「移動」を提供しつつ、他のメーカー側に「センサー技術」「エッジ技術」「通信技術」を提供することで、「総合移動プラットフォーマー」としての可能性が見えてくるでしょう（図61）。

ここまで見てきたように、ロジックツ

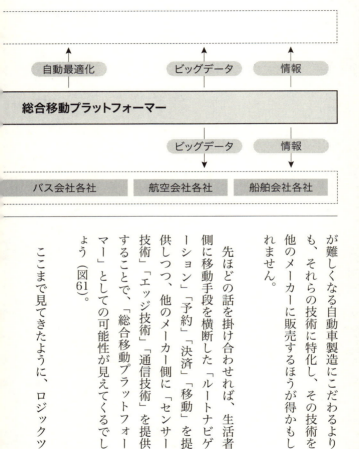

図 61：総合移動プラットフォーマー

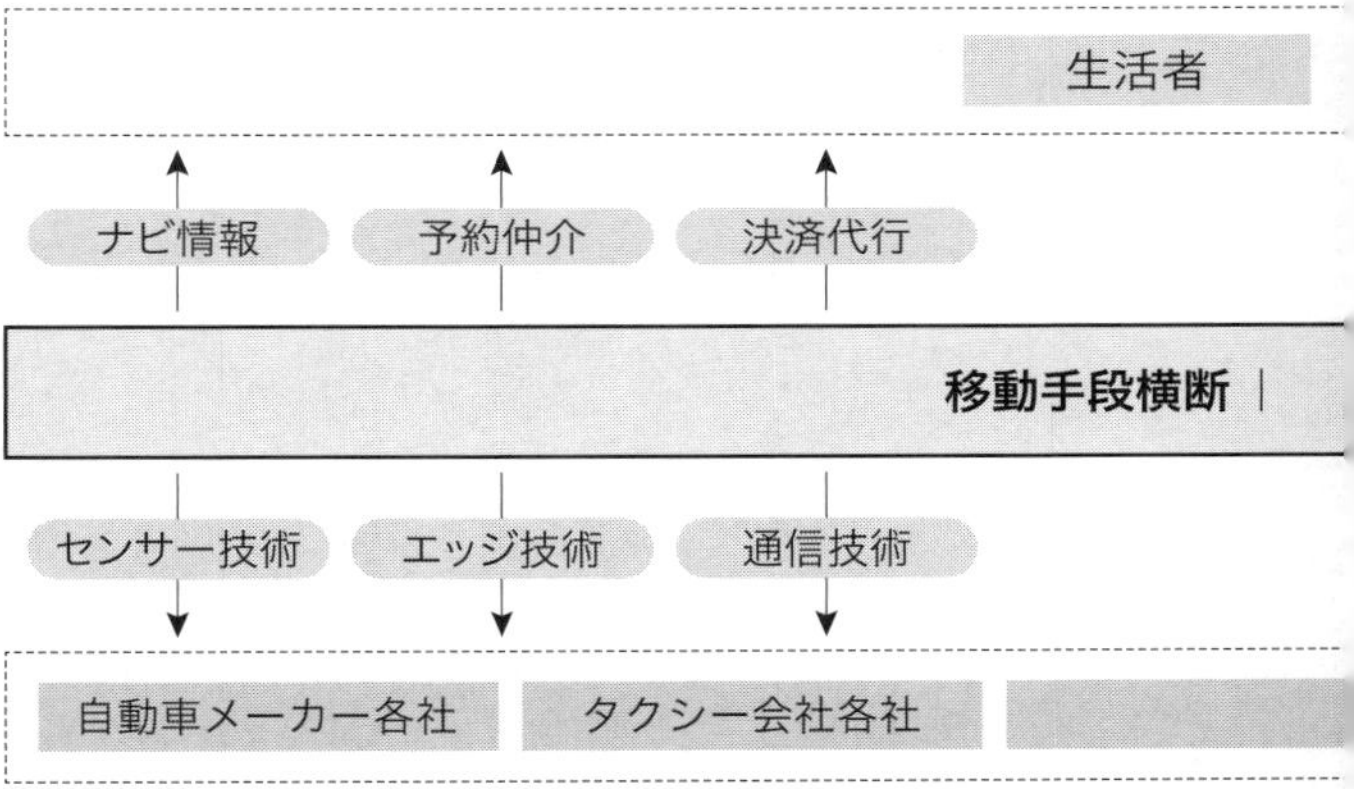

リーは、右側に分解していくと「既存の枠組みの内側」で考えることになるので、「どんな自動車を製造・販売するか？」、あるいは、「どんな自動車サービスを展開するか？」など、これまでの延長線上の仮説になってしまいがちです。

一方で、**ロジックツリーを左側に遡って「全体」を再定義すると、既存の枠組みを超えて視野が広がっていきます。**

さらに、「再定義した全体」から構成要素を再分解していくことで、既存の枠組みを超えた仮説を導き出すことが可能になるのです。

ここまで、包含関係の「全体と部分」

という枠組みで説明してきました。

しかし、包含関係にはもう1つの視点があったのを、覚えていらっしゃいますか？

それが「目的と手段」の関係です。


こちらは、より身近な例で解説していきましょう。

もし、あなたがビジネスパーソンなら、過去に少なからず「もっと業務のスピードを上げたい」と感じたことがあるのではないでしょうか？

では、業務のスピードを上げるにはどのような方法があるでしょうか？


例えば、図62のような方法がありえます。

①早めに作業に着手する
②作業の処理スピードを上げる

当たり前のことですが、作業の着手が遅れてしまえば、進捗も遅れてしまいます。

図62：業務のスピードを上げるには？

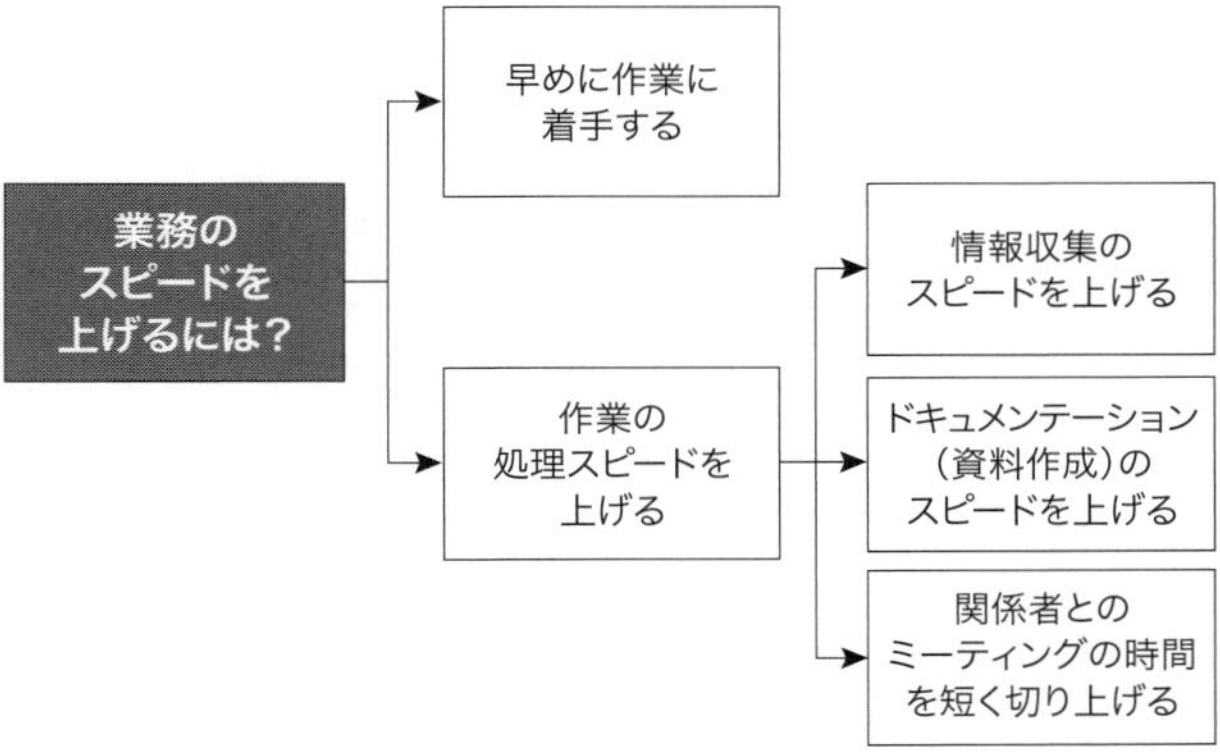

とはいえ、そこは人間ですから、「なかなか着手に気が乗らない」ということもあるかと思います。

その際には、どんなに気が乗らなくても、「取りあえずパワーポイントの表紙だけは作っておく」などの決まり事を作っておくといいでしょう。人は、何か欠けたものがあると、それを埋めたくなるという心理が働くそうなので、「途中までやった」という欠けた状態を作っておくと、着手の意欲が湧いてきます。

また、作業の処理スピードに関しても、情報収集に関しては「仮説を持って情報収集をする」、資料作成に関しては「P

Cの文字入力スピードを上げるために、「予測変換機能を多用する」「計算スピードを速くするためのExcel関数を多く覚えておく」などが挙げられると思います。

しかし、その他にも方法はないものでしょうか？

ここでも、ロジックツリーを左側に遡ってみたいと思います。

頭の使い方のコツは、次の3つの質問を自分に投げかけてみることです。

●質問1：今、自分は何を「目的」だと思い込んでいるのか？
●質問2：もし仮に、それが「手段」だとしたら、「本当の目的」は何か？
●質問3：「目的」を再定義した場合、どのような「構成要素」に再分解できるか？

まずは、「今、自分は何を目的だと思い込んでいるのか？」について考えてみましょう。

■質問1：今、自分は何を「目的」だと思い込んでいるのか？

図62を見ると、目的は「業務のスピードを上げる」であることがわかります。

そこで次は、「もし仮に、それが手段だとしたら、本当の目的は何か？」と自分に問いかけてみます。

■質問2：もし仮に、それが「手段」だとしたら、「本当の目的」は何か？

もし、「業務のスピードを上げること」が目的ではなく、「手段」だとしたら、ロジックツリーの左側にくる「本当の目的」とは何でしょうか？

もしかしたら、「業務のスピードを上げる」本当の目的は、「残業を減らすこと」かもしれません。

ロジックツリーを左側に遡り、「目的＝残業を減らす」としたことで、「目的」の捉え方がより広い概念に置き換わったことがご理解できたでしょうか？

そうなると、「残業を減らす手段」は、「業務スピード」だけとは限らなくなります。

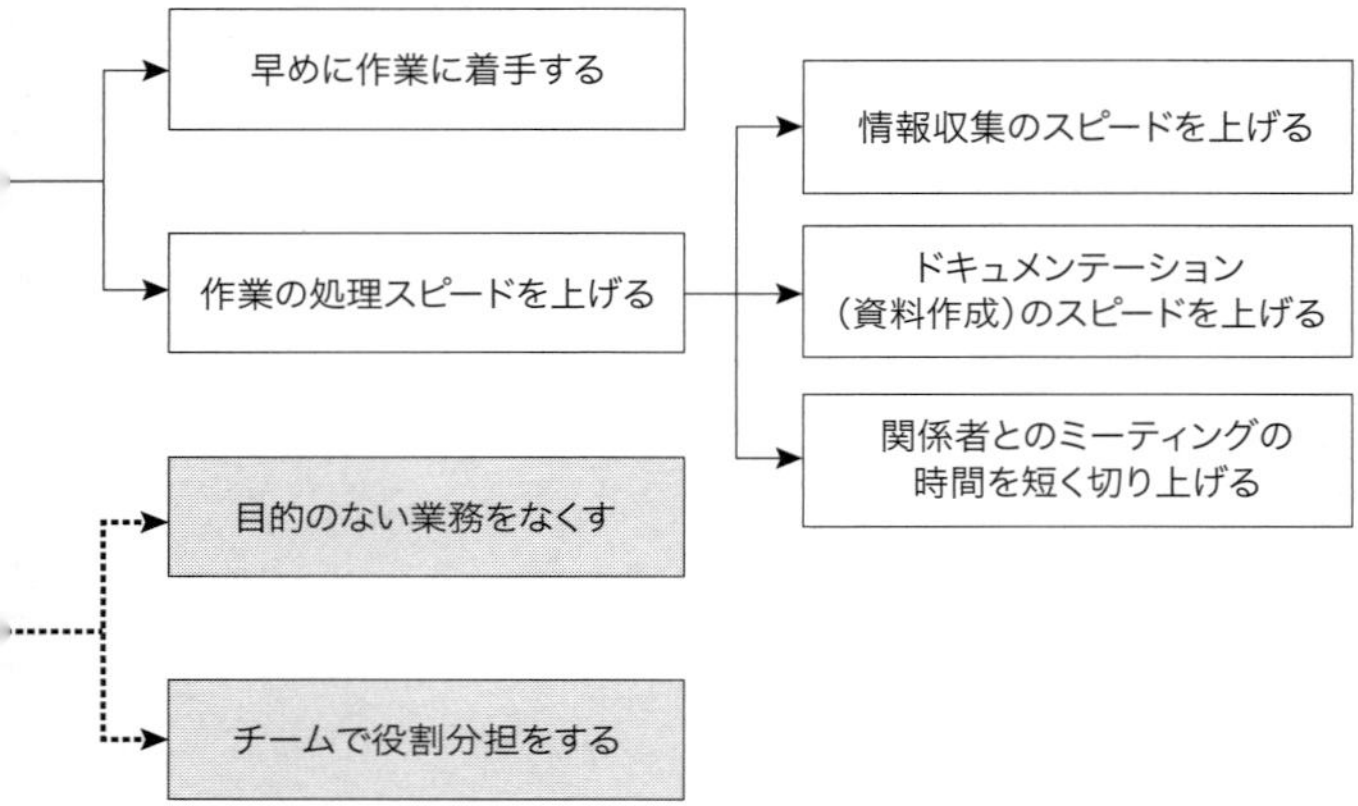

続いて自分に問いかけたい質問は、「目的を再定義した場合、どのような構成要素に再分解できるか？」です。

■質問3：「目的」を再定義した場合、どのような「構成要素」に再分解できるか？

「残業を減らす」ことを真の目的とした場合、その手段は「業務スピードを上げる」だけではありません。「業務そのものを減らす」という手段もありえます。

さらに、その構成要素として、「目的のない業務をなくす」、あるいは、「チームで役割分担をする」などが挙げられる

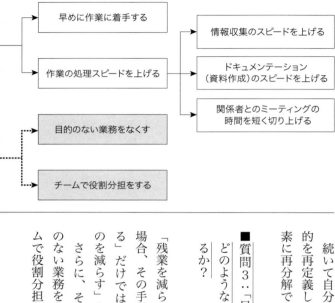

図63：残業を減らすには？

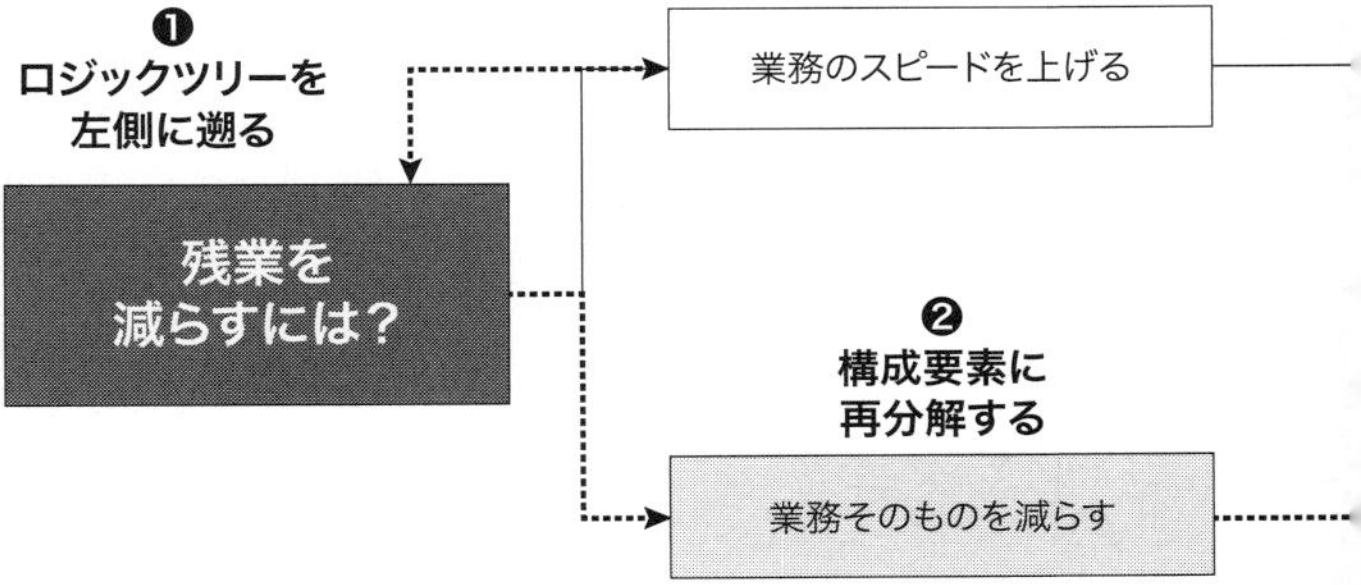

でしょう（図63）。

まずは、「目的のない業務をなくす」について説明しましょう。

どんなに業務のスピードを速めたとしても、その業務自体が必要のないものだったら意味がありません。しなくてもいい業務を効率的に行うことほど無駄なことはないのです。仕事が早い人とは、作業スピードが速い人ではなく、目的のない業務を見極めて、やめてしまえる人です。

続いて、「チームで役割分担をする」についても触れておきます。

業務に対して強い責任感を持つのは素晴らしいことですが、1人で業務を抱えすぎると残業だらけになってしまいます。そこで必要になるのが、「チームでの役割分担」です。役割分担ができれば、作業を同時並行化できるようになるので、短い期間で業務を完了できます。さらに、個々の作業を「得意な人」に割り振れば「1人が全部頑張る」よりはるかに効率的に業務を終わらせることができるでしょう。結果、残業を減らせるはずです。

このように、**「目的と手段」を間違えると、手段が目的のように感じられてしまい、「手段の目的化」が起こります。**

近年ではDX（デジタルトランスフォーメーション）が叫ばれていますが、このDXも「手段」であって、「目的」ではありません。

DXとは「デジタル技術を使った変革」のことですが、「何を」変革するのか？　という目的がないまま推進されているDXが散見されます。

また、第3章で説明したＫＰＩツリーでも、「手段の目的化」は起こりやすくなります。例えば、マーケティングでよく使われるＫＰＩである「資料請求数」は、手段であって目的ではありません。その目的は「新規の顧客を獲得すること」です。

そして、もしかしたら「新規顧客獲得数」もまた、手段であって目的ではないのかもしれません。その目的は「新規顧客売上」なのかもしれません。

さらに、「新規顧客売上」も目的ではなく手段であって、真の目的は「その新規顧客が今後もたらすであろう利益（ＬＴＶ：Life Time Value)」とも言えます。

このように、**「目的↕手段」のロジックツリーは、どこまでも左側に遡ることで、「真の目的」に辿り着き、既存の枠組みを超えた仮説を導き出すことを可能にする**のです。

≫包含関係の「分解の切り口」を変える

ここまでは、ロジックツリーを使って創造的な仮説を生み出す1つ目の方法である、

①包含関係の「全体の捉え方」を変える

について説明してきました。

続いては、２つ目の方法である、

②包含関係の「分解の切り口」を変える

について、説明をしていきたいと思います。

ロジックツリーの「分解の切り口」を考えるにあたって極めて重要になるのが、本書で再三強調している「視点力」です。

人は誰しも、何らかの「視点」を置かない限り、思考の起点を作れません。つまり、「視点」がない限り、ロジックツリーの「分解の切り口」を考えることができず、有益なロジックツリーを描くことはできません。

さらに、「視点」は無限に存在し、未来のことは誰にもわからない以上、そこに「正解」はありません。

しかし、「視点は無限に存在する」という性質をうまく利用することで、**分解の切り口に想定外の「視点」を持ち込み、創造的な仮説を生み出すことが可能になります。**

今回は、比較的取り入れやすい方法として、**ロジックツリーの分解の切り口に「5W（What・Who・When・Where・Why）」を使う**方法を紹介します。

》「創造型ロジックツリー×What軸」で創造的な仮説を生み出す

まずは、ロジックツリーを分解する切り口に「What（モノ）軸」を持ち込んで、創造的な仮説を導き出す方法を紹介します。

人は誰しも、固定観念にとらわれ、そこから逃れることは簡単ではありません。その性質を逆手《さかて》に取って創造的な仮説を生み出すのが「ロジックツリー×What軸」の

図 64：創造型ロジックツリー × What 軸①

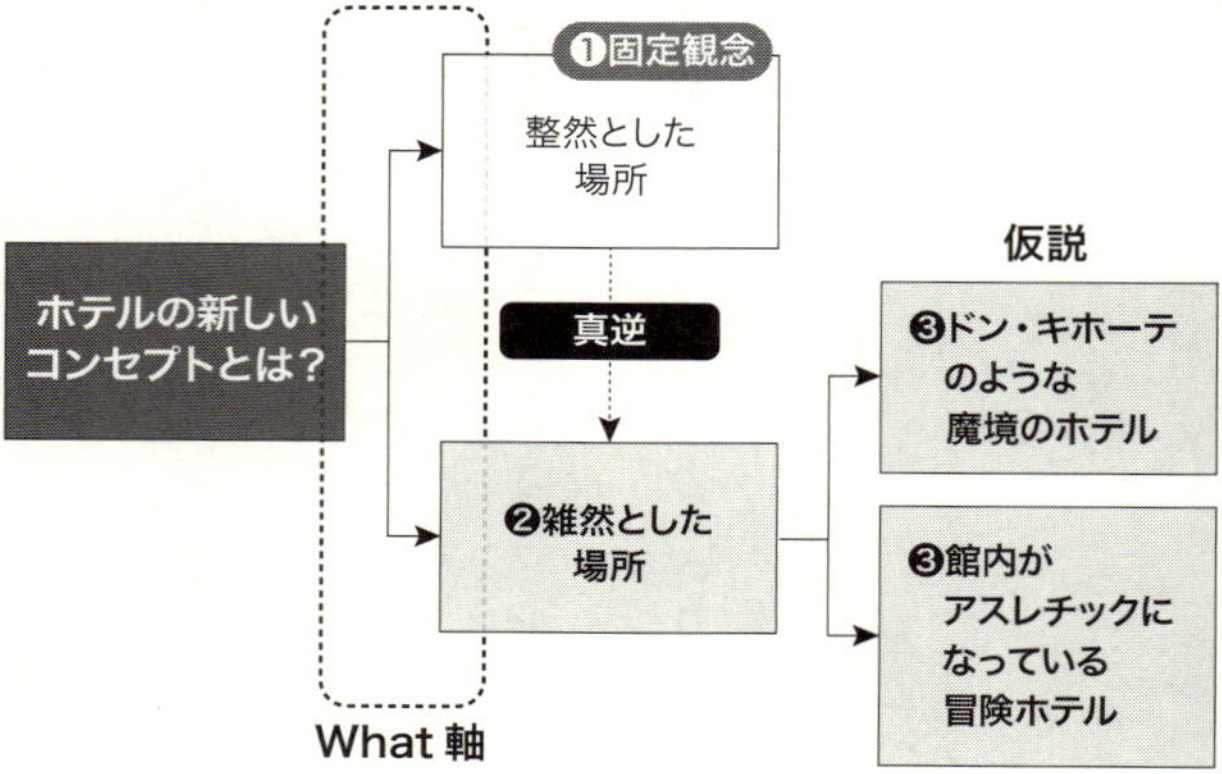

ポイントです。

例えば、あなたがホテル会社に勤務していて、「ホテルの新しいコンセプト」を考えることになったとしましょう。

そのまま「ホテルの新しいコンセプトとは何だろう？」と考えても、先入観や固定観念に縛《しば》られて、いいアイデアは思い浮かばないはずです。

そこで、図64をご覧ください。

こちらは、「ホテルの新しいコンセプト」をテーマに、Ｗｈａｔ軸で創造的な仮説を導き出す様子を描いたロジックツリーです。

頭の使い方の手順は次の通りです。

①まずは「固定観念」を考える（例）ホテルとは整然とした場所である
②その「真逆」を考えてみる（例）ホテルが雑然とした場所だとしたら？
③それを具体化する（例）「ドン・キホーテのような魔境のホテル」
「館内がアスレチックになっている冒険ホテル」

このように「創造型ロジックツリー×What軸」の勘所は②の**「真逆を考える」**です。「固定観念」に対して「真逆」を考えているので、そこから導き出されるアイデアは、必ず「固定観念を覆したもの」になります。

より理解を深めるために、もう1つ、ホテルの例を考えてみました。次見開きの図65をご覧ください。こちらも頭の使い方は同様です。

①まずは「固定観念」を考える（例）ホテルとは至れり尽くせりの場所である

②その「真逆」を考えてみる一例）ホテルがすべてセルフサービスの場所だとしたら？
③それを具体化する一例）「スマホアプリを選ぶように、自分でサービスをカスタマイズできるホテル」
「食材などを自分たちで用意して、キャンプライクに楽しめるホテル」

こちらも「固定観念」に対して「真逆」を考えているので、創造的な仮説になっているのではないでしょうか？

この方法で成功した例を2つ、挙げておきましょう（次見開き図66）。

1つ目はハーゲンダッツです。
ハーゲンダッツは、かつて「アイスクリーム＝低価格な子供のおやつ」が固定観念だった時代に、「アイスクリームは大人の贅沢《ぜいたく》」という真逆を持ち込んで成功した商品です。

図65：創造型ロジックツリー × What軸②

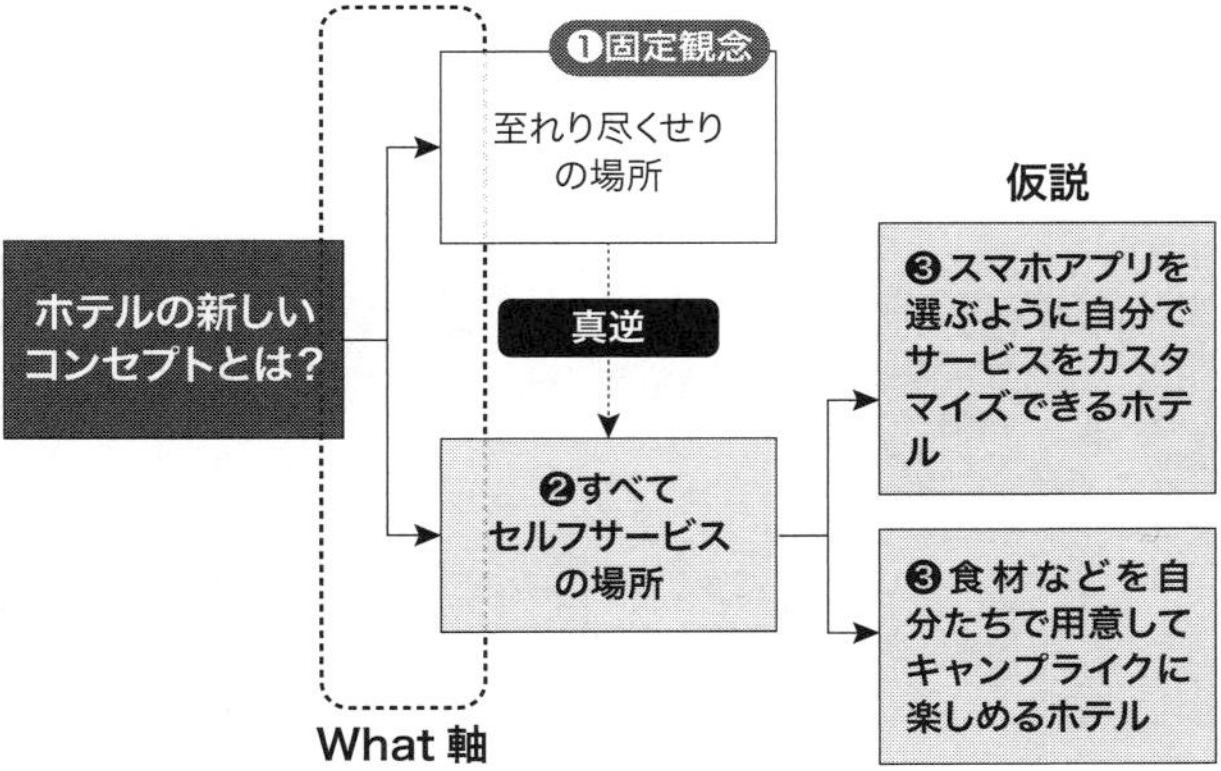

①まずは「固定観念」を考える—例）アイスクリームは低価格な子供のおやつ
②その「真逆」を考えてみる—例）アイスクリームは大人の贅沢
③それを具体化する—例）「大人の贅沢のためのスーパープレミアムアイスクリーム」

今や「スーパープレミアムアイスクリームといえばハーゲンダッツ」というのは、多くの方の常識になっているのではないでしょうか？

また、JINS SCREENも「創造型ロジックツリー×What軸」の成功事例

図 66：What を変えることによる市場創造

■ハーゲンダッツ

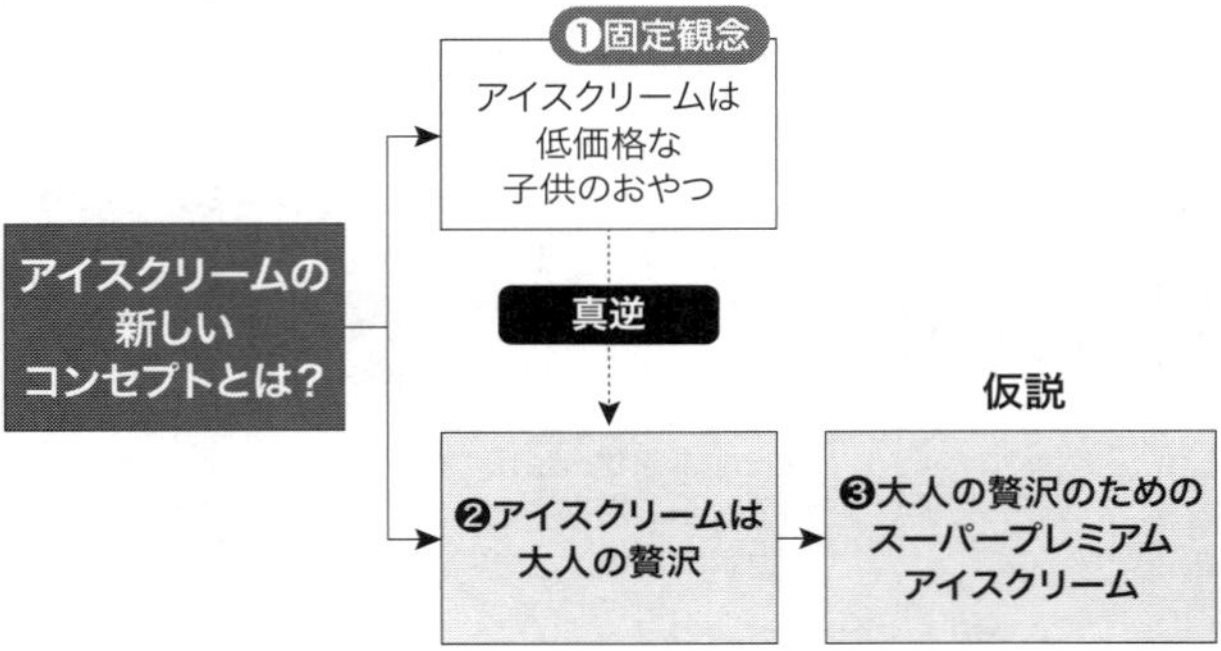

■JINS SCREEN

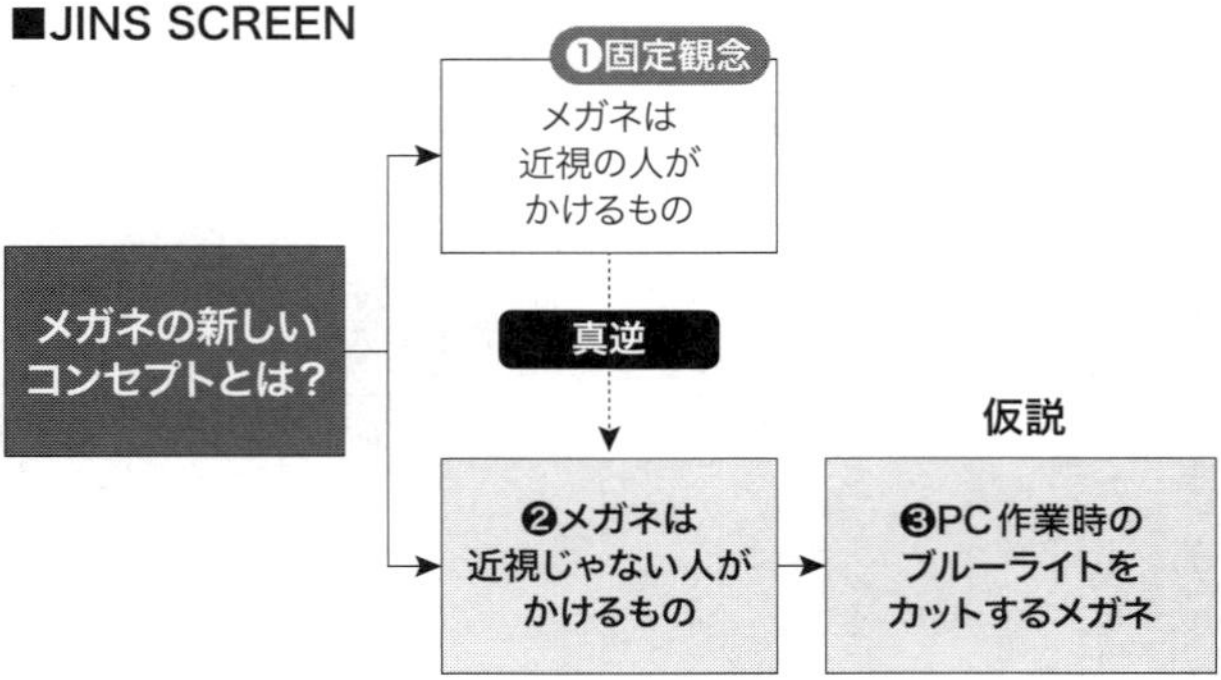

と言えるでしょう。

①まずは「固定観念」を考える一例）メガネは近視の人がかけるもの
②その「真逆」を考えてみる一例）メガネは近視じゃない人がかけるもの
③それを具体化する一例）「PC作業時のブルーライトをカットするメガネ」

このように、「創造型ロジックツリー×What軸」は、ロジックツリーの分解の切り口をWhat軸（モノの在り方）に据《す》え、「固定観念」vs「その真逆」という切り口で分解しているので、「真逆側」には必ず斬新《ざんしん》なアイデアが生まれます。

また、数多くの「固定観念」を洗い出せれば、それだけ多くの「真逆」も生み出せるので、慣れてしまえば様々な「創造的な仮説」を生み出すことが可能です。

もし、あなたが「目新しい何か」を求められたときには、「創造型ロジックツリー×What軸」を思い出し、使い倒してみてください。

≫「創造型ロジックツリー×Ｗｈｏ軸」で創造的な仮説を生み出す

続いては、ロジックツリーの分解の切り口に「Ｗｈｏ（ヒト）軸」を持ち込んで創造的な仮説を導き出す方法を紹介していきましょう。

例えば、あなたが市役所で働いていて、ゴミの不法投棄《とうき》のクレームに悩まされていたとしましょう。あなたは市役所の職員として、どのような対策を取るでしょうか？

まず思いつくのは、その場所に「ゴミ捨て禁止」の看板を立てることでしょう。しかし、看板を無視して捨ててしまう人もいるので、効果は限定的ではないでしょうか？

そこで、図67をご覧ください。

こちらは、「ゴミの不法投棄を減らすには？」というお題に対して、Ｗｈｏ軸で創造的な仮説を導き出したロジックツリーです。

図 67：創造型ロジックツリー × Who 軸①

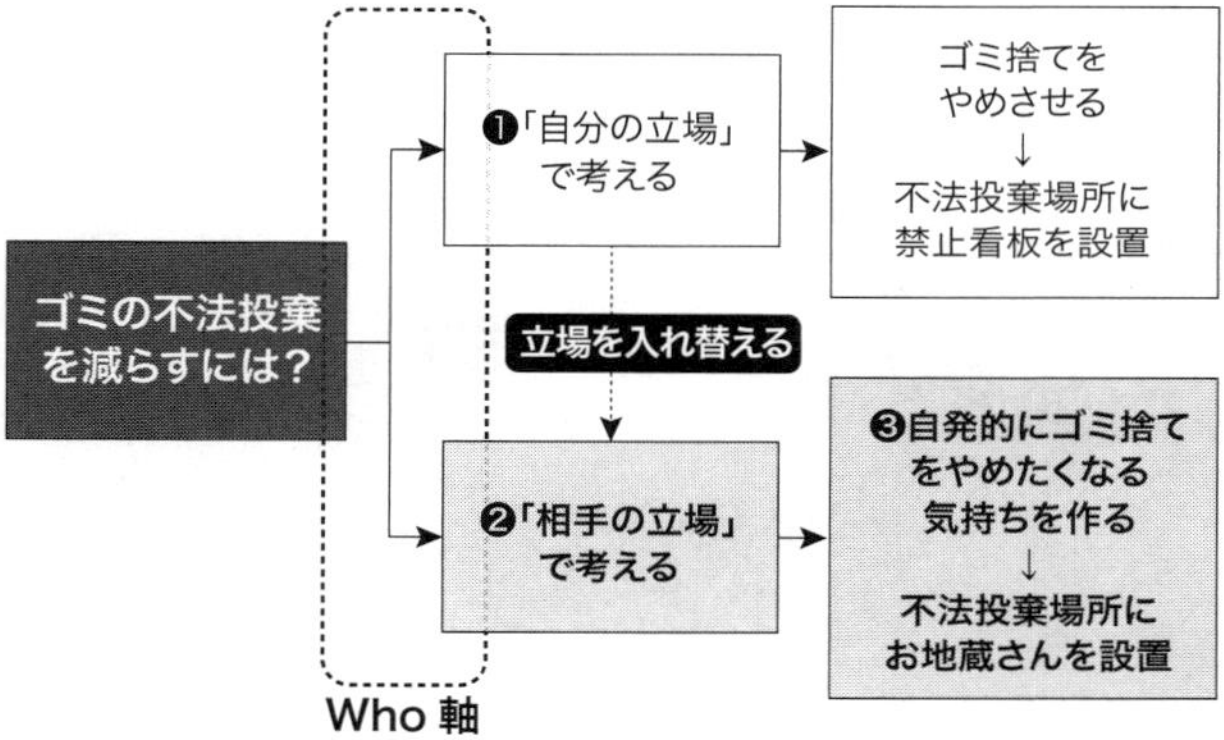

その頭の使い方の手順は、次の通りです。

①まずは「自分の立場」を考える―例）ゴミ捨てをやめさせる

②「相手の立場」で考えてみる―例）自発的にゴミ捨てをやめたくなる気持ちを作る

③それを具体化する―例）不法投棄場所にお地蔵さんを設置する

このように、「創造型ロジックツリー×Who軸」の勘所は**「立場を入れ替えて考える」**ことです。「相手の立場」「お客さまの立場」「上司の立場」「同僚の立

図68：創造型ロジックツリー × Who軸②

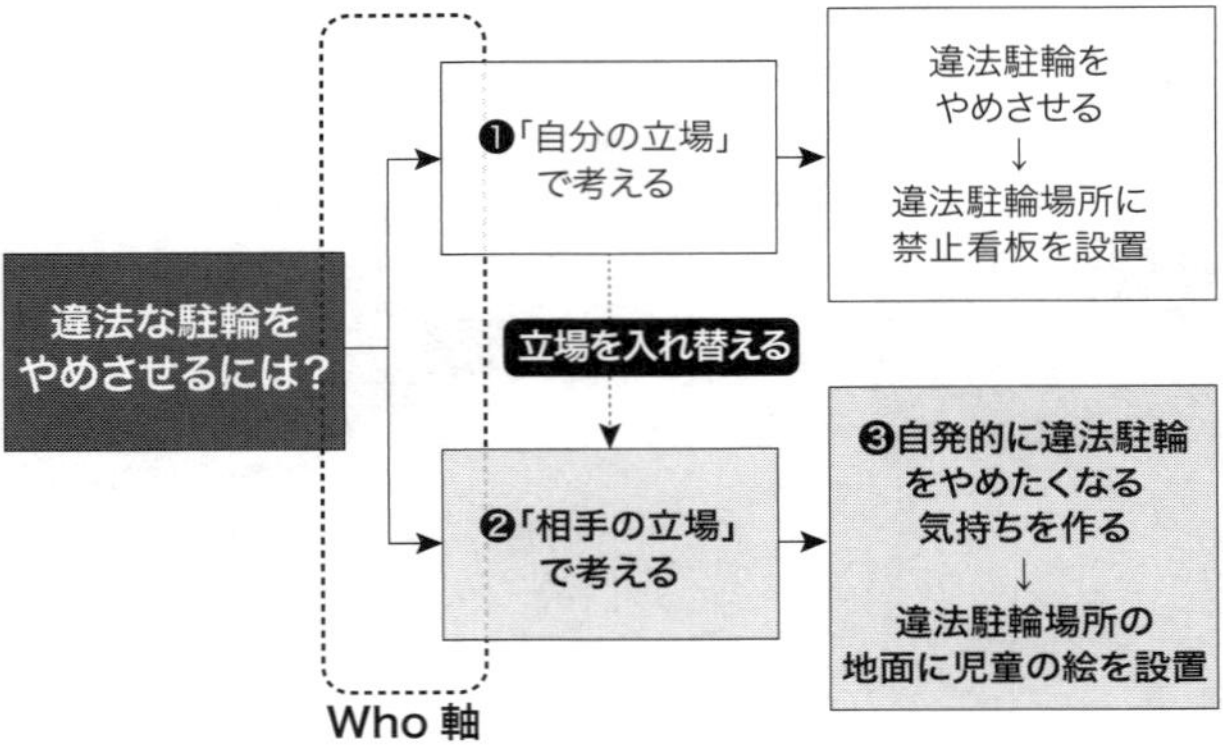

場」など、立場を入れ替えて考えてみると、思わぬ仮説が生まれることがあります。

別の例も紹介しましょう。違法駐輪の例です（図68）。

①まずは「自分の立場」を考える（例）違法駐輪をやめさせる

②「相手の立場」で考えてみる（例）自発的に違法駐輪をやめたくなる気持ちを作る

③それを具体化する（例）違法駐輪場所の地面に児童の絵を設置する

相手の立場に立てば、駐輪しようと思っている場所の地面に児童の絵が描かれていれば、それを踏みつける形で違法駐輪するのは罪悪感が働くでしょう。結果、違法駐輪が大きく減ることは想像に難くありません。

第2章で「エレベーターの待ち時間が長い」というクレームの話をしました。こちらも、

●自分の立場：
「エレベーターの数を増やす」
「AIなどの制御技術でエレベーターの待ち時間を最小化する」
●相手の立場：
「鏡を設置して身だしなみを整える有意義な時間に変える」
「ポスターを貼って今週末に行きたい映画をチェックできる有意義な時間に変える」

という要領で、「ロジックツリー×Who軸」を使って「立場を入れ替えた」ことで創造的な仮説を導き出した事例です。

人は誰しも、「自分なりのモノの見方」「自分らしいやり方」など、つい自分の立場で物事を捉えてしまい、そこから離れられなくなってしまうものです。その性質を逆手に取って創造的な仮説を生み出すのが、「ロジックツリー×Ｗｈｏ軸」です。

≫「創造型ロジックツリー×Ｗｈｅｎ軸」で創造的な仮説を生み出す

続いて、ロジックツリーの分解の切り口に「Ｗｈｅｎ（時間）軸」を持ち込んで創造的な仮説を導き出す方法を説明していきます。

今度は、あなたに「缶コーヒーメーカーのマーケティング担当者」になりきってもらいましょう。

あなたは缶コーヒーメーカーのマーケティング担当者として、缶コーヒーの売上拡大を果たさなければいけませんが、どのように考えるでしょうか？

ここで、「Ｗｈｅｎ（時間）軸」を持ち込んで、仮説を考えてみましょう。

図69：創造型ロジックツリー × When 軸①

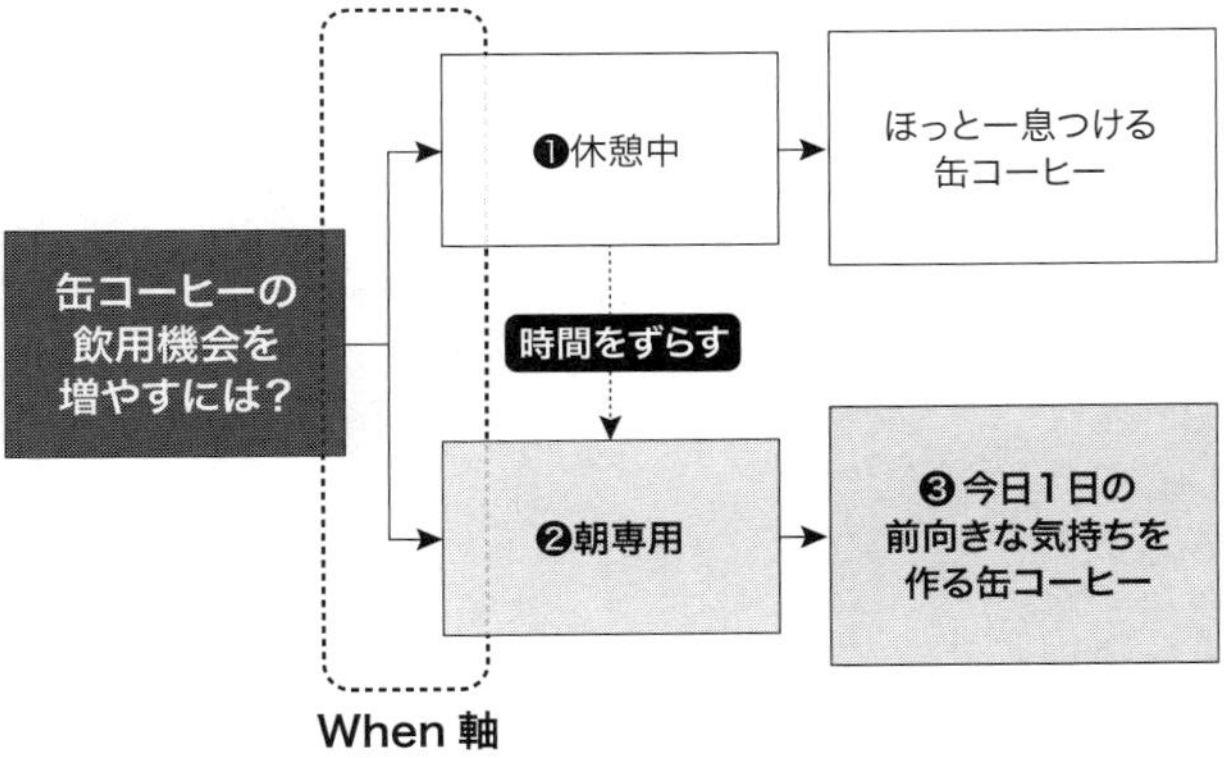

缶コーヒーをよく飲むのは、体を使って働く作業労働者の休憩中だと言われています。缶コーヒーメーカーのテレビCMを見ても、作業労働者の休憩中の様子が多いことに気がつくのではないでしょうか？

しかし、ある缶コーヒーメーカーは、そこに「時間軸」を持ち込みました。図69をご覧ください。

「缶コーヒーの飲用機会を増やすには？」というテーマに対して「When（時間）軸」を持ち込むことで、「今日1

日の前向きな気持ちを作りたい」というニーズを発見し、「朝専用」と打ち出すことで大成功を収めた例です。

さらに、別の例も示しましょう。こちらは「カーシェアリングの稼働《かどう》率を上げるには？」をテーマにした例です（図70）。

カーシェアリングビジネスは、保有している車を時間貸しで使ってもらってナンボの稼働率ビジネスです。当然、「できるだけ多くの人に」「できるだけ長い時間」使っていただくことに意識が向きがちです。

一方で、Ｗｈｅｎ軸を持ち込むと、「車が稼働していない時間帯」にも着目することができます。そうすると、「どうすれば、車が稼働していない時間帯に収益を上げられるか？」という発想も出てくるのではないでしょうか？

最近ではZoomやTeamsでのリモート商談が増えていますが、出先からリモート商

図70：創造型ロジックツリー × When軸②

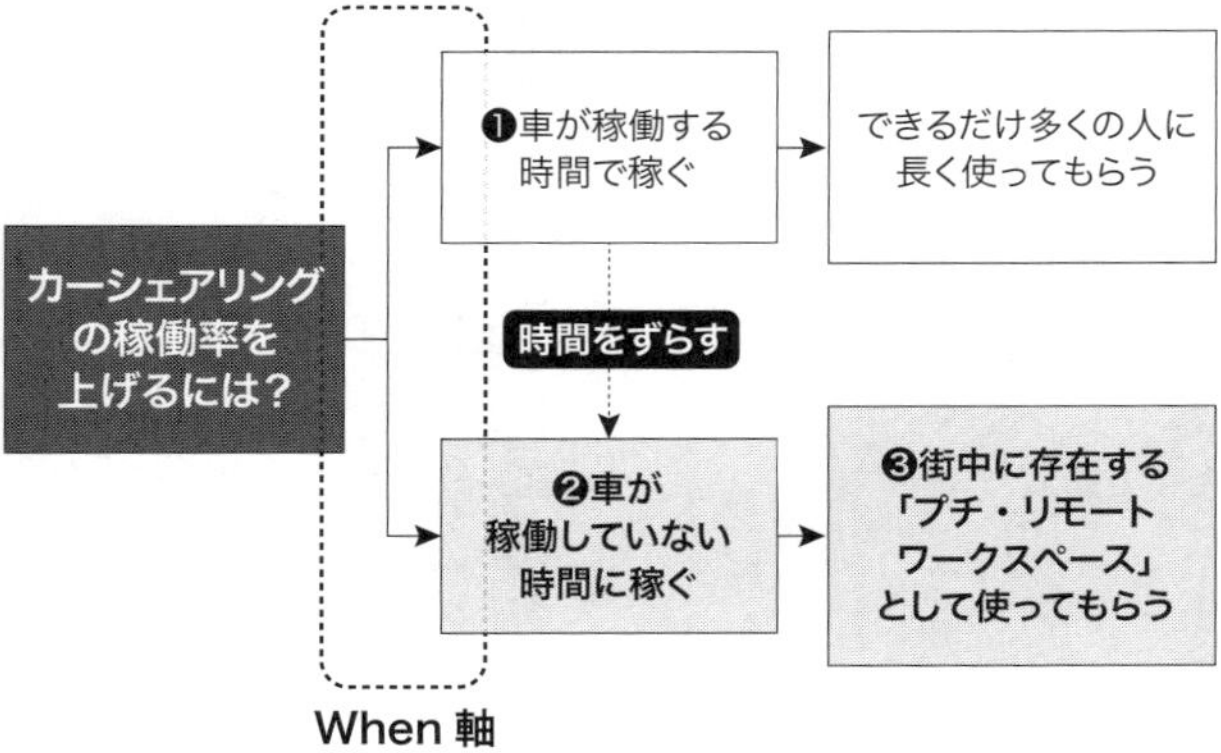

談をする際には、場所の確保に苦労することがしばしばです。

そんなときに、街中《まちなか》の駐車場に停車しているカーシェアリングの車が「プチ・リモートワークスペース」になれば、空間として閉ざされている状態なので雑音が入らず、30分から1時間程度のリモート商談に適しているかもしれません。

また、自動車メーカー系列のカーシェアリング会社であれば、自社の車に触れていただく機会にもなるので、新車や中古車の販売促進活動も兼ねられるかもしれません。

このように、ロジックツリーの分解の

切り口にＷｈｅｎ軸を持ち込めば、普段は着目していなかった時間帯やタイミングに目が向くようになり、創造的な仮説を生み出しやすくなります。

≫「創造型ロジックツリー×Ｗｈｅｒｅ軸」で創造的な仮説を生み出す

続いて、ロジックツリーの分解の切り口に「Ｗｈｅｒｅ（場所・空間）軸」を持ち込んで創造的な仮説を導き出す方法を解説していきます。

ここで突然の質問で恐縮ですが、あなたはプラモデルを買うときに、どこで買おうとするでしょうか？

街のおもちゃ屋さんかもしれませんし、プラモデル専門店かもしれません。あるいは、アマゾンなどのＥＣで購入するのかもしれません。

そんなプラモデルの世界に「Ｗｈｅｒｅ（場所・空間）軸」を持ち込んで成功した事

図71：創造型ロジックツリー × Where 軸①

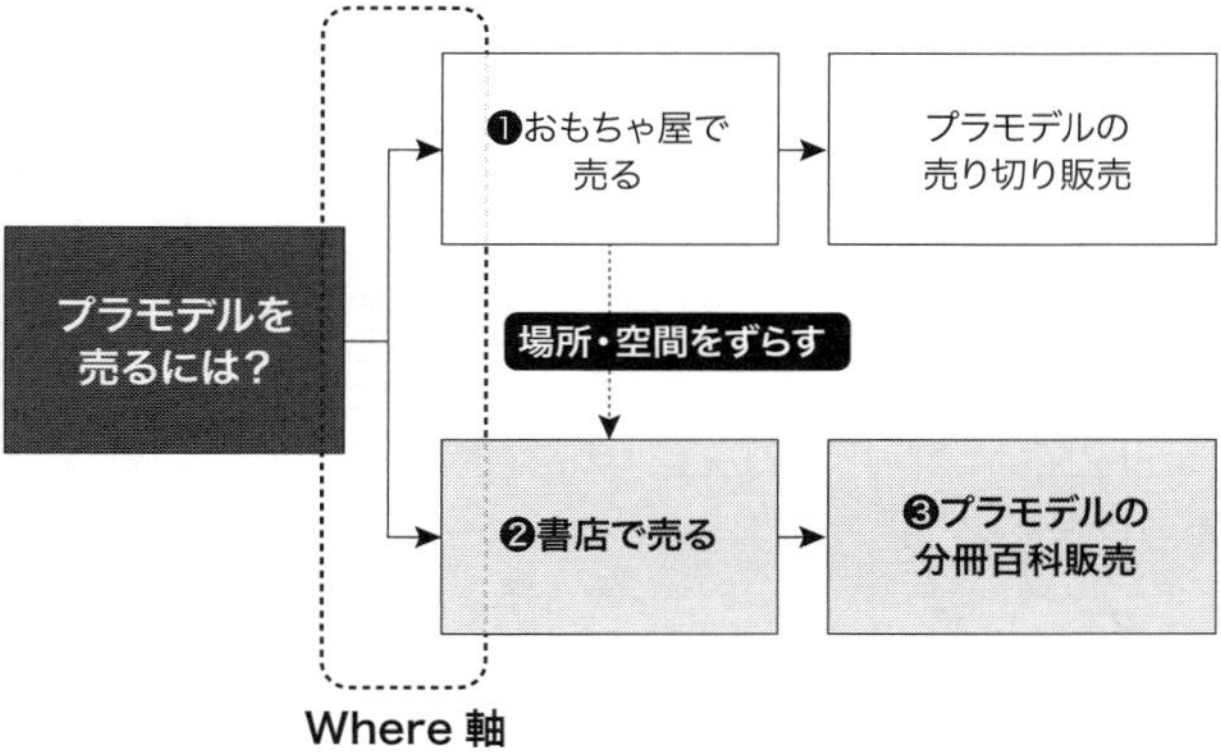

例があります。図71をご覧ください。

こちらは、「プラモデルを売るには？」というお題に対して、Ｗｈｅｒｅ軸を持ち込んで仮説を導き出したロジックツリーです。

この「創造型ロジックツリー×Ｗｈｅｒｅ軸」の発想で大成功を収めたのが、分冊百科シリーズのデアゴスティーニです。

デアゴスティーニは、本来ならおもちゃ屋で売るのが妥当であろうプラモデルを、書店経由で売ることで成功しました。まさに、「Ｗｈｅｒｅ軸」を持ち込み、場所・空間をずらしたことによる勝利です。

さらに、デアゴスティーニが持ち込んだ軸はＷｈｅｒｅ軸だけではありません。単にプラモデルを売るのではなく、「豆知識の本と一緒にプラモデルを売る」というＷｈａｔ軸を持ち込むことで、「プラモデルの在り方」自体を変え、より趣味性の高いものにしています。

その上、「プラモデルのパーツを、毎週届けて組み立ててもらう」というＷｈｅｎ軸を持ち込むことで、購入者に「毎週届く楽しみ」を提供し、デアゴスティーニは客単価の向上に成功しています。

別の例も示しておきましょう。図72をご覧ください。

近年、日本国内の書店数は減少の一途《いっと》を辿り、「紙の本はなかなか売れない」と言われます。

図 72：創造型ロジックツリー × Where 軸②

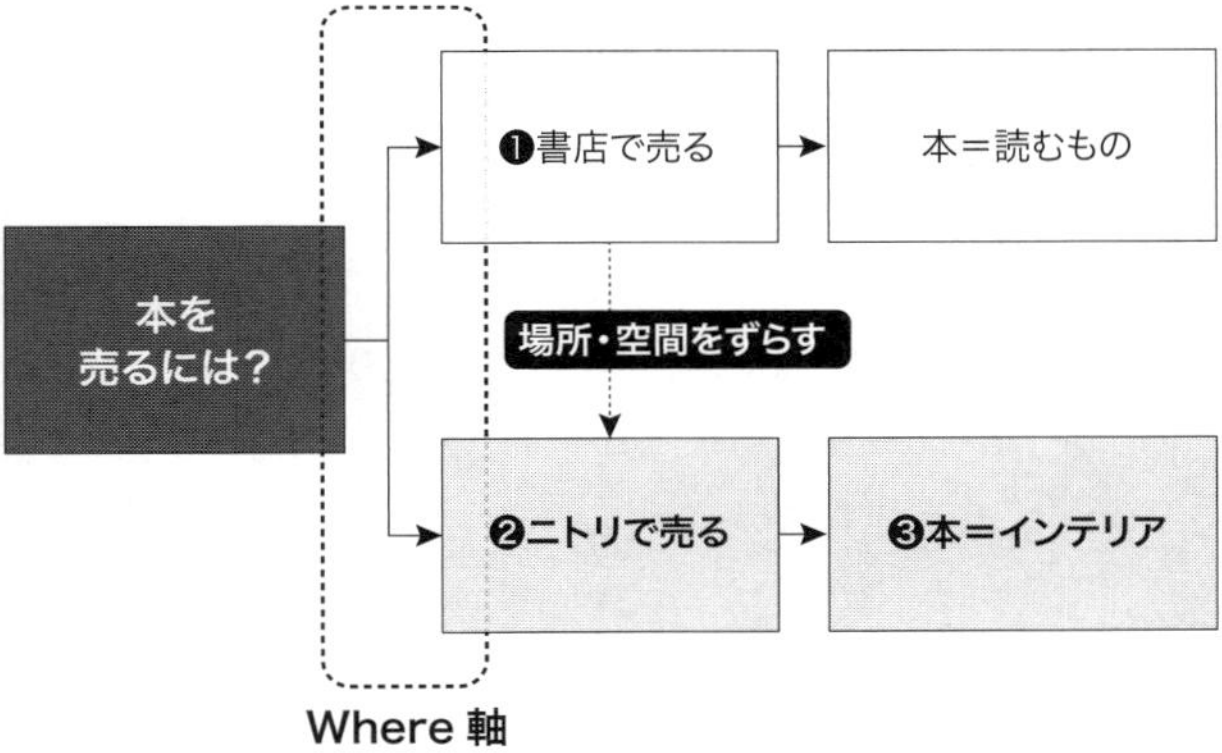

一方で、ニトリ・無印良品・カインズ・イケアなど、家具・生活雑貨を扱うチェーン店の店舗は増え、その業績も拡大傾向にあります。

だとすれば、「本を売るには？」というテーマに対して、「書店で売る」ことにこだわらず、「ニトリなどの生活雑貨チェーンで、インテリアとして売る」という方向性が考えられるでしょう。

だとすると、本は必ずしも、「読み物」として文章が書いてある必要はないのかもしれません。あくまで「インテリア雑貨」ですから、「洋書のような、お洒落《しゃれ》で見栄《みば》えがする表紙」があれば、中身がすべて白紙でも、インテリアとして成立します。出版社からすれば、中身の文章がないので、著者への印税を大きく削減できます。

これを「本」と呼んでいいかどうかは議論が分かれるところだと思います。

しかし、ロジックツリーにWhere軸を持ち込むことができれば、ときに常識にとらわれない、創造的な仮説を生み出すことが可能になるのです。

≫「創造型ロジックツリー×Why軸」で創造的な仮説を生み出す

創造型ロジックツリーの最後は、ロジックツリーの分解の切り口に「Why（存在目的軸」を持ち込んで創造的な仮説を導き出す方法です。

どのようなモノにも、この世の中に存在する以上、必ず存在する「理由」があります。別の言い方をすれば、「存在価値」と言い換えてもいいでしょう。

この「存在価値」そのものを分解の切り口にして創造的な仮説を生み出す方法が、「創造型ロジックツリー×Ｗｈｙ軸」です。

例えば、「新聞」について考えてみましょう。
あなたは「新聞の価値」について、どのように認識しているでしょうか？

次見開きの図73をご覧ください。

こちらは、「新聞の存在価値とは？」というお題に対して、Ｗｈｙ軸を持ち込んで仮説を導き出したロジックツリーです。

新聞は、当然、「読むためのもの」です。「毎日のニュースを知ることができる」という価値が一般的な認識ではないでしょうか？
そこに、「Ｗｈｙ軸」の切り口で、新たに「新聞＝使うためのもの」という視点を加え、具体化してみました。すると、次のような価値が導き出せます。

●新聞＝敷くもの
…揚げ物料理に敷くもの／習字や油絵を描くときに敷くもの／畳の下に敷いて湿気を取るもの

新聞紙は吸油性に優れているため、揚げ物の油取りに使われたりします。また、吸湿性にも優れているため、除湿にも効果的です。

❹揚げ物料理に敷くもの
❹習字や油絵を描くときに敷くもの
❹畳の下に敷いて湿気を取るもの

❹窓拭きをするもの

❹引っ越し時にお皿を包むもの
❹割れ物を包むもの
❹野菜や果物を包むもの

❹小包のクッション材として詰めるもの
❹靴の中に詰めるもの

●新聞＝拭《ふ》くもの
…窓拭きをするもの

新聞紙に含まれるインクの成分には汚れを落とす効果があり、つや出しや曇《くも》り防止の効果もあります。

図73：創造型ロジックツリー × Why軸①

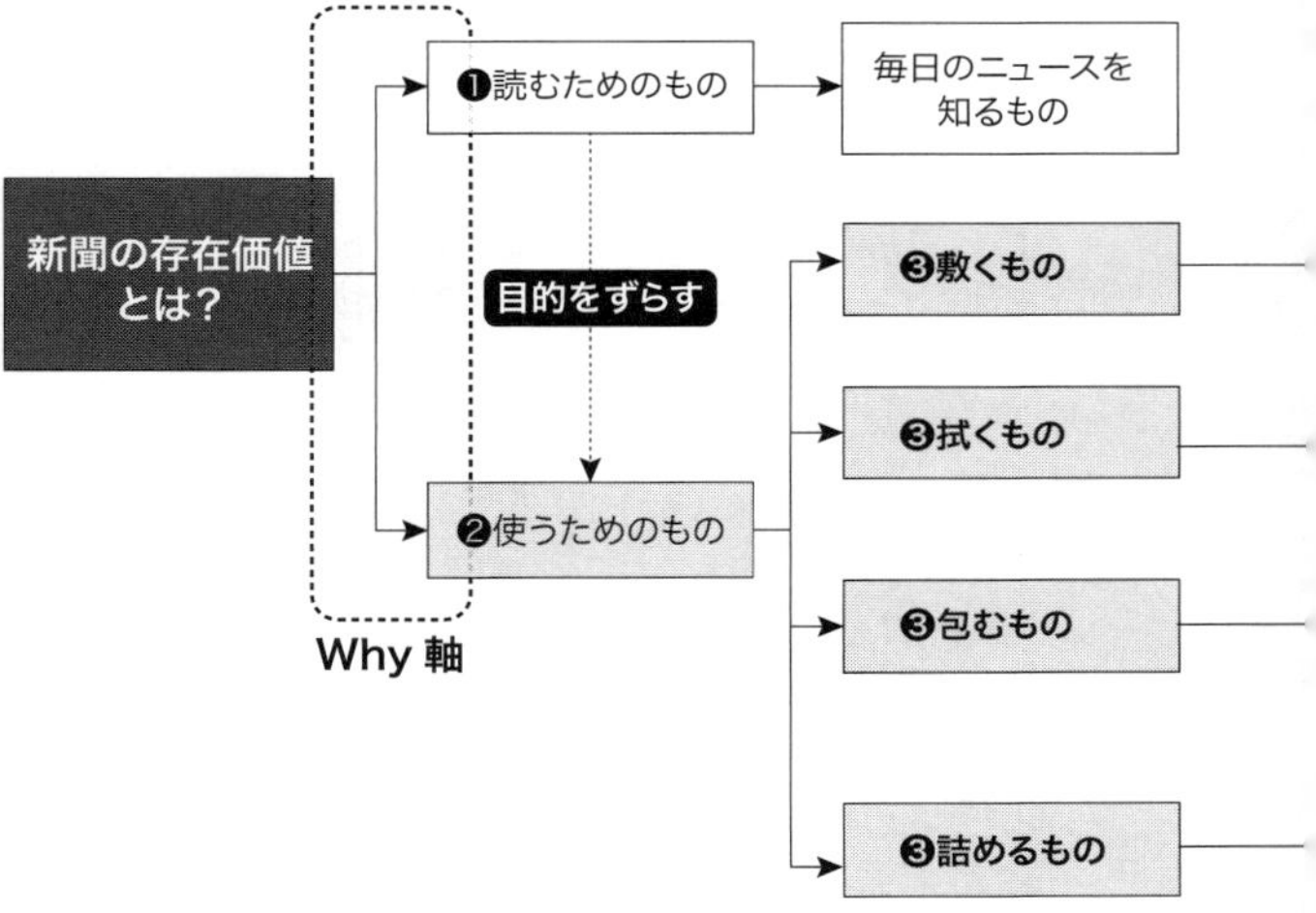

●新聞＝包むもの
…引っ越し時にお皿を包むもの／割れ物を包むもの／野菜や果物を包むもの

新聞紙には、エチレンガスという熟成促進物質を吸収する効果があるので、野菜や果物を包むと鮮度を保つことができます。

●新聞＝詰めるもの
…小包のクッション材として詰めるもの／靴の中に詰めるもの

新聞紙は吸湿性があるため、靴の中に詰めることで湿気を吸い取り、雑菌《ざっきん》の繁殖《はんしょく》を防ぐことで、消臭・脱臭効果を発揮します。

新聞の存在目的に、「読むためのもの」だけでなく、「使うためのもの」を加えることで、「毎日のニュースを知ることができる」以外の様々な価値を発見することができました。

これは、別の言い方をすれば、**Ｗｈｙ軸を持ち込んで別の存在目的を考えることで、これまで見逃されてきた新たな価値を発見できた**ことを意味します。

さらに別の例も示しましょう。次の例は比較的シンプルです。

あなたは「チョコレートの価値」について、どのように認識しているでしょうか？

図74をご覧ください。

チョコレートの一般的な認識は「食べるためのもの」であって、その多くは「小腹がすいたときのおやつ」ではないでしょうか？

図74：創造型ロジックツリー × Why軸②

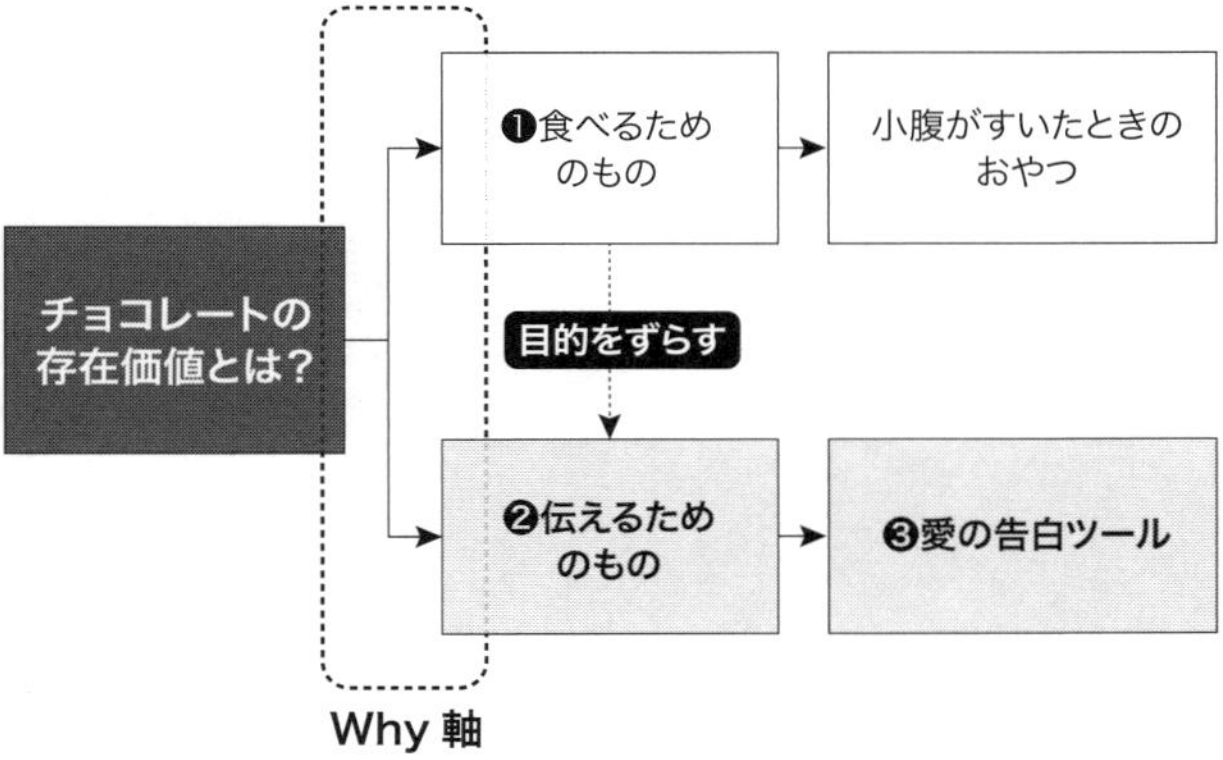

しかし、Why軸を持ち込んで別の存在目的を考えると、「伝えるためのもの」でもあることがわかります。いわば「愛の告白ツール」であり、あなたもご存じのバレンタインデーチョコです。

こちらは、チョコレートメーカーが「チョコレート＝愛を伝えるツール」と位置づけ、バレンタインデーチョコという大きな需要を生み出した事例です。

このように、**Why軸を持ち込んで大きな需要を創出した例は枚挙《まいきょ》にいとまがありません。**

例えば、洋服のもともとの存在目的は「防寒」ですが、現代ではそう捉えている人は稀《まれ》で、多くは「自己表現ツール」として認識しています。

このように、ロジックツリーの分解の切り口にＷｈｙ軸を持ち込めば、普段は着目していなかった価値を発見できたり、新たなニーズを掘り起こす創造的な仮説を生み出しやすくなったりします。

第5章

ロジックツリーの頭の使い方の9ステップ

——頭の中に「思考回路」を実装する

ここまでは、「ロジックツリーとは何か?」や「視点と論理の重要性」を説明し、「ロジックツリーの基本型」と「応用技」について解説してきました。

しかし、まだこの段階では、ロジックツリーの描き方に関する「知識が身についた」にすぎません。

「知識=暗記」でしかないので、ただ「知識が身についた」だけでは、同じ内容を再現できたとしても、応用が利くようにはなりません。

知識は、その応用力である「思考力」を伴って初めて成果に結びつきますから、ここから先は「頭の使い方」が極めて重要になってきます。

よってここからは、ロジックツリーの「頭の使い方の手順」をトレースできるように、できるだけ細かく分けて説明していきます。

ロジックツリーの頭の使い方の手順は、大きく分けて次の9ステップです。

Step1:背景と目的を明確にする

Step2:全体を定義する

Step3：構成要素に分解する「切り口」を探す
Step4：切り口に沿って構成要素に分解する
Step5：構成要素同士の関係を整理する
Step6：構成要素同士の論理展開をチェックする
Step7：構成要素1つひとつの傾向を明らかにする
Step8：全体と構成要素の間に働くメカニズムを発見する
Step9：構成要素の優先順位を決める

ここまでお読みになって「9個もステップがあるのか……」と心が折れかけているかもしれません。しかし、慣れてくれば無意識にこのステップを辿れるようになるので、安心してください。

料理・運転・朝の身支度《みじたく》……。どのようなことにも多くのステップが存在しますが、あなたは無意識にこれらのステップを辿れるようになっているはずです。

これと同じように、日々繰り返し訓練すれば、誰でも苦労なくロジックツリーを描けるようになります。その領域に辿り着ければ、他の人を寄せつけない、かなりの競争力になりますから、ぜひチャレンジしてみてください。

≫Step 1：背景と目的を明確にする

ロジックツリーを描くにあたって、まず考えなければいけないのは、**「そもそも、何のためにロジックツリーを描こうとしているのか？」**という「背景」と「目的」です。

「背景」とは、**「なぜロジックツリーを描くことになったのか？」**という「いきさつ」や**「事情」**のことを指します。

一方の「目的」とは、その背景を踏まえた上で、**「何のためにロジックツリーを描くのか？」**という**「実現したい内容」**のことです。

例えば、次が「背景」と「目的」です。

●背景：売上が落ちている
●目的：売上を上げる

こうして見るとシンプルですが、「背景」と「目的」をセットで明確にしておくことは極めて重要です。

もし、ロジックツリーを描く背景として「売上が落ちている」という現象があるのだとすれば「売上を上げる」ために、まずやらなければいけないことは、「売上が落ちている原因を突き止める」ことになるでしょう。だとすると、あなたは初めにＷｈｙツリー（原因追求ツリー）を描くことになるかもしれません。

一方で、もしロジックツリーの背景が「売上が伸びている」だとしたら、「さらに売上を伸ばすには？」という視点に立って、Ｈｏｗツリー（イシューツリー）を描くことになるでしょう。

このように、「売上を上げる」という**目的は同じでも、そこに至った背景次第で描くべきロジックツリーは変わります**（次ページの図75）。

また、「目的」も極めて重要です。

目的とは「実現したい内容」のことですが「実現したい内容」がわからなければ、そもそも何に向けてロジックツリーを描けばいいのかが定まりません。その結果、ロジックツリーは暗中模索、試行錯誤、100本ノック状態で何度も書き直す羽目《はめ》になり、著《いちじる》しく生産性が落ちてしまいます。

「背景」と「目的」は、ロジックツリーを描く上でのスタートラインです。

スタートラインそのものを間違えてしまえば、そこを起点に描くロジックツリーも間違ったものになってしまいますか

図 75：背景と目的を明確にする

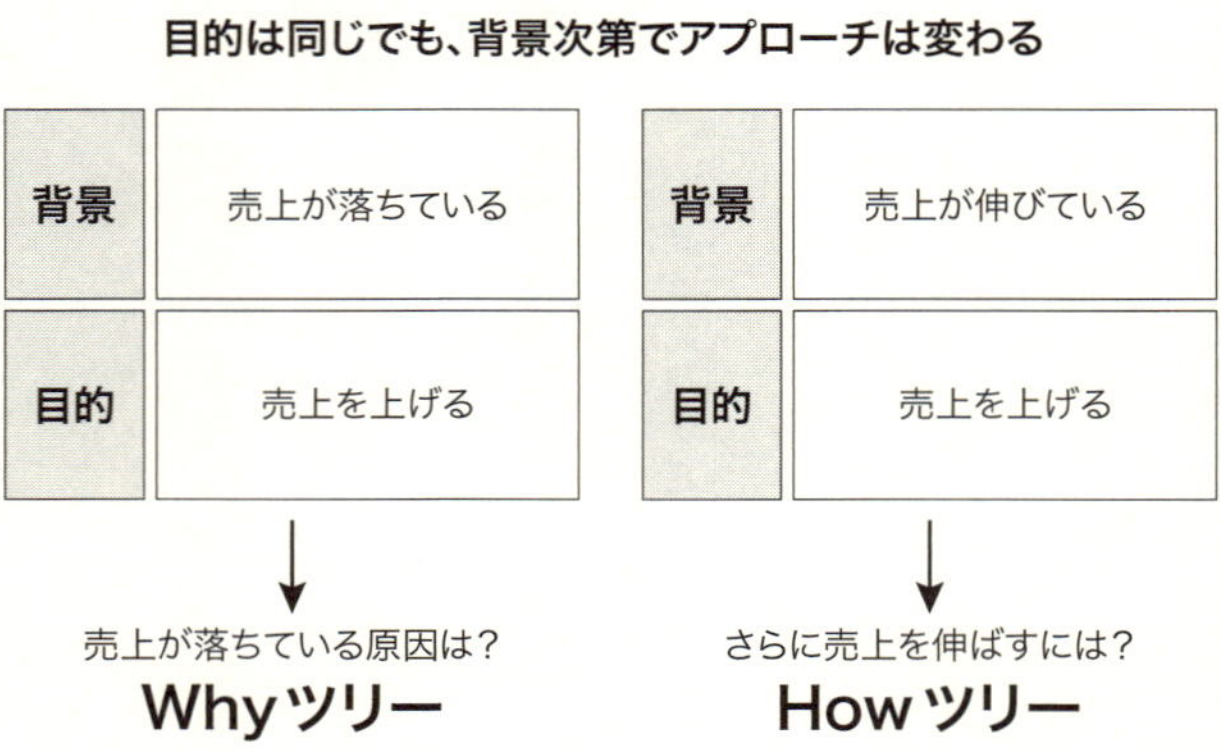

ら、ロジックツリーを描く際には、まずは「背景」と「目的」を定めることに頭を使いましょう。

≫Step2：全体を定義する

「背景」と「目的」が定まったら、Step2はロジックツリーを描く際の「全体の定義」です（図76）。

ロジックツリーは、「全体」を「構成要素」と「構成要素同士の関係」に分解し、整理する手法です。そうである以上、**そもそもの前提である「全体の定義」を間違うと、そこから分解する「構成要素」**

図76：全体を定義する

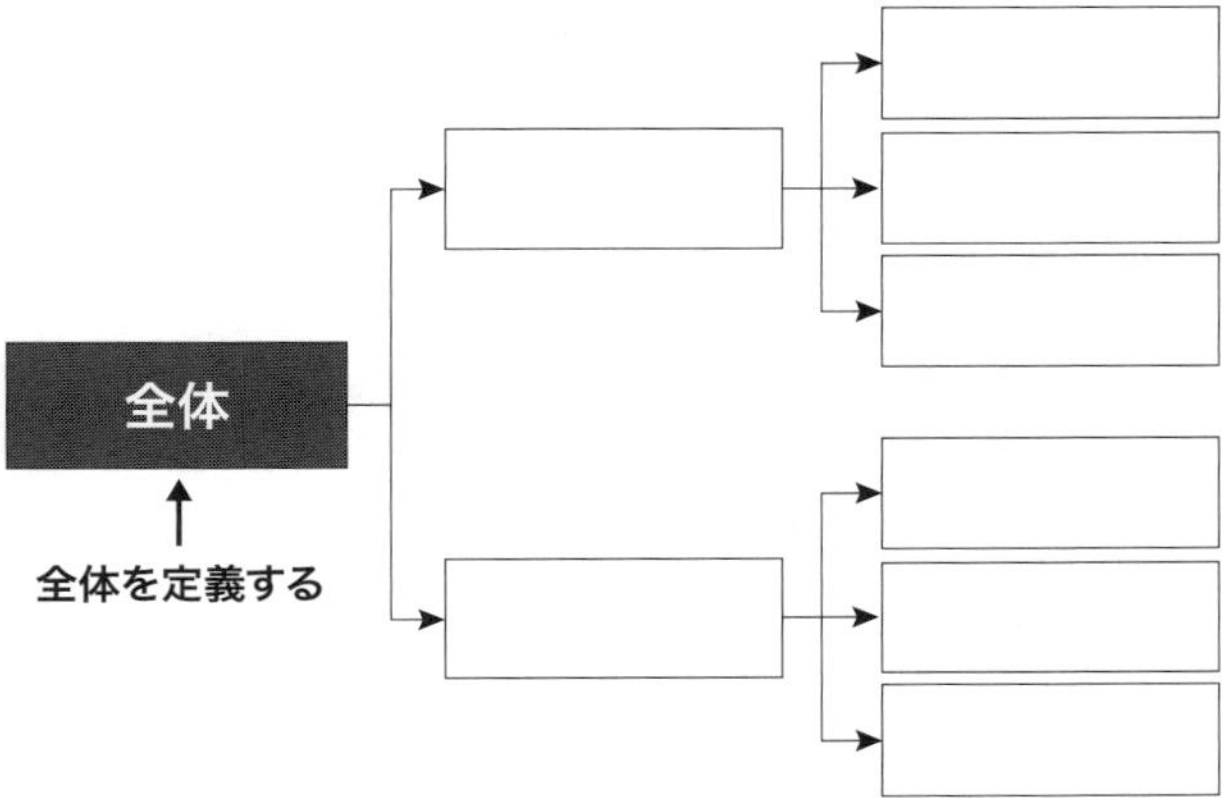

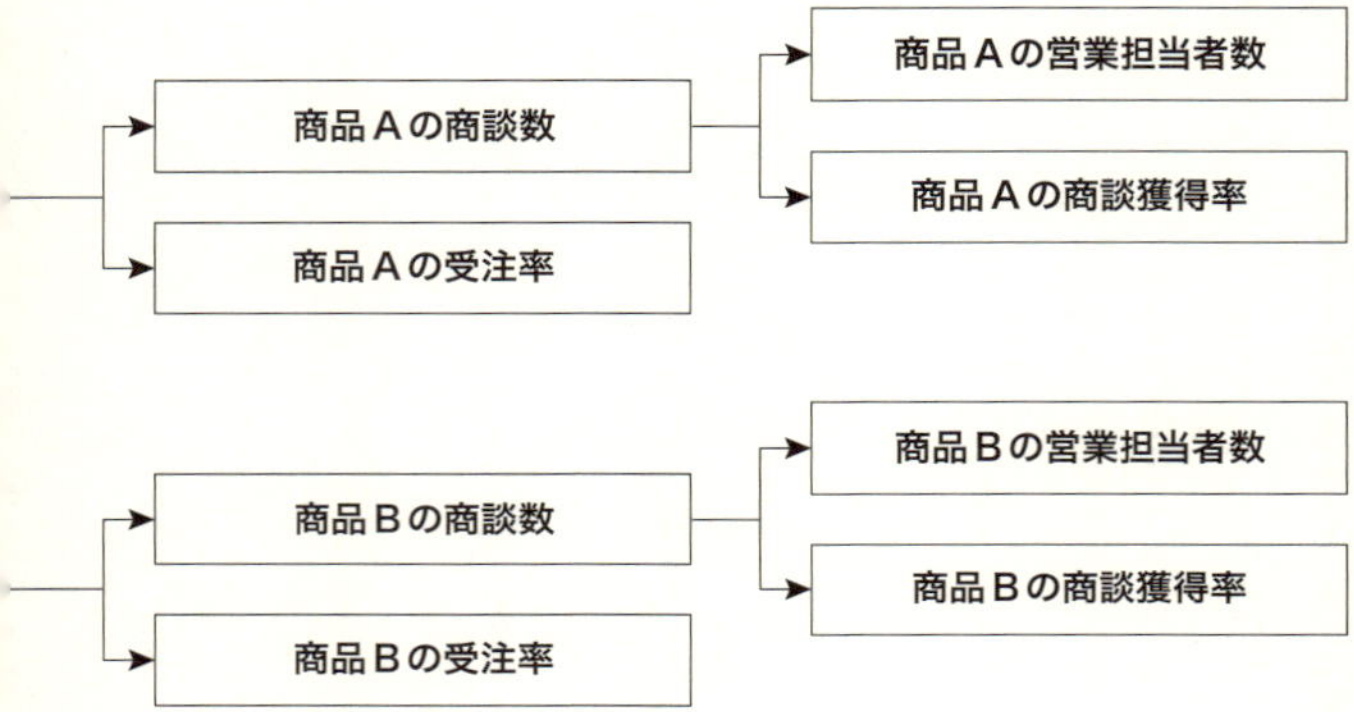

も間違えることになってしまいます。

例えば、図77をご覧ください。こちらの図は、「売上高」を構成要素に分解し、ロジックツリーにした例です。

この例の場合、もしグローバル企業なら、「全体」である「売上高」の定義は「全世界での売上高」ということになります。

一方で、もし国内のみで事業を行っている企業なら、「売上高」の定義は「国内売上高」になるでしょう。

また、図77の例では、「売上高」がいつからいつまでの売上高かが判然としま

図77：「売上高」を構成要素に分解したロジックツリー

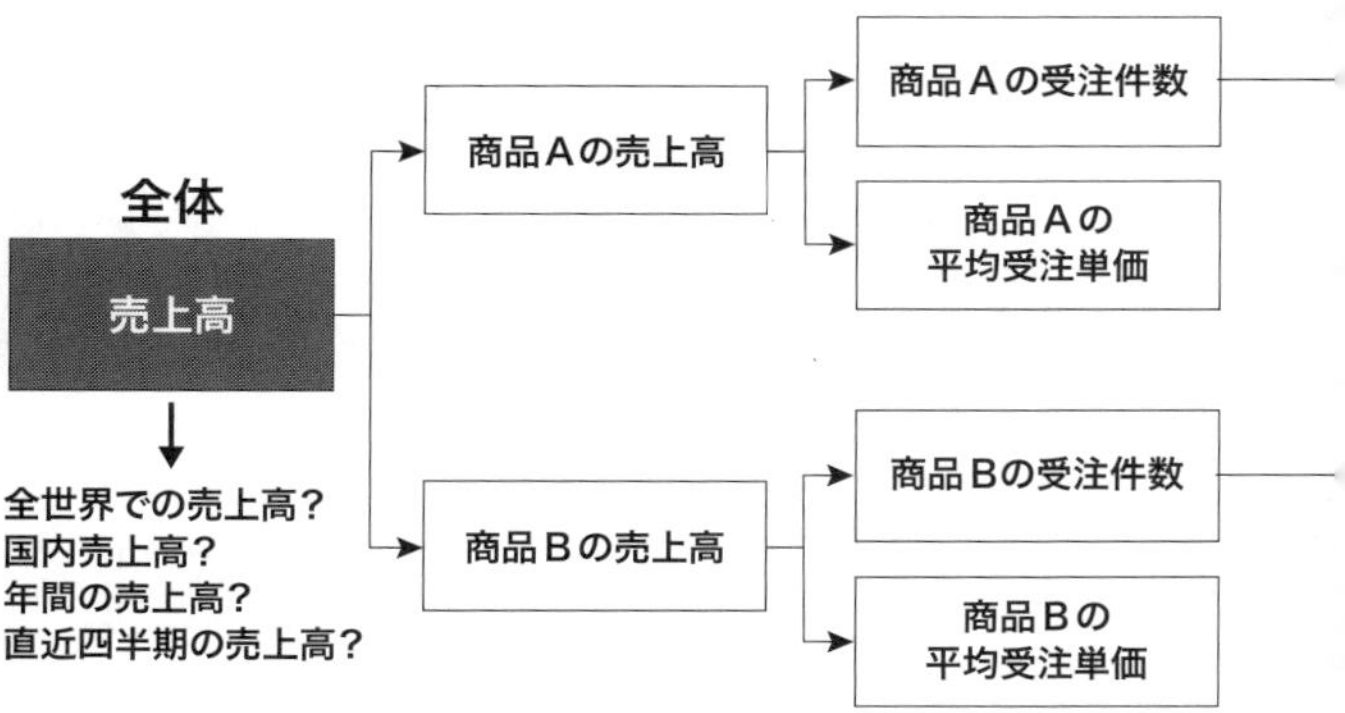

せん。鋭いあなたならすでにお気づきだと思いますが、「売上高」の定義が「年間の売上高」なのか、「直近四半期の売上高」なのかによって、構成要素に分解した際の数値が大きく変わることになります。

ここで、ぜひ第2章で触れた「イシュー」を思い出してください。問題を解決する上で最も重要なことは、「問題を正しく解くこと」以上に、「白黒つけるべき重要な問題を見極めること」だと説明しました。

「全体の定義」が曖昧だと、ロジックツ

リーの「範囲」も曖昧になってしまうので、必要なはずの検討がモレてしまったり、逆に、不要な検討に時間を割《さ》いたりしてしまいます。

よって、ロジックツリーを描く際には、必ず「全体の範囲」について、徹底的に頭を使いましょう。

また、第4章で説明した通り、ロジックツリーを左側に遡って「全体の捉え方を変える」ことができれば、創造的な仮説を生み出すことも可能です。忘れてしまっている方は、ぜひ第4章を読み返してみてください。

≫Step3：構成要素に分解する「切り口」を探す

「全体」を定義できたら、Step3では「構成要素に分解する切り口」を探すことに頭を使いましょう（図78）。

その際に重要なのが、本書で再三指摘している「視点力」です。第2章では、

図78：構成要素に分解する「切り口」を探す

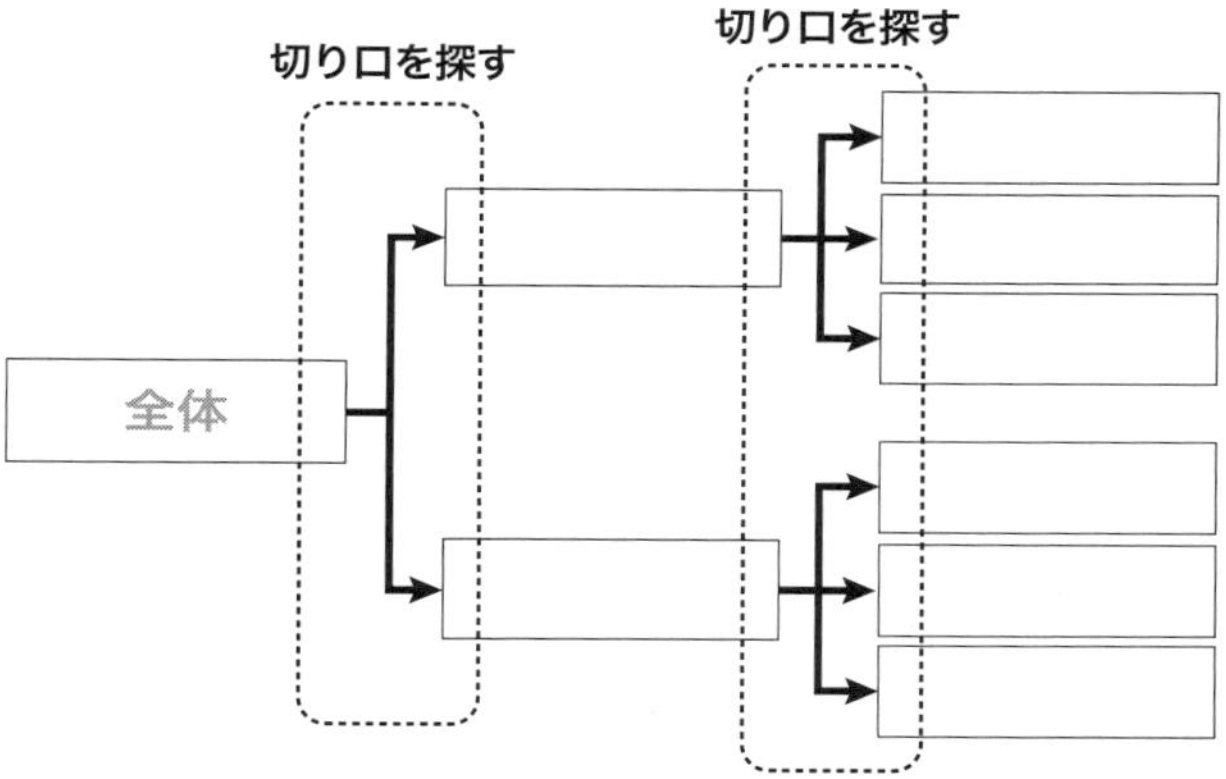

■そもそも「何について考えるべきか？」
＝視点力

だと説明しました。

「分解の切り口を探す」ということは、「どのような視点で分解するかを探す」ことイコールです。分解する際の視点は無数に存在しますから、この段階では「どれだけ多くの視点を試行錯誤できるか？」という「視点の多さ」がカギになります。

例えば、「売上高」1つを取っても、分解の視点は、

①組織別売上高
②商品別売上高
③エリア別売上高
④顧客層別売上高
⑤チャネル別売上高

など、無数に存在します。無数に存在する切り口の中からどの視点を選び取るかが、あなたの腕の見せ所になります。

また、この段階で「分解の切り口を変える」ことができれば、創造的な仮説を生み出すことも可能です。おさらいをすると、次の通りです。

①Ｗｈａｔ軸：分解の切り口にＷｈａｔ軸を持ち込んで、固定観念の真逆の視点を考える

②Ｗｈｏ軸：分解の切り口にＷｈｏ軸を持ち込んで、立場を入れ替えて考える
③Ｗｈｅｎ軸：分解の切り口にＷｈｅｎ軸を持ち込んで、時間をずらして考える
④Ｗｈｅｒｅ軸：分解の切り口にＷｈｅｒｅ軸を持ち込んで、場所・空間をずらして考える
⑤Ｗｈｙ軸：分解の切り口にＷｈｙ軸を持ち込んで、目的をずらして考える

「創造的ロジックツリー」で分解の切り口を変えれば、当初は思いもよらなかった創造的な仮説が生み出せるかもしれません。

ロジックツリーに慣れてくれば、分解の視点を発見した段階で「この視点は筋がよさそうだ」という直感が働くようになります。

しかし、ロジックツリーを分解する「視点」が無数にある以上、慣れるまでは、どの視点が筋がいいかを見極めるのは簡単なことではありません。

よって、初心者の間は、視点力の訓練もかねて、**「可能性がありそうな分解の視点を、できるだけ洗い出す」**ことに全力を注ぐのがお勧めです。

≫Step4：切り口に沿って構成要素に分解する

「分解する切り口」が決まったら、Step4では、実際に構成要素に分解していくことに頭を集中させます（図79）。

ここまで、

Step1：背景と目的を明確にする
Step2：全体を定義する
Step3：構成要素に分解する「切り口」を探す

図79：切り口に沿って構成要素に分解する

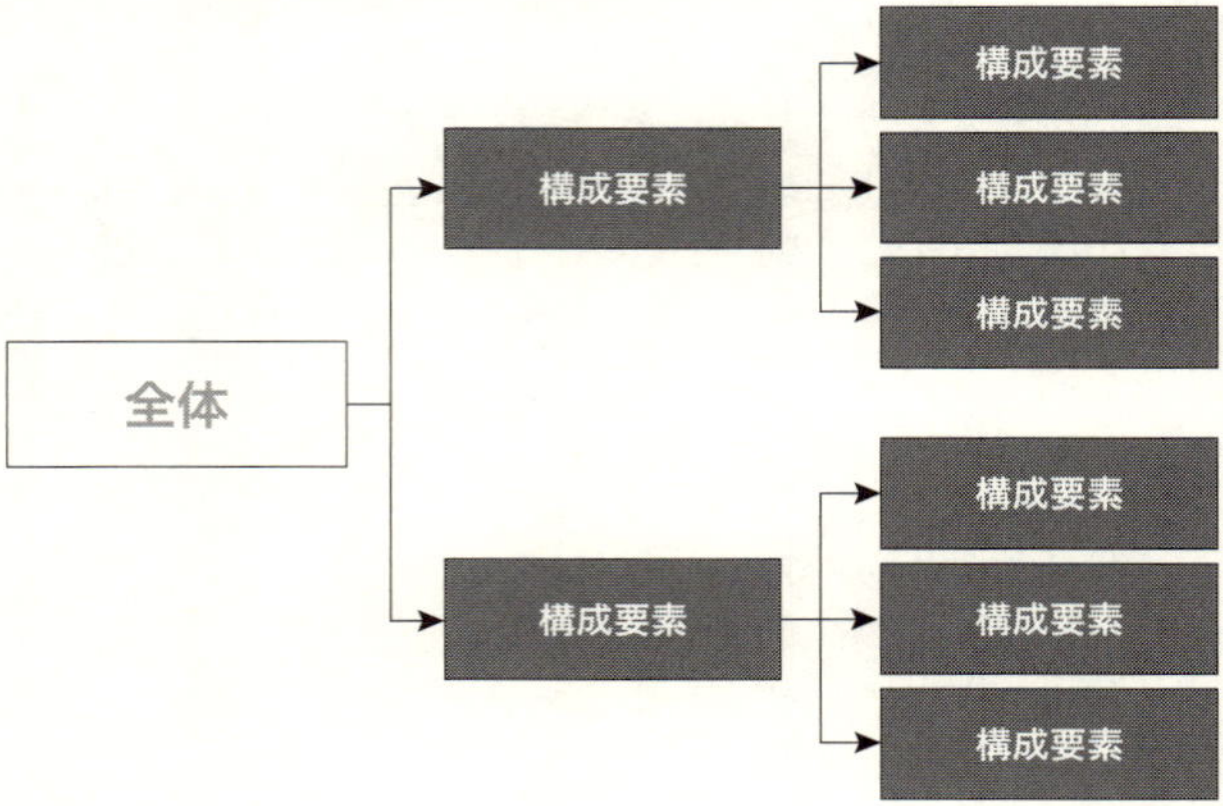

という3つのステップを考えてきました。「全体をどう捉えるか？」「どのような視点で分解するか？」などは**「視点を探る」**ような頭の使い方だったと思います。

一方で、「Step4：切り口に沿って構成要素に分解する」以降は、「構成要素同士の関係を見極める」「矛盾のない話の筋道を考える」など、**頭の使い方が「論理」に切り替わっていきます。**

このことを踏まえた上で「全体と部分」を意識しながらロジックツリーを描いていきましょう。

まずは、Step3で定めた分解の切り口に沿って、

①足し算分解：足すと全体になるように分解する
②掛け算分解：掛けると全体になるように分解する
③概念分解：曖昧なものが具体的になるように分解する
④フレームワーク分解：別のフレームワークと組み合わせて分解する

を組み合わせながら、ロジックツリーの枝を伸ばしていきましょう。もし忘れてしまっていたら、再度第2・3章を参照してください。

この段階では、ロジックツリーに多少の雑さやヌケモレ、重複《ちょうふく》があっても構いません。**ここで完璧を期そうとすると頭が止まって進まなくなってしまいますから、まずは「ロジックツリーのプロトタイプを完成させる」という意識で、気楽に描いていく**のがコツです。

》Step5：構成要素同士の関係を整理する

プロトタイプのロジックツリーができたら、続いては「Step5：構成要素同士の関係を整理する」作業に頭を使います。より具体的に言うと、**「包含関係」「因果関係」「MECE」を整える**作業です（図80）。

まずは、描いたロジックツリーの**横方向のチェック**です。

左側と右側の間には「全体→構成要素」の包含関係が成立しているでしょうか？　そ

図 80：構成要素同士の関係を整理する

■横方向のチェック

「全体→構成要素」の包含・因果関係が成立しているか？

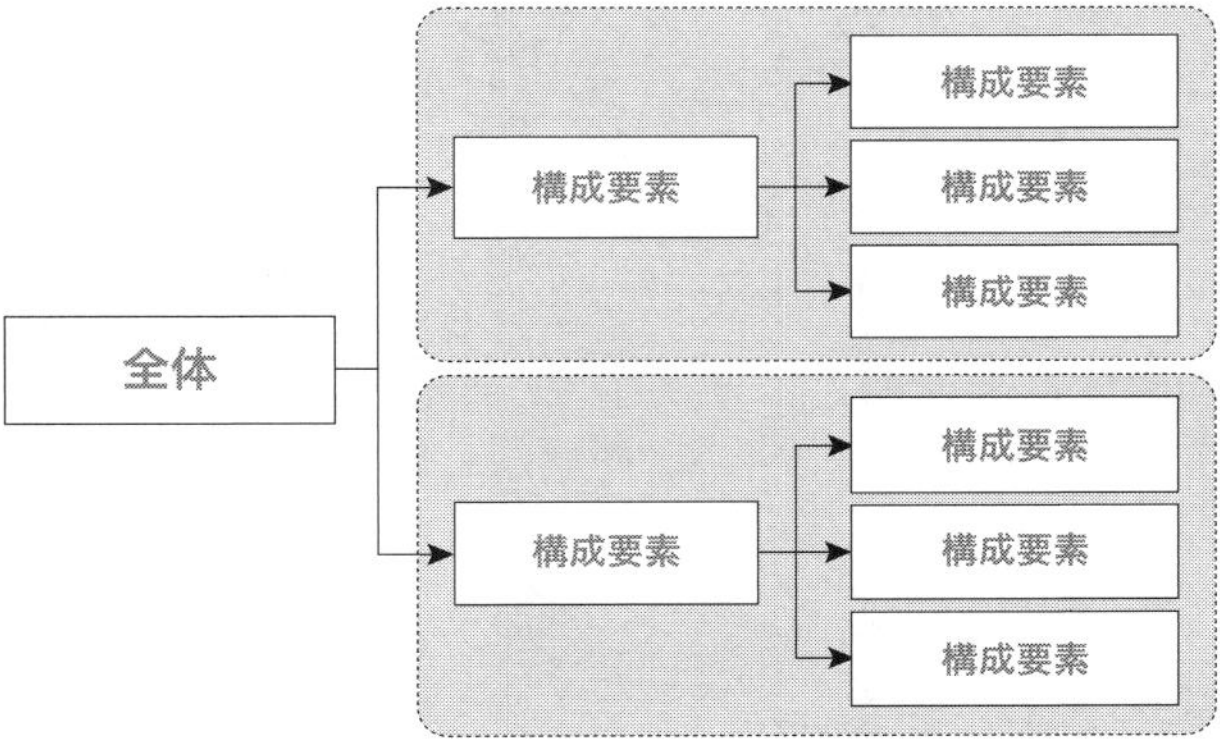

■縦方向のチェック

MECE が成立しているか？

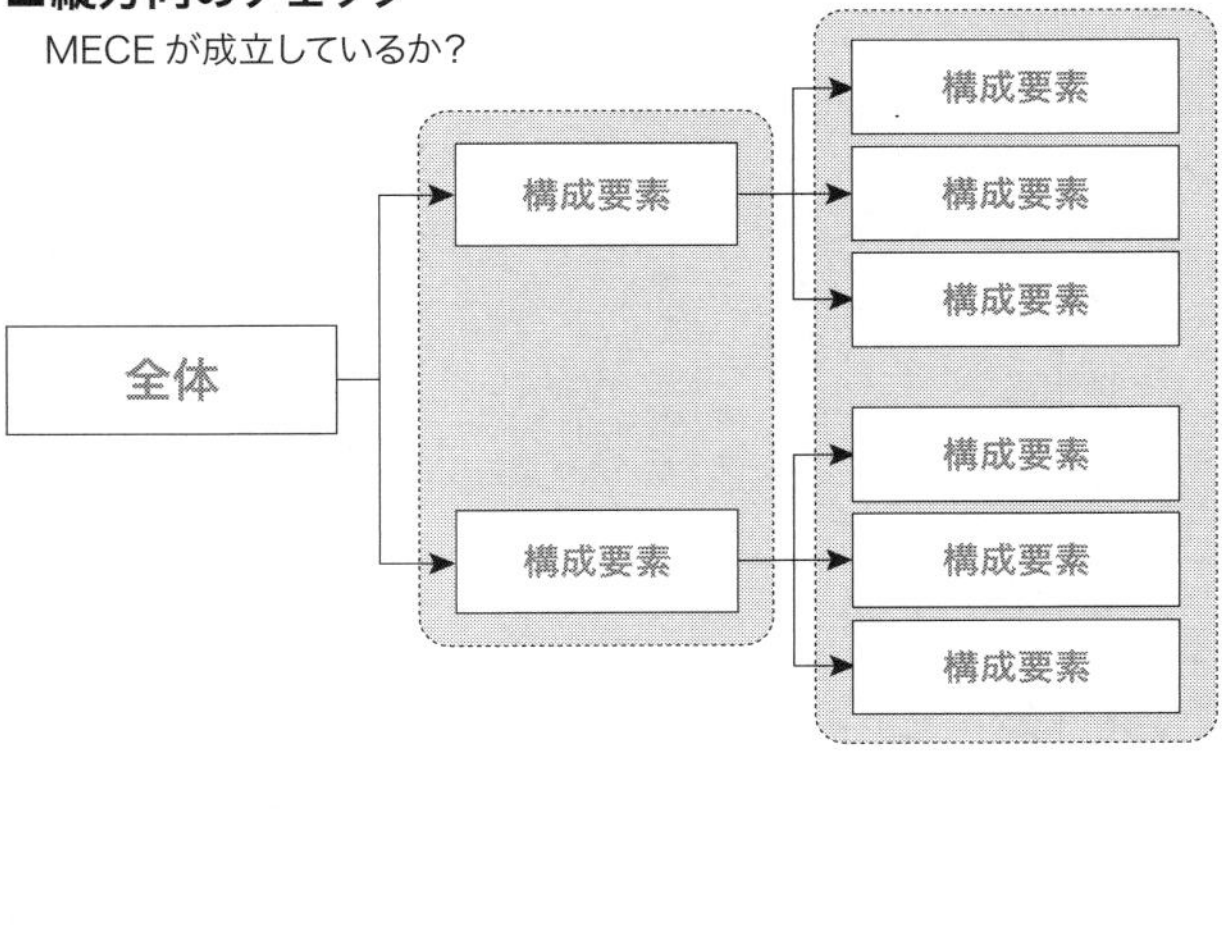

して、「構成要素が上がれば」↓「全体が上がる」という因果関係は成立しているでしょうか？

もし、包含関係や因果関係が成立していなければ、足し算分解や掛け算分解、あるいは概念分解が間違っているはずです。再度Ｓｔｅｐ４に戻って、構成要素の分解を見直してみてください。

続いては、ロジックツリーの**縦方向のチェック**です。

描いたロジックツリーの縦方向は、モレなくダブリなくのＭＥＣＥになっているでしょうか？

もしモレがあったら、本来重要であるはずの論点を見逃してしまうことにもなりかねません。また、もしダブリがあったら、同じ検討を2度行うことになるので、業務の生産性が著しく落ちてしまいます。

もし、モレや重複が見つかったら、こちらも足し算分解や掛け算分解、あるいは概念分解が間違っていますから、再度Ｓｔｅｐ４に戻って、構成要素の分解を見直してみてください。

≫Step 6：構成要素同士の論理展開をチェックする

ロジックツリーの横方向である「包含関係」と「因果関係」、そして縦方向である「MECE」が成立していたら、続いては構成要素同士の論理展開のチェックに頭を使いましょう（次ページの図81）。

基本的に、**ロジックツリーは、「包含関係」「因果関係」「MECE」が成立していたら、論理展開も成立しています。**しかし、あくまでこの3つは「関係」という視点での話です。

一方、論理展開とは「矛盾のない話の筋道」ですから、ロジックツリーで描いた構成要素同士の関係を「論理的なストーリー」として伝えられなければなりません。

第2章で説明した通り、論理展開には3つの方法が存在します。

①アブダクション：「起こった現象」に対して、うまく説明できる仮説を導き出す論理

図 81：構成要素同士の論理展開をチェックする

■アブダクション：Whatツリー / Whyツリー

起こった現象に対してうまく説明できる仮説を導き出す論理展開手法

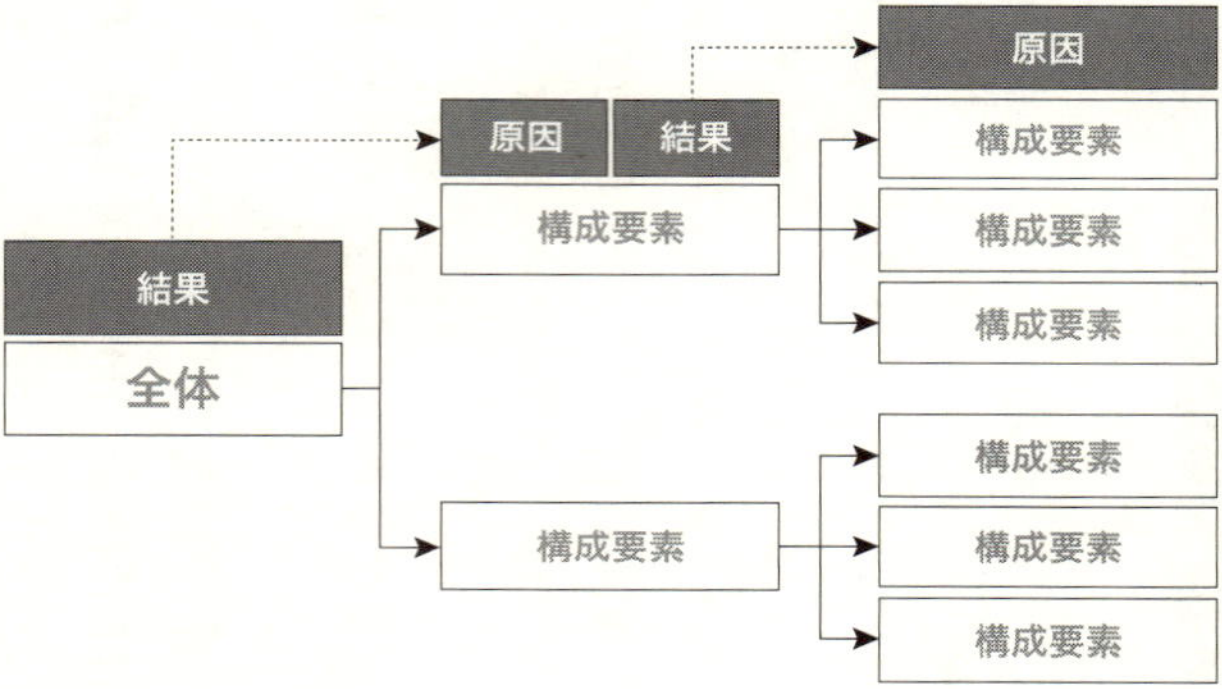

■演繹法：How ツリー

ルールや法則に事実を当てはめて結論づける論理展開手法

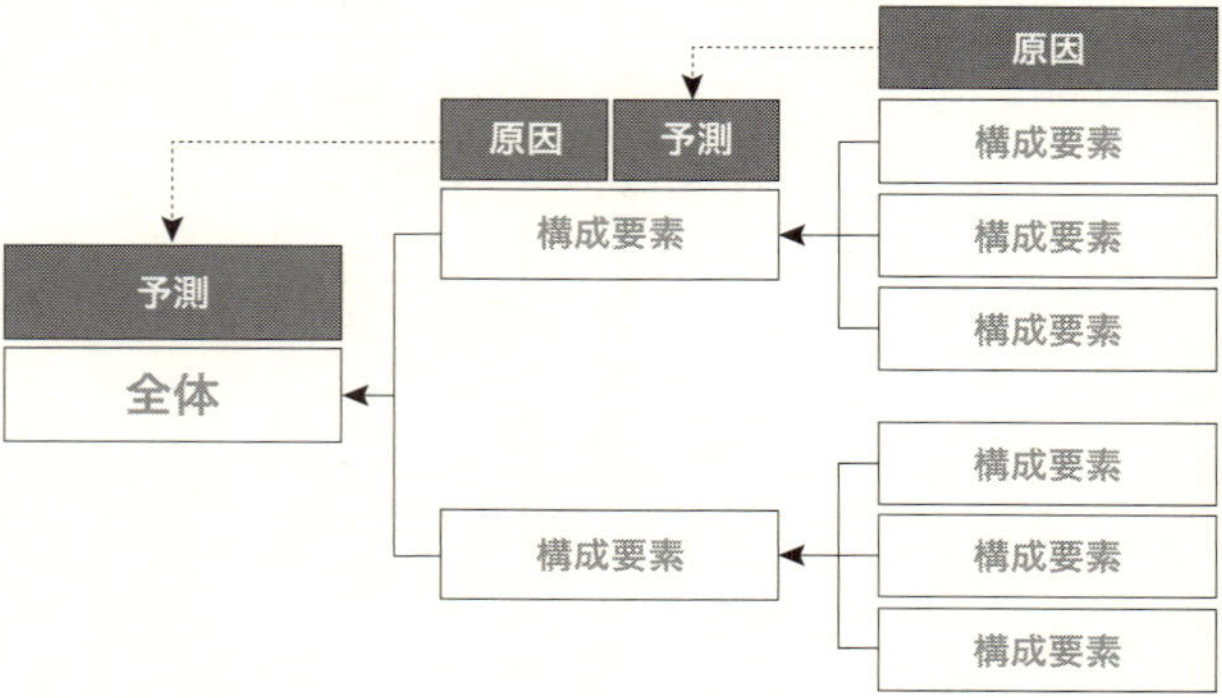

展開手法

②演繹法：ルールや法則に事実を当てはめて結論づける論理展開手法

③帰納法：複数の事実から共通点を見出し、結論づける論理展開手法

もし、あなたが描こうとしているロジックツリーが、Ｗｈａｔツリー・Ｗｈｙツリーなど、**問題発見を目的としたロジックツリーなら、アブダクションの論理展開が成立しているかをチェックしましょう。**

アブダクションの論理展開が描かれたロジックツリーは、必ず「左側：結果」「右側：その原因」という論理構成になっています。この「結果↓その原因」という話の筋道に矛盾がないかをチェックしてください。

一方で、もしあなたが描こうとしているロジックツリーが、Ｈｏｗツリーなど、**未来に向けた問題解決を目的としたロジックツリーなら、演繹法の論理展開が成立しているかをチェックしましょう。**

演繹法の論理展開が描かれたロジックツリーは、必ず「右側：原因」「左側：その予測」

という論理構成になっています。この「予測←その原因」という話の筋道に矛盾がないかをチェックしていただければと思います。

≫Step7：構成要素1つひとつの傾向を明らかにする

ロジックツリーの論理展開をチェックできたら、続いてはロジックツリーの構成要素1つひとつに数値を当てはめて、傾向を明らかにするステップです（図82）。

ロジックツリーの構成要素1つひとつに数値を当てはめれば、数値の規模感や

図82：構成要素1つひとつの傾向を明らかにする

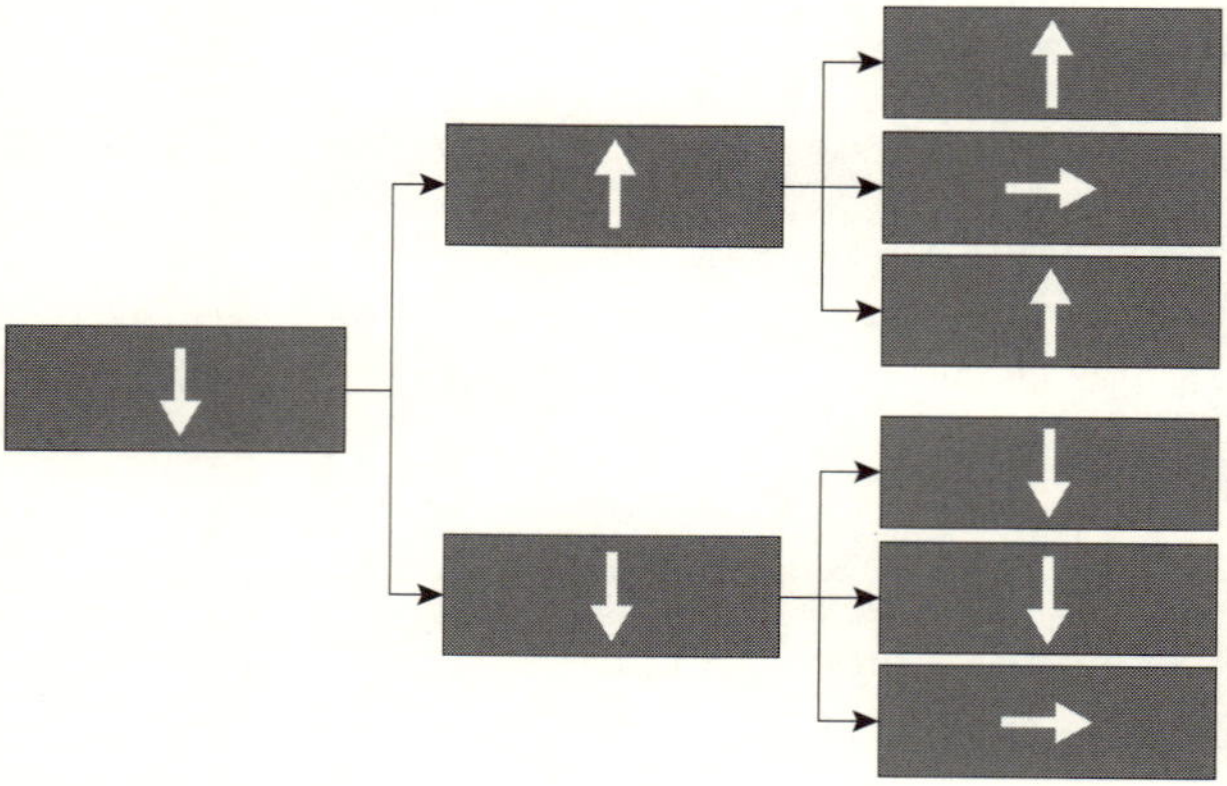

変化、差などを通して、個々の構成要素の傾向を明らかにすることができます。

ここまでくれば、

①全体と部分の包含関係
②全体と部分の因果関係
③全体↕部分の論理の筋道
④それぞれの構成要素の規模感
⑤それぞれの構成要素の差・変化

などが、解像度が高い形で把握できるようになっているはずです。

≫Step 8：全体と構成要素の間に働くメカニズムを発見する

ロジックツリーを通して全体と構成要素の構図が把握できたら、続いてはその間に働くメカニズムを発見するステップです（次ページの図83）。

ここまでのＳｔｅｐ１からＳｔｅｐ７までを通して、全体と構成要素の「構図」を把握することができました。ただし、あくまで「構図」です。別の言い方をすれば、「静的な側面」とも言えるでしょう。

一方で、**ビジネスは、未来に向けて動かす以上、動的に捉える必要があります。**

だとすれば、Ｓｔｅｐ８で考えなければならないのは、**「どの構成要素が、最も全体にインパクトを与えるのか？」**です。

例えば、

①構成要素の規模の大きさ

図 83：全体と構成要素の間に働くメカニズムを発見する

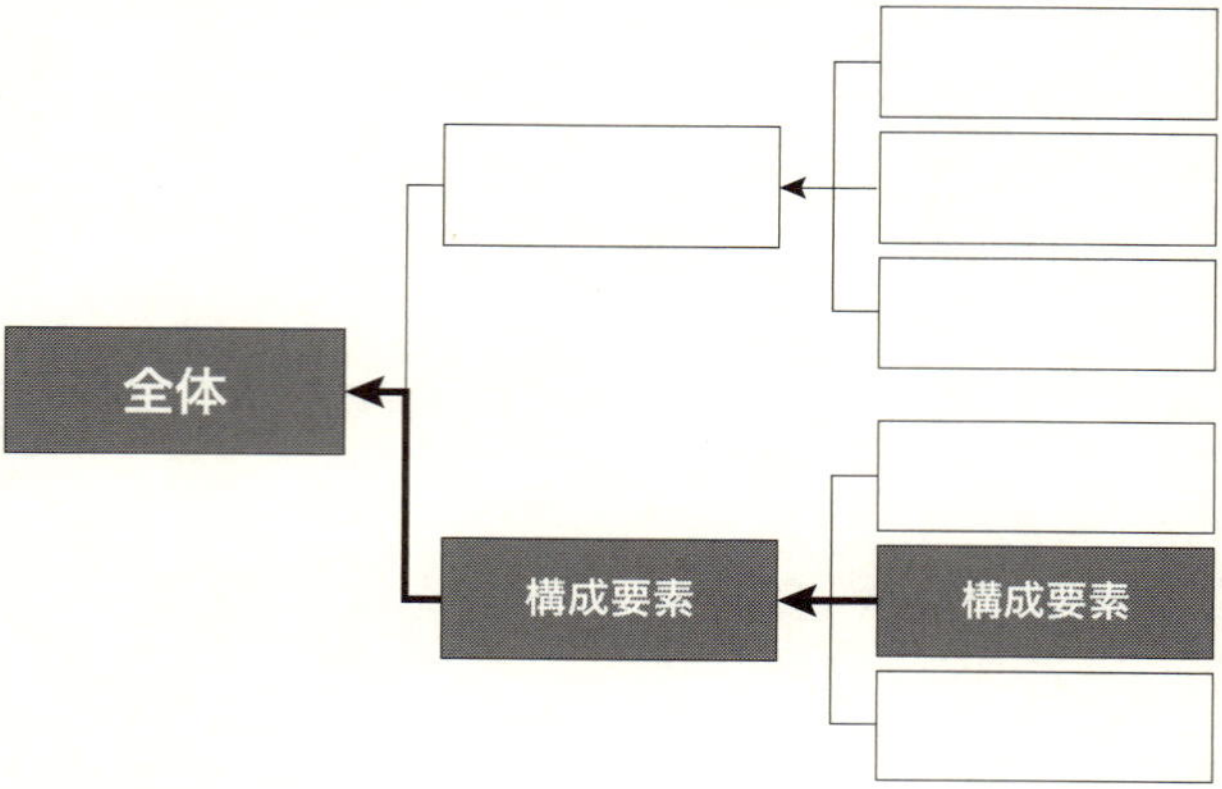

②構成要素が全体に与える因果関係の強さ

が想定できれば、どの構成要素が最も全体にインパクトを与えるのかを明らかにすることができます。

ここまでくれば「より小さな投資で、より大きな成果を上げる」という、ビジネスの本質に則《そく》したロジックツリーが完成します。

もし、ここで「どの構成要素が、最も全体にインパクトを与えるのか？」が明らかにできない場合は、「全体の定義」や「分解の切り口」のどちらかの筋が悪い証拠ですから、再度Ｓｔｅｐ２からやり直してみてください。

≫Step 9：構成要素の優先順位を決める

ロジックツリーは、作って終わりではありません。ビジネスの成果はアクションによってもたらされますから、**ロジックツリーを描いたら、どの構成要素に向けてアクションを取るのか、その優先順位を決めなければいけません。**

先ほどのStep8では、

	効果の高さ	労力の少なさ	コストの低さ
	△	×	○
	×	×	×
	△	×	○
	×	○	×
	○	×	×
	△	○	○

①構成要素の規模の大きさ
②構成要素が全体に与える因果関係の強さ

を比較検討することで、「どの構成要素が、最も全体にインパクトを与えるのか？」を明らかにできました。

しかし、**たとえ高い効果が見込めても、そのために投じる労力やコストが莫大《ばくだい》であれば、優先順位は下がります。**

図84：構成要素の優先順位を決める

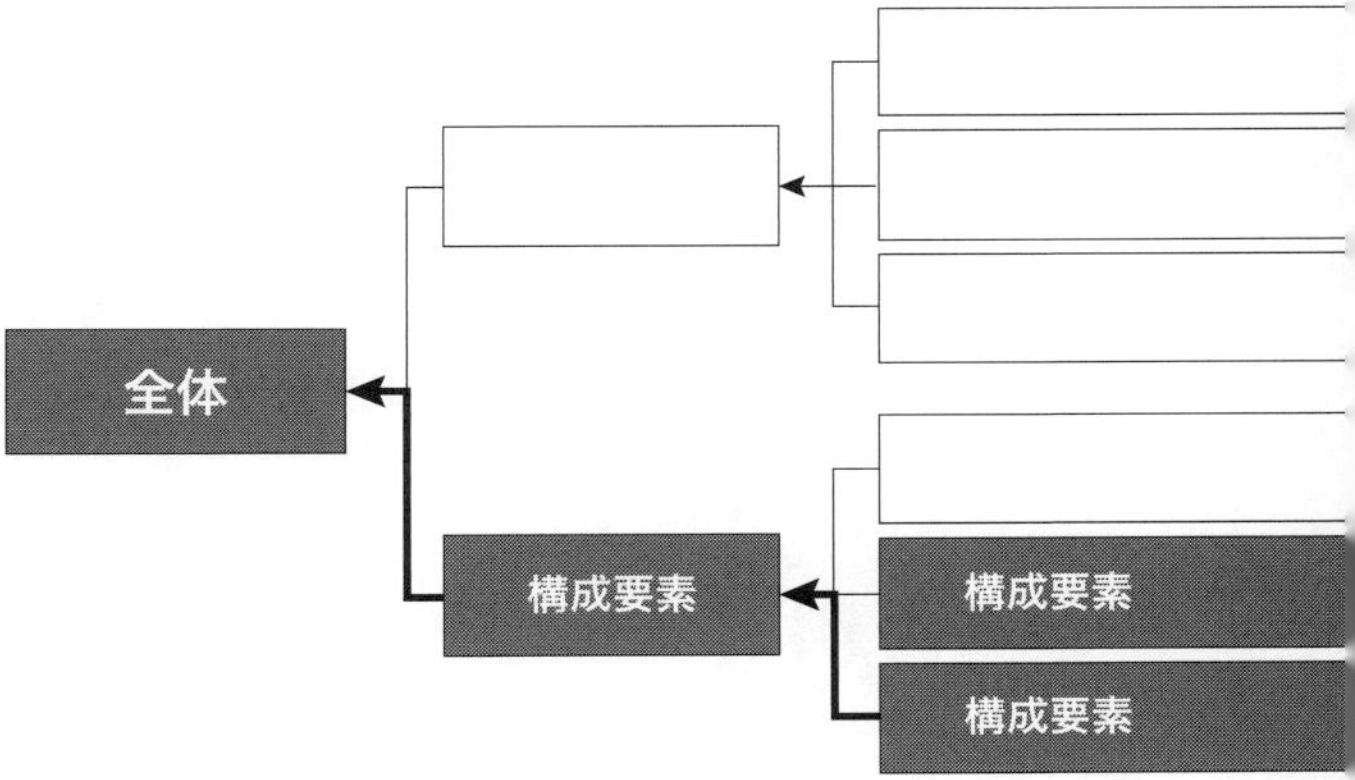

ビジネスには、「効果」以外に「効率」の側面もありますから、Step9では、それぞれの構成要素に対して「効果の高さ」以外にも「必要な労力の少なさ」「必要なコストの低さ」などの比較軸も取り入れて比較検討してください（図84）。

比較検討の結果、より○が多い構成要素こそが、次のアクションの対象になります。

第6章

ロジックツリーのトレーニング方法

――日常を教材に変える

第5章では、ロジックツリーの頭の使い方の手順についてトレースしてきました。しかし、ただ手順を理解しただけでは、マニュアルを読みながら機械を操作するようなもので、初心者レベルから抜け出せたとは言えません。

ロジックツリーを自由自在に描けるようになるには、**日々の日常の中にトレーニングを取り入れ、思考回路を作る**ことが早道《はやみち》です。見聞きするものすべてを教材に変え、頭の中でロジックツリーを描き、やがて息を吸って吐くようにロジックツリーを描けるようになれば、あなたのビジネス競争力は飛躍的に高まるはずです。

そこで、最終章となる第6章では、日常を教材に変えてロジックツリーを描くトレーニングをする方法を解説していきます。

まずは、ここまで見てきたロジックツリーの全体像について振り返りましょ

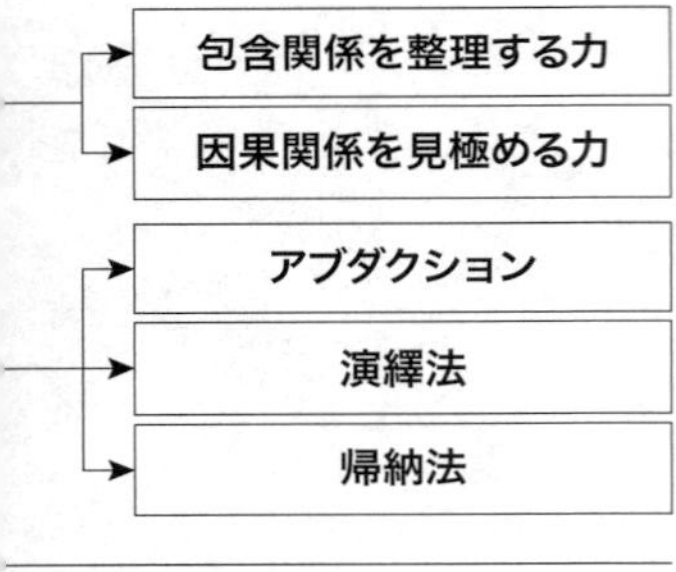

図85：ロジックツリーの全体像

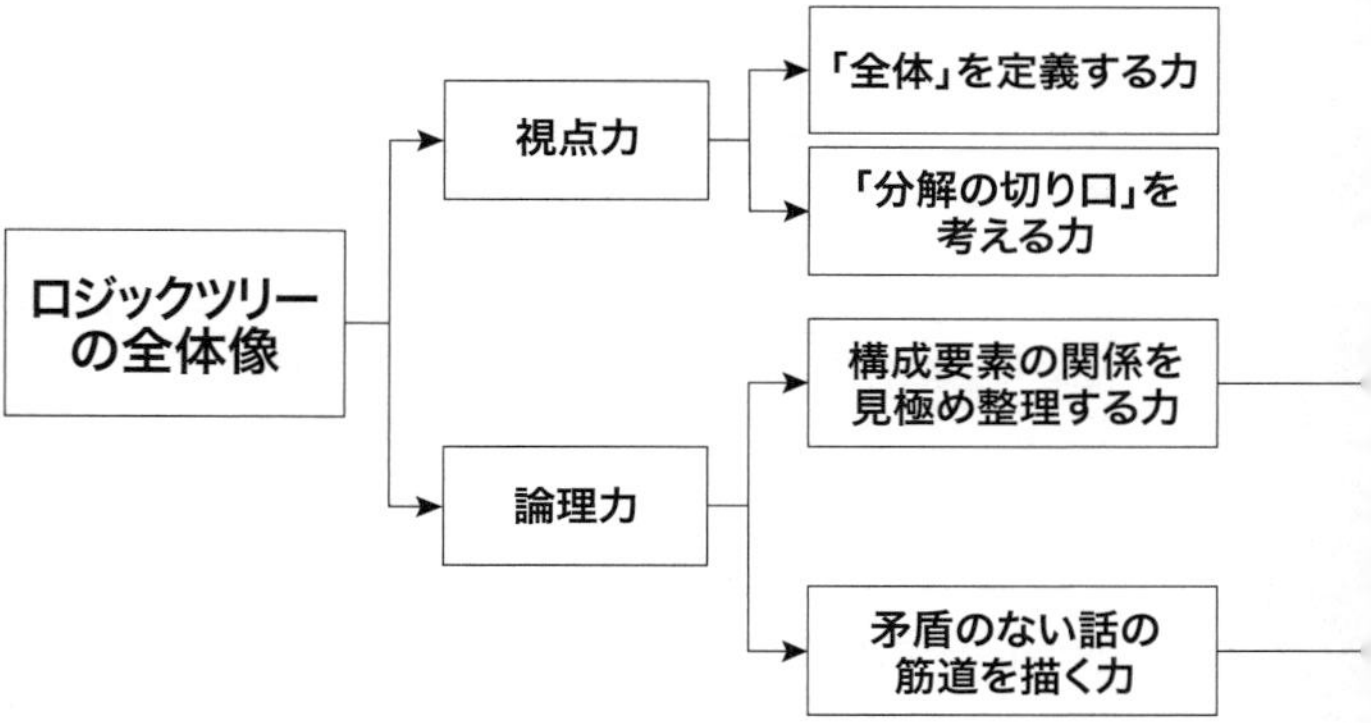

う。図85をご覧ください。

この中で、**ロジックツリーを描く上で壁になりやすく、かつ、重要なカギとなるのが、「視点力」と「因果関係を見極める力」**です。なぜなら、この2つは、自分の頭の中にある「ストック」がモノを言うからです。

「包含関係」は、いわば「足し算分解」や「掛け算分解」、あるいは「概念分解」が成立しているかどうかですから、ロジックツリーを描いたその場で確認したり、修正することが可能です。

また、「矛盾のない話の筋道を描く力」も、アブダクション・演繹法など、論理展開の型が決まっているので、その場で確認・修正できます。

一方で、「視点力」と「因果関係」は性質が異なります。

そもそも、自分の頭の中にある「視点のストック」が少なければ、ロジックツリーの全体を定義したり、分解する際の「切り口」を思いつくことができません。

また、「因果関係のストック」が少なければ、「こういうときは↓こうなりやすい」という因果関係を当てはめることができず、ロジックツリーの枝を右に伸ばしていくことができなくなります。

そこで第6章では、ロジックツリーを描く上で致命的に重要な「視点力」と「因果関係」に絞《しぼ》って、「初級レベル」「中級レベル」「上級レベル」に分けて、トレーニング方法を解説していきましょう。

≫初級レベル：日常の観察から「視点」と「因果関係」を探す

「観察力」という言葉があります。「物事の状況を、客観的に注意深く見る力」を指す言葉です。

たとえ同じ状況を観察したとしても、観察力のある人とない人では「気づく内容」や「気づきの量」は大きく変わります。あなたも、「観察力のある人」を見て「自分はどうして気がつかなかったんだろう？」と悔《くや》しく感じたり、「すごいなあ」と感心したりした経験があるのではないでしょうか？

「観察力」は、あなたの「認識」を決定づけてしまいます。誤解を恐れずに言えば、「あなたが見えている世界そのもの」を決定づけてしまうと言っても過言ではありません。

人は、**「自分が気づいた物事」だけが「自分の世界のすべて」**になります。そして人は、自分が気づいた物事の範囲内でしか、考え、判断し、行動することができません。

人は、誰もが等しく24時間を与えられています。そして、今や様々な情報が万人に届く時代です。しかし、**「観察力」を通して、何に気づき、学び取れるかによって、人の知識や思考能力は何倍、何十倍もの差がついてしまう**のです。

このように考えれば、「あなたの認識」を形作る「観察力」は、「あなたの世界そのもの」を決定づける、極めて重要な要素であることがご理解いただけると思います。

あなたの周りにあるすべての物事は、観察を通して視点や因果関係をストックする対象であり、トレーニングの材料になるのです。

このことを踏まえた上で、まずは初級レベルとして、「日常の観察から視点と因果関係を探す方法」について解説していきます。

そのトレーニングのステップは、たったの2つだけです。

①「視点」や「因果関係」を探す
②それらを抽象化して応用する

より理解しやすくするために、事例を交えて説明していきましょう。

今や、手元のスマートフォンで、いつでもどこでもインターネットに接続できる時代です。普段、何気《なにげ》なく流れてくるネット記事に、あなたも目を通すことがあるはずです。

今回の事例では、そんなネット記事から「視点」や「因果関係」を探し、応用する方法について説明していきましょう。

①「視点」や「因果関係」を探す

あなたがネット記事を読んでいて、次のような文章に出くわしたとします。

「作業のモレや重複、手戻りは、作業の一部分ばかりに意識が集中して、段取り全体が見えていないときに起こります。これを防ぐためには、前もって全体を見渡して、これから必要になる作業を洗い出しておきましょう」

ぜひ、ネット記事を読むときに習慣にしていただきたいのは、

■この記事に、どのような視点が隠されているのか？

と考えてみる習慣です。

何も堅苦《かたくる》しく考えることはありません。

発見した「視点」には、正解も不正解もありません。

「視点」は無限にありますし、あくまで目的は「視点のストックを増やしていく」ことですから「正解か？　不正解か？」を考え込むのではなく、「このネット記事に隠れている視点は、これかもしれない」という気楽な気持ちで「視点を探しにいく」のがコツです。

筆者の場合、先ほどのネット記事に隠されている視点は「段取り全体の視点」と「部分的な作業の視点」の2つだと捉えました。この2つが対比して語られているからです。

●視点1：段取り全体の視点

●視点2：部分的な作業の視点

これで、ネット記事から「視点」を探すことができました。ただ「探す」だけなので、そんなに難しくないと思います。

続いて頭を巡《めぐ》らせていただきたいのは、

■その視点を起点に、どのような因果関係が描かれているか？

です。

「段取り全体の視点」「部分的な作業の視点」などの「視点」が定まれば、そこから因果関係を探すことも難しいことではありません。

先ほどのネット記事の文章の場合、

●因果関係1：段取り全体を意識すると ↓ 仕事のモレや重複が起きにくい

●因果関係2：部分的な作業にだけ集中すると↓仕事のモレや重複が起きやすい

という2つの因果関係を探し出すことができます。

②それらを抽象化して応用する

ここからが肝心です。

先ほどのネット記事から、あなたは2つの「視点」と2つの「因果関係」を手に入れました。しかし、ただこれだけでは「段取り」という限定されたシーンでしか使うことができず、応用範囲の狭いものでしかありません。

そこで必要なのが、**得られた視点や因果関係の応用範囲を広げる「抽象化」**という頭の使い方です。

「抽象化」とは、個別具体的な事柄を「概念」に置き換えることで、幅広く応用できる状態に変えることです。

視点と因果関係を探し出せたら、ぜひ、自分に対して次の質問をぶつけてみてください。

■この視点や因果関係を、幅広く応用できる「概念」に置き換えられないか？

頭の使い方の要領を見ていきましょう。

先ほどは「段取り」という限定されたシーンでしか使えない「視点」と「因果関係」でしたが、筆者の場合、シンプルに次のような「概念」に置き換えてみました。

●抽象化した視点1：「全体」の視点
●抽象化した視点2：「部分」の視点

とてもシンプルな置き換えですが、これで「段取りに限定された話」から離れ、より応用範囲の広い「概念」に置き換わりました。

すると、次のように様々な領域に当てはめて物事を捉えられるようになります。

●「全体：全社」↕「部分：個別の部門」
●「全体：中長期計画」↕「部分：年間計画」
●「全体：営業戦略」↕「部分：個々の営業施策《しさく》」

さらに、これらの視点と、先ほどの「段取り」の話で得られた、

●因果関係1：段取り全体を意識すると↓仕事のモレや重複が起きにくい
●因果関係2：部分的な作業にだけ集中すると↓仕事のモレや重複が起きやすい

を重ね合わせると、より応用範囲の広い「因果関係」を導き出せます。

例えば、次の通りです。

図86：日常の観察から「視点」と「因果関係」を探す

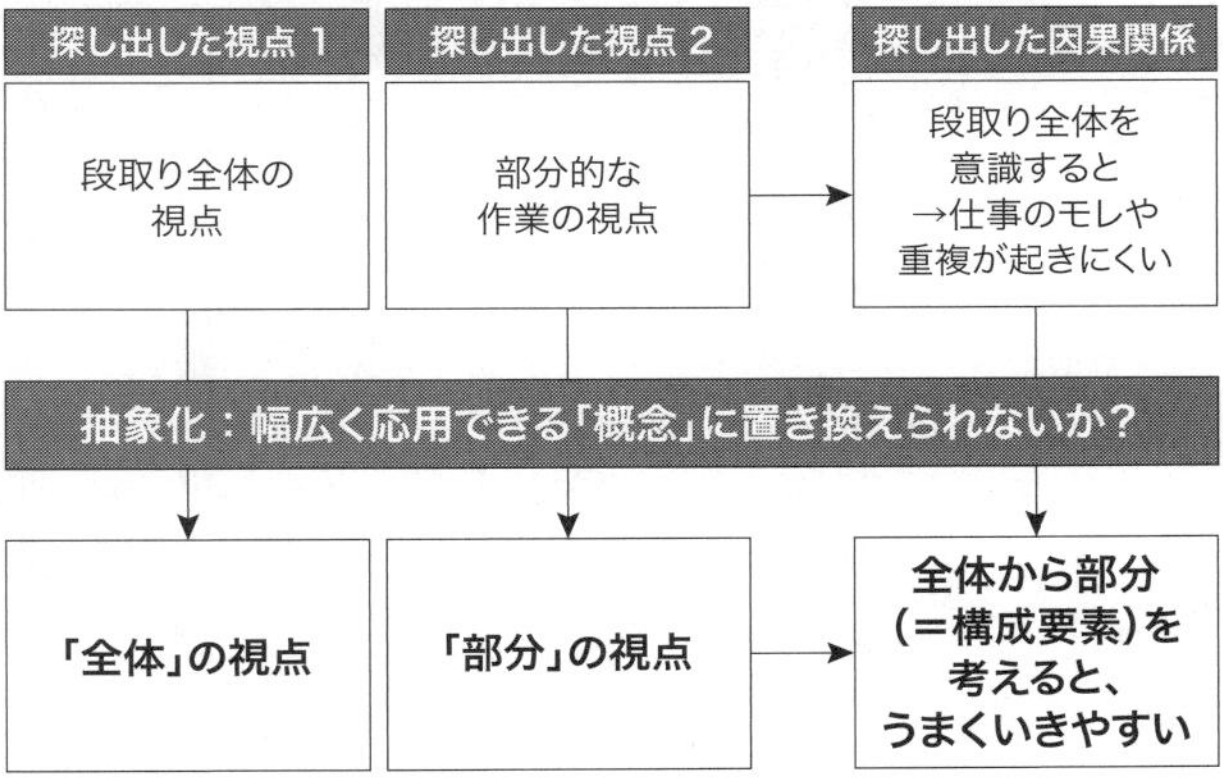

●抽象化した因果関係：物事は、「全体」を考えてから「部分」を考えたほうが、その逆よりもうまくいきやすい(図86)。

例えば、「全体：全社」↕「部分：個別の部門」に当てはめて考えてみてください。

「全社」より先に、部分である「個別の部門」を優先して考えてしまうと、部門最適が起きてしまうことは想像に難くありません。

また、「全体：中長期計画」↕「部分：年間計画」でも、中長期計画より年間計画を優先してしまうと、企業は1年ごとの自転車操業になってしまうはずです。

さらに、「全体：営業戦略」↕「部分：個々の営業施策」でも、営業戦略より営業施策を優先してしまうと、それらの施策は一貫性がなく、散発的なものになり、大きな効果は期待できないでしょう。

ここまで読めばあなたもお気づきの通り、「ロジックツリー」もまた「全体」と「部分」で成り立っているフレームワークです。

●視点1：全体の視点
●視点2：部分（＝構成要素）の視点
●因果関係：全体から部分（＝構成要素）に分解していくと、うまくいきやすい

これであなたは、この世の中のあらゆる物事を「全体と部分の視点」で捉えられるようになりました。

さらに、「物事は、全体を考えてから部分を考えたほうがうまくいきやすい」という因果関係も頭の中にストックできているので、様々な領域で応用できるようにもなっています。

このように、たった1つのネット記事からでも、「視点」を探し、応用範囲の広い「概念」に置き換え、応用範囲の広い因果関係に展開していくことが可能です。

これを繰り返せば、あなたの頭の中に「視点」と「因果関係」のストックが増えていきます。

それらの「視点」や「因果関係」をロジックツリーに応用すれば、問題の原因を突き止めることや、未来を予測する際の「切り口」や「矛盾のない筋道づくり」に活《い》きてくるのです。

≫中級レベル：物事を分けることで「視点」と「因果関係」を探す

続いては、中級レベルのトレーニング方法について解説していきましょう。

図87：分ける

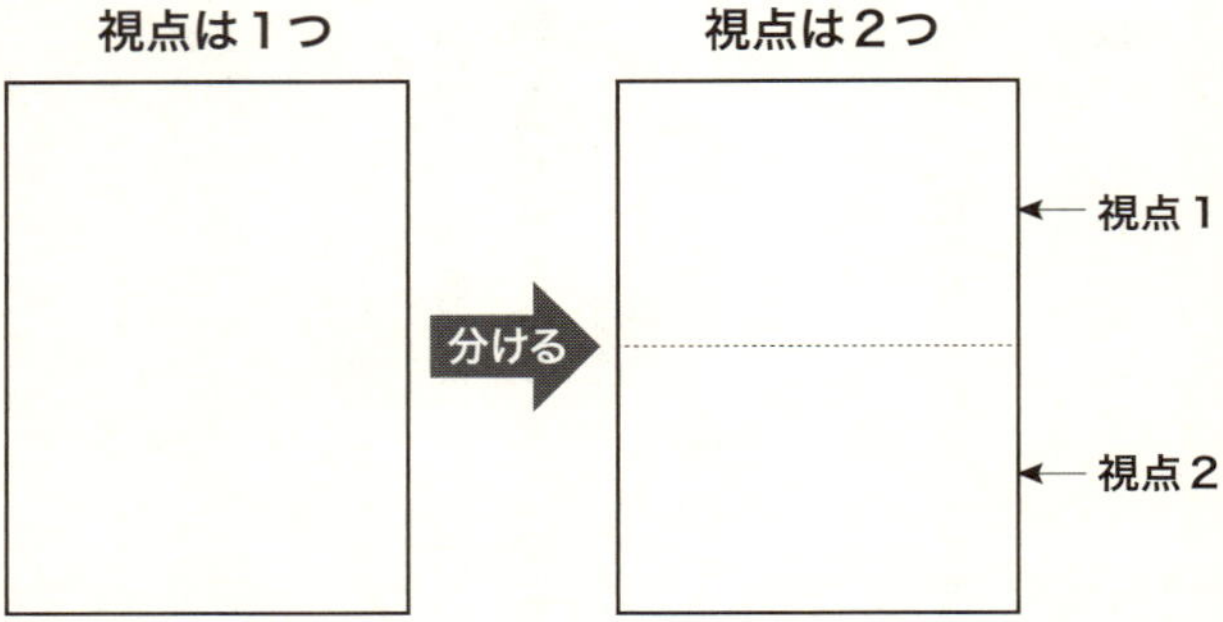

どのような物事も、**2つ以上の物事に「分ける」ことができれば、2つ以上の視点を見出すことができます**（図87）。この性質を利用するのが、中級レベルのトレーニング方法です。

初級レベルでは、観察力を駆使《くし》して視点や因果関係を「探す」という意識でしたが、中級レベルになると、**「目に見えないもの」を捉える「洞察力」**が必要になります。そのため、「探す」というよりは、「見出す」という意識が必要になります。

このことを踏まえた上で、中級レベルの「物事を分けることで視点と因果関係を見出す方法」について解説していきます。

こちらも、ステップは2つだけです。

①物事を「分け」て、「視点」や「因果関係」を見出す

②それらを抽象化して応用する

こちらも、事例を交えて説明していきましょう。

①物事を「分け」て「視点」や「因果関係」を見出す

今、あなたは美術館にいるとします。目の前のガラスケースの中に飾られているのは、安土《あづち》桃山時代の茶碗です。それは黒色の茶碗で年代を感じさせますが、美術館に飾られているくらいですから、とても価値があるものなのでしょう。

ここで、「へぇ〜。高価なものなんだろうな」という感想で終わらせてはいけません。

先ほども触れたように、見るもの聞くものすべてが学びの材料ですから、ここから何らかの「視点」や「因果関係」を見出せないか？　と考える癖《くせ》づけや習慣づくりが重要です。

ここでは、観察力と洞察力を駆使しながら、「美術館に置いてある茶碗」を「分けて」みましょう。

ここで自分に投げかけたいのは、次のような質問です。

■目の前の物事は、どのように分けられるか？

分け方はいろいろあると思いますが、そこに**正解はありません。**

筆者の場合、次の2つに「分け」てみました。別の言い方をすれば、「2つに分けることで、2つの視点を見出した」ことになります。

●視点1：「茶碗」というモノ
●視点2：「美術館」という場所

続いて頭を巡らせたいのは、

■これらの視点をもとに、どのような因果関係が見出せるか？

です。

初級レベルでは、すでにネット記事に書かれている因果関係を「探し」ましたが、中級レベルでは、洞察力を働かせて、「因果関係」を「見出す」という姿勢に変わります。

筆者は、次のような因果関係を見出しました。

●因果関係：「美術館」という場所にある茶碗は↓価値が高い

②それらを抽象化して応用する

しかし、このままでは「美術館にある茶碗」という限定されたシーンでの話にすぎず、応用範囲が広がりません。

そこで、先ほどと同じ質問です。

■この視点や因果関係を、幅広く応用できる「概念」に置き換えられないか？

筆者の場合、次のように置き換えてみました。

●抽象化した視点1：「モノ」の視点
●抽象化した視点2：「背景」の視点
●抽象化した因果関係：「モノ」は「背景」次第で価値が変わる

「茶碗」は「モノ」に抽象化し、「美術館」は「背景」に抽象化しました。そして、

●「美術館」という場所（＝背景）にある茶碗（＝モノ）は↓価値が高い

と、因果関係も、「モノは、背景次第で価値が変わる」と抽象化しています。別の言い方をすれば、「茶碗というありふれたモノでも、美術館にあるという背景次第で、その価値が変わる」ということです。

例えば、「茶碗」は、企業の倉庫にあれば「在庫」ですが、お店の棚にあれば値段がついた「商品」に変わります。食卓にあれば「食器」ですが、キッチンのシンクにあれば「洗い物」になります。ゴミ捨て場にあれば「不燃ゴミ」です。

このように考えると、「モノのありよう」は、その「モノ」だけでは決定づけることができず、「背景」次第で、「美術品」にも、「不燃ゴミ」にも変わりうることがわかります。

こうしてまた、あなたは新しい「視点」と「因果関係」を手に入れました。

ロジックツリーを描く際には、「モノ」だけに着目して分解するのではなく、**「置かれている背景」という視点でも分解していくことで、創造的な仮説が得られるかもしれません。**

さて、今回は「美術館で出会った茶碗」を題材に「物事を分けることで、視点や因果関係を見出すトレーニング方法」を解説しました。

ここまでお読みになれば、ネット記事だけでなく、あなたの目に見えるものすべてが「視点」や「因果関係」をストックする題材になることがご理解いただけたのではないでしょうか?

≫上級レベル：洞察的帰納法で「視点」と「因果関係」を探す

最後に、上級レベルのトレーニング方法について解説していきましょう。

第2章で、アブダクションや演繹法と並ぶ論理展開の手法として、「帰納法」を簡単に紹介しました。また、帰納法はアブダクションや演繹法を効果的に活用する上で「ベース」となる論理展開手法であることにも触れましたが、覚えていらっしゃるでしょうか？

帰納法は、ロジックツリーではあまり使わず、ピラミッドストラクチャーで多用する論理展開です。

しかし、**帰納法の本来の「真価」は、「洞察的帰納法」という論理展開を通して、数多くの因果関係を発見し、ストックできること**です。

コンサルタントの中には、物事の飲み込みが早く、「一を聞いて十を知る人」が存在します。別の言い方をすれば、目の前の「一」から、目に見えない残りの「九」を瞬時に導き出せる人です。

「一を聞いて十を知る人」は、どんなに些細《ささい》なことからも「見えない因果関係」を見抜き、様々な分野に応用する習慣を身につけています。

少し説明をしただけで、「それはこういうことですよね？」「将来はこうなりそうですよね」などと的を射た答えを返せるのも、「頭の中にある因果関係のストック」を当てはめて思考しているからです。

このような人たちが、日々無意識に習慣にしているのが、「洞察的帰納法による因果関係の発見」です。


では、どのように洞察的帰納法を使えば、因果関係を発見し、頭の中にストックしていけるのでしょうか？　その要領について説明していきましょう。


例えば、「経営資源」について考える機会があったとしましょう。それは業務でも構いませんし、研修やビジネス書からでも構いません。

ここであなたは、「経営資源」について、あることに気づきました。

それは、経営資源には「お金」「建物」「原材料」などの形がある資源もあれば、「特許」「カルチャー」「ノウハウ」などの形がない資源もあることです。

普通の人なら、ここまでで終わりでしょう。

しかし、因果関係をストックする習慣を持っている人は、「わかる」だけでなく、**「共通点」にも着目**します。

例えば、次のような要領です。

【事実1】「お金」は、使えば使うほど↓減っていく
【事実2】「建物」は、使えば使うほど↓老朽化《ろうきゅうか》していく
【事実3】「原材料」は、使えば使うほど↓減っていく
【共通点の発見】3つの事実の共通点は「形がある経営資源」「使えば使うほど減っていく」
【導かれる因果関係】形がある経営資源は↓使えば使うほど減っていく

ここから導き出せるのは、「形がある経営資源は↓使えば使うほど減っていく」という「因果関係」です。

一方で、次の例もご覧ください。

【事実1】「特許」は用途が広がるほど↓資産価値が高まる
【事実2】「カルチャー」は浸透《しんとう》するほど↓組織が強くなる

【事実3】「ノウハウ」は使うほど↓磨かれる
【共通点の発見】3つの事実の共通点は「形がない経営資源」「使えば使うほど価値が増す」
【導かれる因果関係】形がない経営資源は↓使えば使うほど価値が増す

ここから導き出せるのは「形がない経営資源は↓使えば使うほど価値が増す」という「因果関係」です。

ここで整理しておきましょう。あなたが手に入れたのは、以下の2つです。

●2つの視点：「形のある経営資源」「形のない経営資源」
●2つの因果関係：「形がある経営資源は↓使えば使うほど減っていく」
「形がない経営資源は↓使えば使うほど価値が増す」

すると、あなたは頭の中で図88のようなロジックツリーが描けるようになります。

図 88：経営資源のロジックツリー

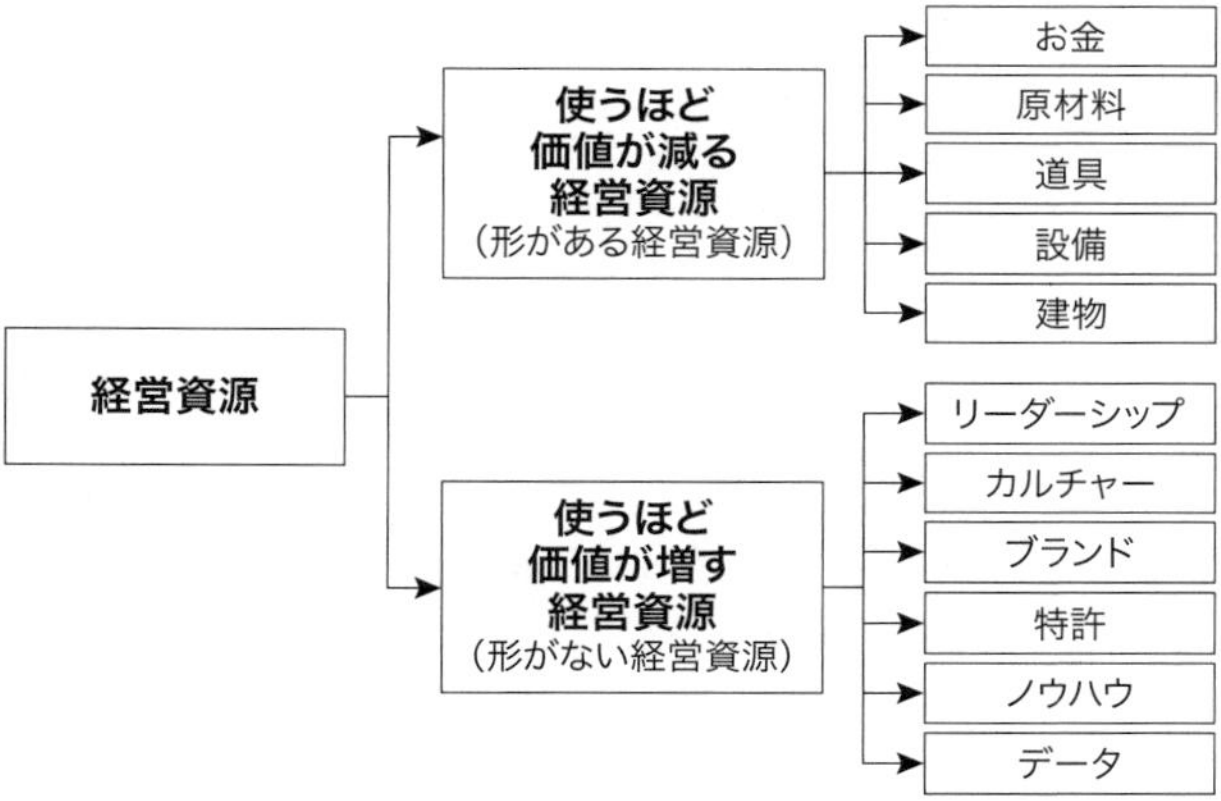

こうして、洞察的帰納法を通して「視点」や「因果関係」をストックしていくと、様々な局面で、「アブダクション」や「演繹法」を使いながら応用できるようになっていきます。

例えば、「形がない経営資源は↓使えば使うほど価値が増す」という因果関係を応用して、「経営資源の可能性」について考えてみましょう。ここでは、演繹法に当てはめてみます。

【ステップ1：法則を持ち出す】

形がない経営資源は↓使えば使うほど価値が増す

【ステップ2：事実を当てはめる】
自社が持つビッグデータは、形がない経営資源だ
【ステップ3：予測を導き出す】
だとすれば、ビッグデータは使えば使うほど価値が増すはずだ

ここで重要なポイントは、あなたが先ほどの「2つの視点」「2つの因果関係」を知らなければ、この仮説には至らなかった、という点です。

あなたがビジネスパーソンなら、様々な物事から学びを得て、自分の成長につなげたいと感じているはずです。

あなたが目にするあらゆる物事は、必ず何らかの「視点」と「因果関係」で成り立っています。これらを常に意識しながら、どれだけ多くの「視点」と「因果関係」を見抜けるか？　が、適切なロジックツリーを描く上での最大のポイントです。

「はじめに」でも触れましたが、ロジックツリーは「知識を入れる」というよりは「ひ

たすらトレーニングする」に近いものです。

真に意味がある成長とは、得た瞬間から陳腐化《ちんぷか》していく「知識」を得ることではなく、**時代を超えて使える再現性の高い「視点」や「因果関係」をストックし、応用する能力を身につけること**なのです。

おわりに

本書『ロジックツリー入門』を最後までお読みいただき、ありがとうございました。できるだけ簡単に、わかりやすく、それでいてロジックツリーがあなたの武器になるように、丁寧に解説したつもりです。いかがだったでしょうか？

最後に1つだけ、お伝えしたいことがあります。それは、「はじめに」でもお伝えしましたが、「ロジックツリーを自由自在に操れるようになるには、それなりに時間がかかる」ということです。

近年は効率が重視される時代です。コスパやタイパなどの言葉が流行《はや》るのも、その証《あかし》でしょう。

しかし、**あまりにも効率を重視しすぎてしまうと、あなた自身の長期的な成長を大きく損なってしまいます。**

ビジネスにおける効率とは、「設定されたゴール」に向かって最短で進むことを意味します。しかし、「ゴール」は誰が設定するのでしょうか？

あまりにも効率にとらわれすぎると、知らず知らずのうちに、「（自分以外の誰かが）ゴールを設定してくれれば、私は最短で辿り着けます」という受け身人材になってしまいます。

もちろん、「効率的にゴールに辿り着けること」自体は素晴らしいことですが、これから先の時代は、**「目指すべきゴールとは何か？」自体を自分で考え、設定しなければならない**時代です。

「目指すべきゴールを設定する」とは、すなわち、「これまでにない新しい可能性を探る」ことと同じであり、少なからず暗中模索・試行錯誤が伴います。

これを「効率が悪い」と避けてしまうと、いつまでも「正解をください」「正解をくれれば、私は最短で辿り着けます」という、下請《したう》け人材のままになってしまうので、注意が必要です。

また、効率とは**「まず最高レベルの品質のものを作れるようになって」「それをどう効**

率的に作れるようにしていくか?」という順番で考えるべきものです。あまりにも効率を重視しすぎて、この順番が入れ替わってしまうと、「平凡なものを、効率的に作れる」人材にとどまってしまいます。

さらに、「効率」とは「ゴールまで無駄なく辿り着くこと」ですから、いったん確立してしまえば、マニュアル化が可能なスキルです。つまり、「マニュアルに従えば、誰でも再現可能なスキル」として同質化する運命にあるのです。

しかし、**あなたに必要な競争力は「あなたならではの独自性」**ですから、あまりにも効率一辺倒になってしまうと、気づかないうちに、「その他大勢の、代替《だいたい》可能な一人」になってしまうリスクをはらみます。

暗中模索・試行錯誤は、一見無駄に思えます。しかし、それは決してマニュアルには載《の》らない、あなたならではの経験をもたらし、**「無駄」だからこそ、これまでのあなたが決して出会わなかった「視点」や「因果関係」をもたらしてくれます。**

ロジックツリーを描くには、どうしても「視点や因果関係のストック」や「思考力」

が伴うため、習得には時間がかかります。
しかし、ぜひ「3時間でわかる」「3か月で身につく」などの効率に惑《まど》わされず、「暗中模索」「試行錯誤」を経験しながら、その過程で自分なりの「視点」と「因果関係」を獲得し、真似されない競争力に変えていただきたいと思います。

最後となりましたが、本書を出版するにあたっては、多くの方々に協力と支援をいただきました。

株式会社朝日広告社の福地献一社長、清水浩取締役、石井弘益執行役員、大橋一仁本部長。

株式会社朝日広告社ストラテジックプランニング部の桐山忠介部長、戸張佑麻氏、関口純平氏、村田理紗氏、小林卓登氏、バチボコ平松氏、菅原大嗣氏、チャン ホアン アン氏。

データソリューション部の美那川彰徳部長、宍倉潤氏、志村匡彦氏、中野拓馬氏、渡邉成氏、佐藤幸輝氏、内田拓磨氏、東方真帆氏。

その他、ご尽力いただいたすべての方々に、この場を借りて厚くお礼を申し上げます。

なお、本書の内容はすべて筆者個人の見解であり、所属する組織を代表する意見ではないことを付け加えさせていただきます。

羽田 康祐　k_bird

羽田康祐（はだ・こうすけ）

株式会社朝日広告社ストラテジックプランニング部プランニングディレクター。産業能率大学院経営情報学研究科修了（MBA）。日本マーケティング協会マーケティングマスターコース修了。外資系コンサルティングファームなどを経て、現職。「外資系コンサルティングファームで培ったロジック」「広告代理店で培った発想力」のハイブリッド思考を武器に、メーカー・金融・小売りなど、幅広い業種のクライアントを支援。マーケティングやブランディング・ビジネス思考をテーマにしたブログ「Mission Driven Brand」を運営。ハンドルネームはk_bird。著書に『問題解決力を高める「推論」の技術』『無駄な仕事が全部消える超効率ハック』『インプット・アウトプットが10倍になる読書の方程式』（以上、フォレスト出版）がある。

PHPビジネス新書 473

超一流のコンサルが教える

ロジックツリー入門

2024年9月27日　第1版第1刷発行

著　者　羽田康祐

発行者　永田貴之

発行所　株式会社PHP研究所

東京本部　〒135-8137 江東区豊洲5-6-52

ビジネス・教養出版部　☎03-3520-9619（編集）

普及部　☎03-3520-9630（販売）

京都本部　〒601-8411 京都市南区西九条北ノ内町11

PHP INTERFACE　https://www.php.co.jp/

装　幀　齋藤　稔（株式会社ジーラム）

組版・図版作成　齋藤　稔（株式会社ジーラム）・齋藤維吹

印刷所　株式会社光邦

製本所　東京美術紙工協業組合

ISBN 978-4-569-85749-7

「PHPビジネス新書」発刊にあたって

わからないことがあったら「インターネット」で何でも一発で調べられる時代。本という形でビジネスの知識を提供することに何の意味があるのか……その一つの答えとして「**血の通った実務書**」というコンセプトを提案させていただくのが本シリーズです。

経営知識やスキルといった、誰が語っても同じに思えるものでも、ビジネス界の第一線で活躍する人の語る言葉には、独特の迫力があります。そんな、「**現場を知る人が本音で語る**」知識を、ビジネスのあらゆる分野においてご提供していきたいと思っております。

本シリーズのシンボルマークは、理屈よりも実用性を重んじた古代ローマ人のイメージです。彼らが残した知識のように、本書の内容が永きにわたって皆様のビジネスのお役に立ち続けることを願っております。

二〇〇六年四月

PHP研究所

PHPビジネス新書

思考の手順

思いつきを価値あるアウトプットに変える

田中耕比古 著

よく考えたつもりなのに「もっとよく考えろ！」と言われる。それは、「思いついた！」を「考えた！」に変える手順を知らないからだ。

PHPビジネス新書

メタ思考トレーニング

発想力が飛躍的にアップする34問

細谷 功 著

ベストセラー『地頭力を鍛える』の著者が独自に開発した思考トレーニング問題を、厳選して紹介。楽しく解くだけで、頭がよくなる一冊。

PHPビジネス新書

「具体⇅抽象」トレーニング

思考力が飛躍的にアップする29問

細谷　功　著

「具体」と「抽象」を往復することで、発想が豊かになり、コミュニケーション・ギャップも解消！　そんな思考法をクイズとともに紹介。

PHPビジネス新書

Why型思考トレーニング

自分で考える力が飛躍的にアップする37問

細谷　功　著

顧客や上司に言われたことをそのままやるだけ。前例踏襲、マニュアル通り…。思考停止の「WhyなきWhat病」を乗り越えるには？